职前体育教师
教学技能及其培养

ZHIQIAN TIYU JIAOSHI JIAOXUE JINENG JIQI PEIYANG

李启迪｜主编

光明日报出版社

图书在版编目（CIP）数据

职前体育教师教学技能及其培养 / 李启迪主编 .

北京：光明日报出版社，2025. 3. -- ISBN 978 - 7 - 5194 -

8549 - 8

I. G807. 01

中国国家版本馆 CIP 数据核字第 2025JV2495 号

职前体育教师教学技能及其培养

ZHIQIAN TIYU JIAOSHI JIAOXUE JINENG JIQI PEIYANG

主　　编：李启迪

责任编辑：陆希宇　　　　　　　　责任校对：许　怡　乔宇佳

封面设计：中联华文　　　　　　　责任印制：曹　净

出版发行：光明日报出版社

地　　址：北京市西城区永安路 106 号，100050

电　　话：010-63169890（咨询），010-63131930（邮购）

传　　真：010-63131930

网　　址：http://book. gmw. cn

E - mail：gmrbcbs@ gmw. cn

法律顾问：北京市兰台律师事务所龚柳方律师

印　　刷：三河市华东印刷有限公司

装　　订：三河市华东印刷有限公司

本书如有破损、缺页、装订错误，请与本社联系调换，电话：010-63131930

开　　本：170mm×240mm

字　　数：281 千字　　　　　　　印　　张：18

版　　次：2025 年 3 月第 1 版　　　印　　次：2025 年 3 月第 1 次印刷

书　　号：ISBN 978 - 7 - 5194 - 8549 - 8

定　　价：98. 00 元

编 委 会

主　编：李启迪
副主编：何鲁伟　邵天逸
编　委：（按拼音升序排列）

陈立剑　陈钦梳　陈云富　陈益军　程世宏　何鲁伟
华　正　李启迪　马杨旭　齐　静　邵天逸　邵伟德
王水泉　徐文红　叶海辉　查春华　赵一峰　朱丹阳
祝　芳　邹旭铝

前　言

　　"运动技能"一直是体育教师关注的焦点，而"教学技能"是体育教师的立身之本，体育教师的运动技能是实施教学的最基本条件，而教学技能则是影响体育教学有效性的关键。教学技能的范围要比运动技能宽泛得多，它包含了体育教学的各种教学技能与行为。运动技能与教学技能并不是一回事，不能混为一谈，运动技能水平很高不一定就代表了教学技能很高，较高的教学技能也不一定具备高水平的运动技能，如"投篮动作技能"与"投篮示范技能"就是两个不同的概念。体育教师首先必须学会和掌握"投篮动作技能"，如果连最起码的动作技能都不会或做不好，那么如何去教学生做呢？体育教师即使具备了很好的"投篮动作技能"，也不能代表会教与能教，因为教学并不等于展示，教学需要掌握各种教学技巧，把握时机以及正确实施各种手段、方法、策略等，如在进行"投篮动作"示范过程中，体育教师应选择正确的示范面（是正面示范、侧面示范还是镜面示范，是慢速示范还是中速示范，是近距离示范还是中等距离示范）、准确的示范时机与明确的示范目的。因此，运动技能是体育教师入职的基础，而示范技能是体育教师提高教学有效性的关键。

　　从运动技能视角而言，一名职前体育教师，应尽力在科班学习过程中学习与掌握多样化的运动技能，掌握1~2项水平较高的运动技能（多能一专），为今后中小学体育教学奠定基础。从教学技能而言，一名职前体育教师仅仅掌握多样化的运动技能是不够的，还需要培养今后从事体育教师职业所需的教学技能。

　　自第八次体育课程改革以来，高中体育与健康课程标准经历了2017年与2020年的修订，义务教育体育与健康课程标准也经历了2011年与2022年的修订，其间的课程理念、课程内容与方法、教学评价等均发生了巨大的变化。

其中，对体育教师也提出了更高的要求。基于以上背景及当下职前体育教师培养的现状（普遍存在运动技能单一化、教学技能内容与标准缺失化、体育教学技能发展碎片化等），本书针对职前体育教师体育教学技能的概念、种类、培养及考核等问题进行考察，力图通过系统梳理，提高职前体育教师对教学技能的认识，使他们熟悉教学技能的内涵与种类，培养他们多元化的教学技能，为他们今后从事中小学体育教学工作提供帮助。

　　参加本书编写的人员有李启迪、邵伟德、王水泉、齐静、查春华、邵天逸、徐文红、陈云富、朱丹阳、陈立剑、陈钦梳、陈益军、程世宏、何鲁伟、华正、马杨旭、叶海辉、赵一峰、祝芳、邹旭铝。其中，本书的主编为李启迪，副主编为何鲁伟、邵天逸。由于作者的水平与能力有限，书中难免有诸多不足与疏漏之处，敬请同行专家斧正。

目　录
CONTENTS

绪　论

一、研究背景

体育教学技能是影响体育教学质量的重要因素，探讨体育教学技能不仅有助于职前体育教师充分认识体育教学技能的重要性，而且可以帮他们提前计划，并根据自身的薄弱环节，有针对性地提高职前体育教学技能水平，实现高校体育专业学生的体育教学技能全面化和标准化发展。

（一）习近平总书记对新时代教师的"四有"要求

2014 年 9 月 9 日上午，习近平总书记在会见全国教育系统先进集体和先进个人代表后，强调全国广大教师要做"有理想信念、有道德情操、有扎实学识、有仁爱之心"的好老师，为发展具有中国特色、世界水平的现代教育，培养社会主义事业的建设者和接班人做出更大贡献。其中，"四有"的具体含义如下。（1）有理想信念。思想是行动的先导，教师作为教育之本，首先要在思想上保持先进性、纯洁性。只有全体教师树立了正确的思想观念，我们才能把这种观念传递给每一位学生。（2）有道德情操。"师者，传道授业解惑也。"道德情操高尚的教师定会是学生的道德楷模；反之，学生将或许走上歧途。当下，个别教师把教书当成了赚钱的工具，课外加班加点，让学生劳累，让家长多交学费，增加学生家庭负担，这些都是不具备道德情操的。（3）有扎实学识。这是对教师的底线要求，教师如果自己都才疏学浅，便不可能教好学生。因此，教师要面向世界、面向未来，不断丰富自己的学科知识与认知，与时俱进。（4）有仁爱之心。教育的本质是爱的传递，教师的仁爱之心是他们对学生最深切的关怀和最真诚的付出。教师应尊重学生的个体差异，理解他们的独特性和多样性，给予每个学生平等的关注和关爱。

以上对"四有"教师的要求同样适合体育教师，这体现了新时代对体育教师的基本要求。其中，"有扎实学识"是对教师最基本的要求，教师如果对体育专业知识与技能一知半解，那其必定是无法教好学生的。体育教师不仅自身要掌握多元化的运动技能，而且更为重要的是，要学习与掌握较为全面的教学技能，才能胜任未来的中小学体育教学工作，完成"教书"任务。当然，"四有"教师中的"理想信念、道德情操、仁爱之心"属于育人层面的要求，同样需要职前体育教师提前具备与养成。

（二）《体育与健康》课程改革对职前教育的新要求

从第八次《体育与健康》课程改革到基于核心素养的 2022 年义务教育《体育与健康》课程标准的出台，体育教学无论是从课程理念、教学模式，还是从课程结构、教学评价等方面都在很大程度上进行了深刻的变革。体育教师的职后培训项目应运而生，其初衷主要是顺应体育课程改革的需要，通过培训，使广大体育基层教师正确理解《体育与健康》课程的新理念、新方法、新模式、新评价等。这一趋势间接对职前体育教师教育产生了如下影响。（1）职前体育教师需要紧跟改革步伐，提前了解《体育与健康》课程的基本理念。高校体育专业理论教师应承担以上责任，但由于教学方法存在一定的问题，导致理论与实践差距较大，教学效果不是十分明显。因此，高校体育专业理论教师需要深入了解基层一线现状，改进教学模式，提高教学效果。（2）正确处理职前体育教师教学技能的专项化与全面化的关系。高校体育专业的职前教育资源丰富，可为职前体育教师教学技能的全面发展提供可能，但仅仅将教学技能全面化是不够的，特别是在注重专项化、选修课的当下，更需要教学技能专项化。（3）有助于职前与职后教学技能发展与竞赛的同步化。目前，职后教学技能竞赛频繁，但职前教学技能竞赛减少，为了更好地衔接职前与职后教学技能，学校有必要增加职前教学技能竞赛的频次与加大举办力度，谋求职前教学技能的稳步发展。

（三）基于职后教学技能竞赛对职前教育问题的反馈

职后体育教师教学技能竞赛，主要侧重体育教师的运动技能比拼，但也有些比赛是综合性教学技能竞赛。例如，某省举办全省中小学体育教师基本功大赛，其比赛的内容为理论知识（20%）、体育说课（30%）、教学内容（田径、体操各占 25%）。此比赛的主要目的如下。（1）提高体育教师基本功。县、市各地在层层选拔的基础上，选出最优秀的体育教师参加省级比赛或国家级比赛。（2）提高说课水平。大多数县、市均有体育理论与说课方面的短训班，鼓励中小学体育教师人人参与基本功练习，从而达到提高体育教师理论与实践水平的目的。在比赛过程中，部分新教师也暴露出一些问题。（1）理论知识方面：部分新教师对体育说课不熟练，对大纲研究不透；有的教师选定某本教材的重点、难点不够准确；有的教师对体操教学（如跳箱、单杠、双杠）保护与帮助的方法不清楚。（2）教学技能方面：部分新教师在运动技能展示、组织管理、口令等方面的准确性、规范性等都不同程度地存在缺陷。基于职后体育教师教学技能与基本功竞赛的问题反馈，这进一步说明职前体育教师教学技能的培养存在较大问题，需要进一步改进。

二、研究目的

近十几年来，我国在促进中小学生体质健康方面取得了不少成绩，但学生体质健康水平的下降趋势仍未得到根本扭转。加强学校体育工作是提高学生体质健康水平的主要途径，提升体育教学质量是推进学校体育发展的重要内容和基础条件，而体育教学质量的提高与体育教师教学技能水平高度相关。然而，从中小学体育教师教学技能的现状来看，其主要暴露的问题是重视运动技能、忽视教学技能；中小学体育教学技能发展出现窄化与碎片化现象。产生这些现象的原因之一，便是目前全国各地的体育教师缺乏完整的教学技能理论的指导与引导。因此，探索与明确中小学体育教学技能的内容是体育教师专业发展的当务之急。

另外，高校体育专业虽然有职前体育教师教学技能过关考核，但因缺乏相关的统一标准，导致各院校体育教师技能竞赛各自为政，缺乏相互比较与借鉴的价值。因此，研创"职前体育教师教学技能考核标准"具有引领作用。

（一）明确运动技能与体育教学技能的辩证关系

运动技能"会做"与"会教"并不是一回事，这是体育教师进行有效教学活动的两个不同问题，不能混为一谈，如果把"会做"等同于"会教"，我们的职前教育方向就迷失了。首先，"会做"（一专多能的运动技能）是成为一个合格体育教师的基本条件。要成为一名合格的体育教师，我们必须经过专门的大学职前教育本专科的培训。普修学习是针对所有学生的，目的是培养合格体育教师应具有多样化的运动技能；专修学习是针对专项化学生的，目的是培养较高水平的专项运动技能的体育教师。其次，"会教"（各种熟练的教学技能）是体育教师进行有效教学的基础。其教学技能的底线要求如下：

（1）体育教师应做到"会示范"；（2）体育教师应做到"能精讲"；（3）体育教师应做到"有教法"；（4）体育教师应做到"能纠错"；（5）体育教师应做到"有组织"。

（二）构建职前体育教师教学技能的内容体系

职前体育教师教学技能的基本内容是什么？这个问题不仅涉及职前体育教师教学技能的发展方向，还决定了职前体育教师教学技能的发展水平。根据初步探索，职前体育教师教学技能具体涉及18项内容（各类教学计划编制技能、体育课场地与器材布置技能、说课技能、模拟上课技能、动作技术讲解技能、动作示范技能、口令与队伍调动技能、运动技术诊断与纠正技能、运动技术教法与手段运用技能、安全保护与技术帮助技能、处理突发事件技能、体育以体育人技能、看课技能、负荷和密度统计与分析技能、课后反思技能、体育评课技能、课外师生沟通技能、体育教学与研究能力）。

（三）为职前体育教师教学技能的培养提供实践路径

本书分别对18项体育教学技能（各类教学计划编制技能、体育课场地与器材布置技能、说课技能、模拟上课技能、动作技术讲解技能、动作示范技能、口令与队伍调动技能、运动技术诊断与纠正技能、运动技术教法与手段运用技能、安全保护与技术帮助技能、处理突发事件技能、体育以体育人技能、看课技能、负荷和密度统计与分析技能、课后反思技能、体育评课技能、课外师生沟通技能、体育教学与研究能力）的概念进行界定，提出技能发展基本要求、培养路径、案例分析与水平研判及建议，为职前体育教师的教学技能发展提供参考与帮助。

（四）提出职前体育教师教学技能考核与竞赛标准

根据职前体育教师教学技能的考核要求，本书在开展理论研究、全国调研、集体研讨的基础上，研创职前体育教师教学技能考核与竞赛标准，为职前体育教师专业教学技能的培养与发展提供样板，有助于促进职前体育教师教学技能发展的标准化，引领体育教师专业化发展。

第一章

体育教学技能基本概念

"概念"是学科发展的基础与思维核心，本章将对知识、方法、技能、运动技能、教学技能、体育教学技能等概念及其关系进行梳理与解析。

一、有关运动技能层面的概念

（一）运动技术

关于"运动技术"的概念，各个词典、教材、学者都有不同的论述。《体育科学词典》的定义："完成特定的体育活动的方法，或能充分发挥人的身体能力，合理有效地完成动作的方法。"[①]《教育大辞典》中的定义："运动技术也称动作技术、体育技术，各体育项目技术动作的总称。指符合人体运动规律，充分发挥人体能力，合理有效完成动作的方法。"[②]《体育概论》一书的解释："体育运动技术是方法，按照这种方法完成的身体运动称之为体育运动技术。"田麦久、刘大庆认为："运动技术指完成体育动作的方法，是运动员竞技能力水平的重要决定因素。"[③] 综上所述，有关运动技术的表述尽管略为不同，但运动技术与"完成身体动作的方法"是一致的。

以上概念表述中还有一些用词不是十分清晰，主要是动作技术与运动技术之间的区别比较含糊。从概念的属性来说，"活动"是动作的上位概念，"动作"是运动的上位概念，而"动作"概念的外延有劳动动作、运动动作、生活动作（如吃、喝、住、穿等行为活动）、艺术动作（如舞蹈与表演动作）。其中，运动动作与劳动动作的区别是"运动"与"劳动"之间的本质

---

① 中国体育科学学会，香港体育学院. 体育科学词典 ［M］. 北京：高等教育出版社，2000：40.

② 顾明远. 教育大辞典 ［M］. 上海：上海教育出版社，1999：599.

③ 田麦久，刘大庆. 运动训练学 ［M］. 北京：人民体育出版社，2012.

区别。劳动的目的在于通过劳动动作获取各种生产、生活资源，而运动的目的主要是强化体能。同理，舞蹈的目的是通过身体动作表现生活情景；驾驶的目的是通过驾驶动作移动汽车与运输；等等。

因此，运动动作是"动作"的一个分支，而运动技术是指符合人体运动规律，合理有效完成身体运动的方法，因此运动动作方法可简称为"运动知识与技术"。"运动技术"是体育学科的特殊词语，在学校教育其他学科中是没有的（其他学科只有知识与技能之说）。为了保持体育学科用词与其他学科用词的一致性，我们就有必要对体育学科中的"运动技术"进行"知识"的归类。

现代认知心理学家把"知识"划分为"陈述性知识"和"程序性知识"。一般意义上的"知识"为陈述性知识，另一种有关如何做的知识是"程序性知识"，即"操作性知识"。就运动学科而言，身体运动方法涉及运动所需要的结构、要素、关系、概念、原理等内容，"知识"的本质是事物属性与联系的信息与组织，因此可以认为"身体运动方法"是一种"知识"，它是前人积累下来的运动文化遗产，是人类文化知识的一部分。具体而言，身体运动"知识"由两个部分的内容组成：一是身体运动理论知识，可称其为"陈述性知识"，它与其他学科的知识具有同等的性质，如篮球运动发展的历史、裁判方法、运动员及其成长过程、跳高的技术结构等；二是身体运动技术知识，可称其为"程序性知识"，也就是动作操作性知识，是关于身体如何进行操作的操作知识，如跳高中如何助跑、起跳，如何过杆与落地等。因此，运动技术可理解为一种"操作性知识"。"劳动技术、驾驶技术、舞蹈技术、烹调技术"等也是操作性知识，所以为了区分"运动技术"与"劳动技术、驾驶技术、舞蹈技术、烹调技术"等操作性知识，我们把运动技术理解为"运动操作知识"，如体操、田径、游泳等运动中的各种具体的运动技术。"劳动技术、驾驶技术、舞蹈技术"等技术可分别理解为"劳动操作知识、驾驶操作知识、舞蹈操作知识"等。

（二）运动技能

在学校教育中，其他学科只存在着"知识与技能"的阐述，只有体育学科在存在"知识与技能"的同时还存在着运动技术概念。因此，我们就有必要对体育学科中的"运动技术"做一个归类。

知识的概念："人对事物属性与联系的认识，即个体通过与其环境相互作用后获得的信息及其组织。"① 保存在人脑里的是个体的知识，保存在书籍里的是人类的知识。技能是指"人们在活动中运用知识经验经过练习而获得的完成某种任务的动作方式或心智活动方式"。现代认知心理学家把知识划分为陈述性知识和程序性知识。这一区分把知识与技能统一在一个广义的知识概念里，传统上讲的知识即陈述性知识，技能即为程序性知识。按照现代认知心理学原理来理解，我们可以把"运动知识"理解为"陈述性知识"，把"运动技能"理解为"程序性知识"，但是运动技术既有别于运动知识，也不同于运动技能，是一个知识与技能的中间态，很难做出归类。因此，我们必须转换思维角度，从操作技能的概念、运动技能形成的视角来察看运动技术的性质。

操作技能的概念："是通过学习而形成的合乎法则的活动方式。"② 操作技能有以下三个特征，这些特征也是操作技能区别于其他事物的本质，也称"概念的种差"。其中，种差之一是"学习而得"，该种差区别于人体的其他本能行为；种差之二是"合乎法则"，该种差区别于日常生活中的一些随意运动；种差之三是"活动方式"，该种差区别于"知识"，因为知识为活动提供了定向依据，而技能则控制活动的执行。

运动技能是操作技能的一个分支，运动技能的形成可以分三个阶段：动作的认知阶段、动作的联系阶段与动作的完善阶段。其中，动作的认知阶段与知识、技能之间的联系最为密切，它的主要目的就是对操作活动的结构、要素、关系、轨迹、方向、力量、速度等进行认识。由于运动技术是"完成动作的方法"，它涉及运动所需要的结构、要素、关系、概念、原理等内容，我们可以认为运动技术不具有人的特性，也就是说，运动技术是一种"知识"，因为知识是事物属性与联系的信息与组织，运动技术在没有被人掌握之前就已经客观存在了，是前人积累下来的运动文化遗产，是人类文化知识的一个部分。我们若将"运动技术"理解为"知识"，那么就与原来学科中的"知识、技能"相互重叠了，变成了"两个知识+技能"的状况，这显然不合逻辑。因此，我们需要用另一个词语来表述，有学者认为，它是一种"操作性知识"，这是一个很有新意的论断。我们还有一个细小的遗留问题，即劳动

---

① 王皋华. 体育教学技能微格训练 [M]. 北京：北京体育大学出版社，2005：120.

② 肖长林. 教育理论 [M]. 北京：北京教育出版社，2000：209.

动作也是操作动作的一种，那么劳动技术也是操作性知识吗？还有舞蹈动作技术、汽车驾驶技术等动作技术是操作性知识吗？要解决这个问题，笔者认为还得回到动作与运动的本体概念来阐解比较妥当，即从"动作"概念层面上理解动作技术可以表述为"动作操作知识"，如劳动、吹拉弹唱等，如篮球裁判技术等，我们如果把以上这些动作技术学会就形成了特定的动作技能。从"运动"的概念层面上理解运动技术，其可以表述为"运动操作知识"，如体操、田径、游泳等运动技术，我们如果把这些运动技术学会和掌握就形成了运动技能。

还有一个问题需要归类，即运动知识中，有部分是纯理论知识，如有关体操运动员介绍、篮球发展历史、体育起源等知识，这些知识与运动技术有关，但不是运动技术的本质内容。因此，笔者认为可以把它们理解为有关运动理论知识，并与运动技术——运动操作知识一起构成人类知识的一部分。

综上所述，身体运动方法可一分为二：运动理论知识与运动技术。其中运动理论知识是"陈述性知识"，运动技术是"运动操作性知识"。

（三）运动能力

《体育科学词典》中运动技能的定义是按一定的技术要求，完成某种动作的能力；运动能力则是"人体从事体育活动的能力"。《人体生理学》一书解释："运动技能是指在运动过程中按一定技术要求完成的随意运动行为。"[1]《学校体育学》教材中运动技能的含义："表现在外部的，以完善合理方式组织起来并顺利完成某种活动任务的复杂的肢体动作系统。"[2] 运动能力（E.C）是指"人参加运动所具备的能力，是人的身体形态、素质、机能、技能和心理能力等因素的综合表现"。

从以上词典与教材对运动技能等概念的不同表述来看，我们需要明确三方面的内容。首先，它们关于运动技能概念的表述各有不同，但其共性是按一定技术要求完成的肢体动作系统。这里所指的"肢体动作系统"是人体内部系统。其次，运动技能与运动能力是两个不同的概念，不能混为一谈。运动技能是针对某种运动动作方式与行为的，而运动能力指的是一种有关运动的综合素质，即要具备一定的从事运动的能力，就需要具有一定的运动技能、

---

① 中国体育科学学会，香港体育学院．体育科学词典［M］．北京：高等教育出版社，2000：401.

② 李祥．学校体育学［M］．北京：高等教育出版社，2001：84.

身体素质、身体机能等，如从事篮球运动，其从事的主体需要具备一定的身高（身体形态）、弹跳（身体素质）、篮球各项技能等。因此，运动技能是发展运动能力的一个基础内容，学会与掌握多样化的运动技能有助于发展运动能力。同时，运动能力的发展也有助于运动技能的形成，更有助于引导自身去开拓和学习新的技术、掌握新的运动技能，但运动能力与运动技能不能混用。

二、有关体育教学技能层面的概念

（一）教学技能

从心理学视角而言，"技能"是指"个体运用已有的知识经验，通过练习而形成的一定的动作方式或智力活动方式"①。"技能"是指通过练习获得的能够完成一定任务的动作系统，如运动技能、阅读技能、解题技能、劳动技能等。技能按其熟练程度可分为初级技能和技巧性技能。初级技能只表示"会做"某件事，并未达到熟练的程度。初级技能如果经过有目的、有组织的反复练习，动作就会趋向自动化，进而达到技巧性技能阶段。常分类的职业技能有电焊、氧焊、车工、钳工、汽车驾驶（司机）等对机器设备的操作，还有厨师、珠算、点钞、服装缝纫，弹钢琴、弹吉他、吹笛子等乐器的演奏，打字员、糕点裱花、粉刷、泥工、木工、雕刻、绘画等。其中，与运动有关的技能有骑车技能、乒乓球技能、羽毛球技能、网球技能、跳水技能、游泳技能、台球技能、体操技能等。

教学技能是指"教师依据教学理论，运用专业知识和教学经验，有效完成教学目标所采用的教学行为方式"②。对职前教师来说，"教学技能是在职前教师教育者的示范和指导下根据已学的教学理论和知识，做出的一系列有层次、可练习、有利于学生学习的外显教学行为和这一过程中所参与的认知活动"③。

教学技能是落位于教学领域的一种"技能"，它主要指教师在教学理论基础上，按照一定方式进行反复练习或由于模仿而形成的初级教学技能，也包

---

① 车文博．心理咨询大百科全书［M］．杭州：浙江科学技术出版社，2001：121.
② 李继秀．教学技能训练与测评［M］．合肥：安徽大学出版社，2010：1.
③ 宋杰，於凤柱．职前教师教育视角下教学技能概念的再界定［J］．台州学院学报，2015，37（2）：53-56，64.

括在教学理论基础上因多次练习而形成的，达到自动化水平的高级教学技能，即教学技巧。教学技能是教师必备的教育教学技巧，它对取得良好的教学效果、实现教学的创新具有积极作用。从教育学理论角度分析，教师的教学技能包括教学设计、课堂教学、作业批改和课后辅导、教学评价、教学研究五方面。其中，教学设计技能又包括制订课程授课计划的技能、撰写教案的技能、使用教学媒体的技能、了解学生的技能等。

教学技能与运动技能是不同的：首先，教学技能具有特指性，直接指向课堂教学；其次，教学技能的范围要比运动技能宽泛得多，包含了调整课堂教学的各种行为。因此，教学技能与运动技能不是同一个含义，不能混为一谈，运动技能水平很高不一定代表其具有很高的教学技能水平，具备较高的教学技能水平，也不一定具备高水平的运动技能。我们以"投篮动作技能"与"投篮示范技能"为例来说明这个问题。首先，体育教师必须学会和掌握"投篮动作技能"，因为这是一个体育教师理应掌握的最为基本的运动技能，设想一下，如果体育教师连最起码的动作技术都不会做或做得不好，那么其如何去教学生做呢？体育教师具备了很好的"投篮动作技能"，也不能代表他/她具有很好的"投篮示范技能"，因为示范技能与动作技能是两回事。"动作技能"仅仅涉及教师本人的运动技术掌握的熟练程度，而"示范技能"牵涉各种除本人之外的诸多因素，如根据运动技能的特点是选择侧面示范还是正面示范，根据教学目标和学生特点是选择慢速示范还是中速示范，根据示范的效果是选择近距离示范还是中等距离示范等。

（二）师范技能

师范技能是为了适应教育发展对师资的需要，全面推进素质教育，培养和提高学生师范的技能。师范技能达标证书，是衡量学生在校期间，通过学校的各种教育教学活动对师范技能的培养、训练所达到的水平，也是反映学生从事教育教学工作已具备的职业技能水平。通过实行师范技能证书制度，学生在学习掌握好专业基础知识的同时，自觉地加强自身师范素质的培养，具备全面过硬的从事基础教育的基本功。

其实，具体到每个学校、学院又有所不同，其主要的内容如下。（1）"板书"的考核。板书是一项师范技能考核的指标，成绩不合格者，则不安排教育实习。学生在教育实习前由各院（系）组织考核。（2）教学设计考核。根据师范生的目标，要求每位大学生写一份教学设计，并参加现场的合格考核与竞赛活动，达到要求者才能安排实习。（3）说课和模拟上课。说课一般是在大学三年级展开的，通过微格教学，来锻炼学生说课和模拟上课的能力。（4）现代教育技术技能考核，除了按规定通过教育组织的计算机等级考试取得证书外，在教育实习结束后要独立制作一个课件交给各院（系），由现代教育技术技能考核领导小组评分，教育技术成绩达标者为合格者。

（三）体育教学技能

体育教学技能是教学技能的一个分支，属于教学技能。体育教学技能与其他学科教学技能具有一定的共性。体育教学也存在着一定的特殊性，这个特性是由体育学科本身的性质决定的，也是其他学科教学所不具备的，如体育教学是以室外环境为主的教学活动；室外环境受外界的干扰因素大，学生不易控制；体育活动中师生是以身体练习为主的；学生之间的接触除了言语还有身体之间的接触；教师传授学生技能需要"手把手式"的教学；学生的学习不仅需要大脑思维活动，还需要身体操作与大脑的有机配合；等等。这些特性决定了体育教师所掌握的教学技能需要多样性、复杂性、独特性。因此，教育学中有关的教学技能对体育教学技能的界定具有一定的指导意义，但必须结合体育教学本身的特性，才能对体育教学技能进行一个比较合理的界定。

因此，本书把体育教学技能界定为"体育教师在教学过程中为顺利完成体育课堂教学目标而采用的较为熟练的一系列教学行为方式"。

根据这个概念的界定，体育教师的教学技能具有以下四个特征。（1）教学技能是一种行为方式。所谓的行为方式，就是指行为主体对外界发挥作用或发生影响的动作系统，它具有可观察性、可定量化的特点。（2）教学技能与一般生活技能一样，具有一定的熟练性、目的性和主动性特点。（3）体育教学技能与一般的教学技能不同，体育教学技能的主要目标是围绕运动技能教学展开的，因为运动技能教学是体育教学的本质特征，而一般的教学技能以教学的思维活动为主体。（4）体育教学技能必须通过在大脑思维活动支配下的身体训练或练习来形成，体育教学技能是一个逐渐培养、形成与发展的过程，也是从初级技能向技巧性技能发展的过程。

三、体育教学技能相关概念之间的关系

（一）运动技能是体育教学技能的前提与基础

体育教师要顺利实施体育教学活动，需要掌握必要的体育教学技能，由

于体育学科的特殊性，体育教师在掌握一般学科教学技能的基础上，还需要掌握最起码的运动技能。根据体育教师培养目标，我们认为中小学体育教师应具备"多能一专"，即学会多样化的运动技能，并实现一到二项高水平的专项化运动技能，如果不能达成运动技能"多能一专"的目标，那么体育教师就无法应对体育教学的需要，也无法满足学生对多元化运动指导的需求。另外，仅仅具备运动技能"多能一专"的要求是不够的，体育教学是学校课程教学之一，在体育教学过程中，体育教师既要演示运动技能，还要实施各种教法与手段，教会学生掌握运动技能。因此，一名合格的体育教师，既要掌握"多能一专"的运动技能，还要掌握多元化的体育教学技能。

（二）体育教学技能是体育学科的特殊技能

体育教学技能是教学技能的一个分支，从学科角度分析，体育课程是学校教育众多课程之一，因此体育教学技能属于教学技能。既然如此，体育教学技能应具有教学技能的一般特性，如讲解技能、演示技能、师生沟通技能等。体育学科具有较大的特殊性，因此体育教学技能具有一定的特殊性，如动作示范技能、队伍组织调动技能、保护与帮助技能等。

第二章

体育教学技能理论依据

任何的学术研究都需要一定的理论基础作为支撑，体育教学技能研究也不例外，可供选择的理论很多，有中国的、外国的，古代的、现代的，生理学的、心理学的，等等。我们在选择体育教学技能研究的理论依据方面，考虑的视角主要有三个层面。第一，生理学层面研究依据。因为体育教学技能属于"技能"范畴，如果对体育教学技能缺乏一个生理学机制的把握，我们的研究将缺乏一定的深度。第二，心理学层面研究依据。体育教学技能的形成一方面依赖生理学原理，另一方面依赖神经心理学原理，因此分析体育教学技能的心理学发生机理有助于我们认识体育教学技能的本质。第三，社会学、管理学层面研究依据。体育教学过程离不开各种形式的管理，主要表现为对人（教师、学生）的管理、对物（场地、器材、用具等）的管理、对财（经费、投入等）的管理。因此，体育教师在实施教学技能过程中，必须了解体育教学过程的社会学原理与管理学原理。第四，教育学层面研究依据。学校体育属于学校教育，而教育学等重要学科理论可为体育教学提供具体的参考依据。因此，一些教育学理论也同样适用于体育教学。第五，体育学层面研究基础。体育教学属于学校体育、体育学科，因此有关体育原理、学校体育原理的知识可为体育教学技能研究提供帮助与参考。

一、生理学理论依据

（一）习惯形成理论

20 世纪 50—60 年代，行为主义一直占主导地位。行为主义最初关注条件反射学习，此后开始研究操作条件反射学习。新行为主义心理学家克拉克·赫尔（Clark Hull）和伯尔赫斯·弗雷德里克·斯金纳（Burrhus Frederic Skinner）引进强化的概念，重新对刺激—反应联结进行解释，认为机体的行为被其行为后果加强或减弱。凡是产生积极后果的活动，行为受到正强化而逐步巩固起来，以后只要呈现适当的刺激，活动便会可靠地出现。凡是产生消极后果的活动，行为受到负强化，以后出现的可能性就会减少。与联结理论一样，习惯理论把动作技能的形成归结为刺激—反应的联结，在一定程度上可以圆满地解释动物以及人的低级动作学习，但是对较为高级的动作学习的解释显得力不从心。在 S-R 理论基础之上的动作学习理论认为：动作学习就是学习者外部动作行为在外部影响作用下的变化过程，动作学习的结果就是形成快速、准确的动作行为习惯，这种学习效果取决于外部影响作用于动作反应的次数与质量。动作学习的结果，就是形成稳定、连贯而又准确的动作序列。

（二）施密特图式理论

施密特（Schmidt）的图式理论是关于一般动作程序怎样执行来控制协调运动的一种解释理论。"图式"是指一种或一套规则，为做决定奠定了基础。它的形成过程是从相关经验中提取重要的信息片段，并将其组成一类规则。"图式"又是一套为制定决策提供基础的规则。在施密特的图式理论中，抽象的表征规则来管理运动。施密特应用"动作图式"这个概念说明技能学习和控制过程中的两个控制成分（这两个成分的特征都以抽象的规则为基础）：第一个是一般动作程序，正如前文所述，是用来控制各类动作基本特征的控制机制，如投掷、踢、走和跑；第二个是动作反应图式，它的作用是提供在特定情景下管理动作的特定规则，也就是说，动作反应图式为一般动作程序提供参数。图式理论为人们如何很好地适应新情景提供了一种可能的解释。人们可以成功地完成一项以前从未操作过的技能。

一般动作程序控制的是一类动作，而不是一种特定的运动或序列。一类动作具有共同而独有的特征，即固有特征，它们是一般动作程序的"标记"，构成了记忆储存的基础。这些运动相关特征在动作变化时保持不变。执行者为了能够产生与操作情景要求相适应的特定动作，必须从记忆中提取适宜的程序，再附加特定的运动参数。动作程序：一种记忆表征，储存着完成动作所需要的信息。一般动作程序：具有一般固有特征的一类动作的记忆表征，控制这类动作的操作。固有特征：限定一般动作程序的一类独有的特征，不随所要完成动作的变化而变化。参数：随技能操作的变化而改变的一般动作程序的特征；执行者为适应环境的特殊要求，必须在一般动作程序中加入这些参数。

二、心理学理论依据

（一）内隐学习理论

内隐学习是认知心理学的一个重要概念，指的是在不知不觉中获得某种知识，学习某种规则。这种学习效果可以通过某种测试表现出来，但是意识层面却无法觉知这种规则，不能外显地把这种规则说出来。最早得出内隐学习的研究始于人工语法、序列规则和复杂系统控制范式。被试在这些实验当中，似乎能够内隐地习得某些规则，但是要他们说出来，他们又无法外显地表示，在间接测试的时候却能够以大大高出随机的概率表现出这种习得效应。

近年来，内隐学习的应用研究除了在教育领域引起广泛关注外，在运动领域也放射出光彩。人们渐渐对这种普遍而强大的学习方式产生了浓厚的兴趣，引人注目的研究更是不断涌现。运动技能的内隐学习研究最初由对健忘症病人的研究发现，研究表明，健忘症病人虽然不能回忆起刚刚发生的事，但能够进行正常的动作技能学习。例如，在操作镜画（mirror drawing）任务中，病人的学习曲线与正常人无异；在转子追踪（Pursuit rotor）、双手跟踪（bimanual track）等其他学习和测验任务中，病人也表现出正常的学习能力。健忘症病人在意识明显受损的情况下，仍然可以正常学习动作技能，这意味着动作技能学习可以内隐地获得。Ammons 等人发现，通过内隐策略习得的技能能够保持相对较长的时间，而通过外显策略获得的技能只能保持相对较短的时间。这个发现对运动领域具有重要意义：对运动技能的掌握，尽量使用内隐学习方式，而不是外显学习方式。"拳不离手、曲不离口"就是这个道理。Mathews 认为内隐学习模式是自觉的、无须意识的，而且能更有效地发现任务变量间的不显著的协变关系。[①] Magill 采用 Pew 的轨迹追踪任务，对不同重复概率和学习方式（内隐学习与外显学习）的学习效果进行了研究。结果表明，在 100% 的重复概率下，内隐学习组的成绩与外显学习组的成绩没有显著差异，说明内隐学习与外显学习一样可以提高被试的操作技能。

在 50% 的重复概率下，内隐学习组的成绩明显好于外显学习组的成绩。这表明在模糊的规则条件下，内隐学习比外显学习有优势。Masters 对应激条

---

① MATHEWS R C, BUSS R R, STSLNLEY W B, et, al. Role of Impliciy and Expliciy Processes in Learning from Examples：A Synergistic Effect ［J］. Joumal of Experimental Pychology：Learning, Memory, and Cognition, 1989, 15 (6)：1083-1100.

件下的内隐学习进行了研究。他的实验被试包括外显组和内隐组,两组被试分别使用外显策略和内隐策略练习高尔夫球的击球动作。实验结果显示,在应激条件下,外显学习组被试的技术动作不连贯或有中断的现象,而内隐学习组被试的操作绩效仍能持续进步。

据此,Masters 提出,在把生手训练成行家的过程中,把外显学习降到最低效限度,练习者就会较少地出现压力情境下的技术中断情况。这是因为内隐学习比外显学习抗干扰能力强。通过以上研究,我们可以看出运动技能不仅可以内隐获得,而且内隐学习在运动技能领域还表现出外显学习无法比拟的优势。内隐学习不仅能使运动技能保持更长的时间,还有利于复杂运动技能的掌握,以及对各种应激条件的适应。

受此启发,在运动技能的教学中,体育教师应注重发挥内隐学习作用。为了培养学生的体育能力,体育教师应该在儿童早期进行多项或单项的体育运动项目训练,因为这对促进学生对以后体育项目的喜爱和提高单项技能有很大的好处。

另外,除了进行体育课堂教育外,学校应坚持多渠道、多途径、持久地进行体育知识的宣传和引导,通过宣传橱窗、广播等形式大力宣传学校体育在培养学生体育能力、体育意识方面的作用,让学生不自觉地受到熏陶。

也就是说,对学生或运动员某一技能的训练,体育教师或教练应该让练习者在多种不同的环境中进行练习,采取任何可能的方式将学生置于大量的体育学习情境中。如果学习者能够内隐地获得环境规则知识,我们就没必要在他们练习时去问他们究竟看到了什么、想到了什么;体育教师或教练向学习者提供一些简单明了的语言线索,指明环境中的重要信息"在哪里",而不是讲述"是什么",应让学习者在多种不同的环境下练习。

(二)外显学习理论

外显学习是有意搜寻或把规则应用于刺激物领域中的学习。在外显学习的过程中,人们的学习行为受意识的控制,有明确目的,需注意资源,要做出一定的努力。[①] 外显学习与内隐学习既有区别又有联系。(1)内隐学习是自动的,外显学习是意志努力的。内隐学习和外显学习都属于学习这一知识获得的范畴,同在学习这个上位概念之下,自动性为内隐学习和外显学习的

---

① 梁宁建. 当代认知心理学 [M]. 上海:上海教育出版社,2014.

区分提供了最直接的标准。自动性主要是指知识的获得是无意识的。内隐学习和外显学习在自动性上的区分意味着，外显学习是需要意志努力的、有目的的，是学习者自始至终意识到的；内隐学习是学习者意识不到的，没有直接知识获得目的。（2）内隐学习是稳定的，外显学习是易变的。内隐学习从学习过程到学习结果都是稳定的，不易受其他内外因素的影响；外显学习会有不同的学习效果。与之相比，内隐学习的稳定性表现为较少受到神经系统损伤的影响，年龄因素对内隐学习影响不大，内隐学习具有较小的个体差异和总体变异，内隐学习较少受到分心任务的影响。（3）内隐学习是抽象的，外显学习是表层的。也就是说，内隐学习和外显学习在最终获得的知识方面存在差异。在学习情景十分复杂的情况下，如人工语法，人们通过外显学习难以从刺激复杂的结构中发现背后真正的规则，往往会停留在表面层次，因而获得的知识在抽象度上处于较低状态；在内隐学习条件下，人们尽管在整个学习过程中并未意识到，学习获得的规则知识也是难以外显表达的，但此时获得的知识，是在学习阶段接触的所有刺激样例的基础上进行的抽象提炼，具有更高的概括性和一般性。

三、社会学理论依据

（一）人际关系理论

梅奥（George Elton Mayo）是人际关系理论的创始人，是行为科学理论阶段（20 世纪 30 年代到 60 年代）各种层出不穷的理论研究的奠基之人。梅奥的人际关系理论的重要贡献主要有两方面：一是发现了霍桑效应，即一切由"受注意了"引起的效应；二是创立了人际关系学说。梅奥主要代表著作有《组织中的人》和《管理和士气》。

人、财、物是企业经营管理必不可少的三大要素，人力是其中最活跃、最富有创造力的因素。即便有最先进的技术设备、最完备的物质资料，没有了人准确而全力的投入，一切也将毫无意义。对人的有效管理不仅是高效利用现有物质资源的前提，而且是一切创新的最基本条件。尤其是在高科技迅猛发展的现代社会，创新是企业生存和发展的唯一途径。创新是人才的专利，优秀的人才是企业最重要的资产。谁更有效地开发和利用了人力资源，谁就有可能在日益激烈的市场竞争中立于不败之地。

人的创造性是有条件的，是以其能动性为前提的。硬性而机械式的管理，只能埋没其才能。"只有满意的员工才是有生产力的员工",富有生产力的员工才是企业真正的人才,才是企业发展的动力之源。因此,企业的管理者既要做到令股东满意、顾客满意,又要做到令员工满意。企业管理者针对不同员工的不同层次的需求要分别对待。企业管理者要悉心分析他们的思想,了解他们的真正需要,不仅要有必要的物质需求满足,还要有更深层次的社会需求满足,即受到尊重、受到重视,能够体现自我的存在价值。例如,在管理过程中为了满足员工的社会需求,企业管理者可以提高员工参与管理的程度,通过民主管理、民主监督的机制,增加他们对企业的关注,增强其作为主人翁的责任感和个人成就感,将他们的个人目标和企业的经营目标完美地统一起来,从而激发出更多的工作热情,发挥其主观能动性和创造性。

对体育教学领域而言,人际交往的群体主要有教师与学生、学生与学生等,师生之间的关系尤为重要,它直接影响体育教学的效果。同时,学生之间的人际关系也是必须考虑的问题,因为它涉及教学氛围和课堂气氛。

(二)社会交换理论

社会交换理论对社会交往中的报酬和代价进行分析,提出那些能够提供最多报酬的人是对我们吸引力最大的人,而且总是尽量使自己的社会交往给自己提供最大的报酬。为了得到报酬,我们也要付出,因为人类社会的原则是互相帮助,别人给了你好处你要回报,社会交往过程可以说是一个交换的过程。

平等理论有三个基本假设:(1)人在交往的过程中都希望得到最大的利益;(2)交往双方通过建立平等原则,对利益平等分配,以使双方的共同利益得到最大满足;(3)当交往双方感到不公平存在时,双方就会努力寻求公平的恢复。

当一个人感到交往过程中出现不公平时,他可能会想办法去恢复公平。恢复公平的办法主要有两种。(1)从实际上恢复。例如,两个同宿舍的同学应该分担打扫卫生的工作。一个同学平常很懒,很少打扫卫生,经过指出后,同意每天为宿舍打水,来弥补自己的过失。(2)从心理方式上改变对交往关系的看法,恢复心理上的平等。那位"懒同学"可能以自己年龄小、体质弱为理由,强调自己做的打扫卫生的工作已经很多了,别的同学多做一些是应该的,因此不会改变自己的懒惰行为。

力量的平衡:在任何一种社会交往中,交往双方都有自己的目的和偏爱的活动，并都希望对方能够顺从自己来达到自己的目的。一个人有意地影响另一个人的行为、思想和情感的能力，叫作社会力量（social power）。社会交换理论的一个研究重点，就是对人与人之间力量平衡的研究。在一些交往过程中，双方的相互影响力是相同的。在另一些交往过程中，社会力量是不平衡的，双方活动的大部分决定都是由一个人做出的，这个人在双方发生矛盾时也总是占上风。

四、教育学理论依据

（一）班级社会学理论

班级社会学（sociology of classroom）是微观教育社会学的分支学科，将班级视为一种社会系统，运用社会学的原理和方法加以研究。其主要研究对象：（1）班级结构（正式与非正式组织、个体在班级中的角色与地位等）；（2）班级文化（班级的目标、规范、舆论、气氛等）；（3）班级人际关系（正式与非正式、师生关系等）；（4）班级的社会功能（班级成员与外部社会、显性与隐性、正向与负向功能等）；（5）班级的外部制约因素（学校、家庭、社会等）。①

学校组织的结构特点如下。（1）异质结构。学校是师生的结合体，教师与学生在社会学特征上完全相悖，在学校组织中互为异质成员。（2）多权威结构。每位教师对学生都是制度权威。同时，教师在课堂上是实际权威，不受本人在学校地位的影响，也不会被其他教师取代。有多少教师就有多少权威，于是学校里有许多权威，形成多权威结构。（3）多层次结构。学校对教师的控制：校长—教务处—学科组—教师；校长—政教处—年级组—班主任。学校的组织结构是多层次的。

（二）班级生态学理论

生态学是德国生物学家恩斯特·海克尔（Ernst Haeckel）于 1866 年定义的一个概念：生态学是研究生物体与其周围环境（包括非生物环境和生物环境）相互关系的科学。目前，其已经发展为"研究生物与其环境之间的相互关系的科学"。其有自己的研究对象、任务和方法，是比较完整和独立的学科。它们的研究方法经过描述—实验—物质定量三个过程。系统论、控制论、

---

① 顾明远. 教育大辞典 ［M］. 上海：上海教育出版社，1998.

信息论的概念和方法的引入，促进了生态学理论的发展。

生态学是研究生物与环境之间相互关系及其作用机理的科学。生物的生存、活动、繁殖需要一定的空间、物质与能量。生物在长期进化过程中，逐渐对周围环境某些物理条件和化学成分，如空气、光照、水分、热量和无机盐类等有特殊需要。各种生物所需要的物质、能量以及它们所适应的理化条件是不同的，这种特性称为物种的生态特性。我们应当指出的是，由于人口的快速增长和人类活动对环境与资源造成的极大压力，人类迫切地需要掌握生态学理论来调整人与自然、资源以及环境的关系，协调社会经济发展和生态环境的关系，促进可持续发展。

任何生物的生存都不是孤立的：同种个体之间有互助、有竞争，植物、动物、微生物之间也存在复杂的相生相克关系。人类为满足自身的需要，不断改造环境，环境又反过来影响人类。

随着人类活动范围的扩大，人类与环境的关系问题越来越突出。因此，近代生态学研究的范围，除生物个体、种群和生物群落外，已扩大到包括人类社会在内的多种类型生态系统的复合系统。人类面临的人口、资源、环境等几大问题都是生态学的研究内容。

人是教育活动的主体和客体，人类的进步和教育的发展密切相关，而教育的发展离不开教育的生态环境。"教育的生态环境是以教育为中心的，对教育的发生、存在和发展产生制约和调控作用的 n 维空间和多元的环境系统。这方面大致可从三种角度、三个层次进行研究。一是以教育为中心，由外部的自然环境、社会环境、规范环境组成的教育生态系统；二是以某所学校、某一教育层次或类型为中轴，由整个教育系统所构成的环境；三是以人的个体发展为主线，包括教育在内的外部环境组成的系统。"教育生态学把受教育的人既看作社会的人，又看作生物的人。从这一角度出发，教育生态学关注自然环境对人的影响，同时更加关注社会环境和规范环境对人的作用。社会环境，又称结构环境，一般地说是人类所特有的生活环境。社会环境中渗透了精神环境因素，反映了政治、经济、学校、家庭、社区环境的融通性。整个社会是一个大的生态系统，学校是其中的一个小的生态系统，是人为的生态环境。它一方面受社会中各种生态因素的影响，另一方面还要受政治形态、经济结构、教育制度等宏观因素的影响。规范环境，又称精神环境或价值环境，它是人类在营造群体生活中所形成和持有的态度、观念、风气与气质。

规范环境不但规范个人的生活和行为，而且使个人的精神有所寄托，使人的精神生活升华，从而明确生活的目的和生命的意义，满足个人心理的需要。人在规范环境中，受他人的态度、期望与要求的影响，从而建立价值观，形成实践道德，发展人格。当然，这也是一个互相影响、共同发展，从而推进规范环境发展的过程。自然环境、社会环境和规范环境三者具有交叉镶嵌性，并相互作用，产生复杂的综合影响。教育的三种生态环境，是教育得以存在和发展的条件。从生态环境构成的角度讲，教育生态环境中还包含了各种各样的生态因素（生态因子），它们分别满足人的生物的、社会的和精神生活的需要。这些生态因素共同组成并影响着教育生态环境的存在与发展的质量。从现有文献看，人们关注和研究的生态因素主要有生物学意义上的生态因子，人们从生态的主体人出发研究了文化、人口、教育资源、学校与班级规模、学生座位的编排等。从教育生态环境结构层次的角度出发，人们主要从宏观与微观生态，人的年龄层次，个体与群体生态，以及最高、最复杂的教育生态系统四个角度来研究。学生作为处于特殊成长和发展阶段的人，他们终日生活在学校和班级中，班级组织内的全体师生与他们所处的包括自然环境、社会环境和规范环境等方面的复合生态环境，构成了一个班级的教育生态环境。

五、体育学科理论依据

（一）运动技能形成理论

关于运动技能的形成和发展的过程有多种研究理论，它们分别从不同的角度对运动技能的学习进行了阐释和说明，如认知派的整体结构理论、动力定型的纯生理学理论。教科书中所介绍的是较为经典的"泛化过程—分化过程—巩固过程"理论，最终达到动作自动化。这种划分方法是以巴甫洛夫高级神经活动学说为基础的，便于学生理解和运用。

1. 运动技能获得阶段：泛化过程

学习任何一个动作的初期，学生通过教师的讲解和示范以及学生自己的初步运动实践，都只能获得一种感性认识。此时，动作技术所引起的人体内外界的刺激，通过感受器（特别是本体感觉）传到大脑皮质，引起大脑皮质细胞强烈的兴奋。另外，因为皮质内抑制尚未确立，所以大脑皮质中的兴奋与抑制都呈现扩散状态，这使条件反射暂时不稳定，出现泛化现象。这个过程表现在肌肉的外表活动往往是动作僵硬、不协调、不该收缩的肌肉收缩、出现多余的动作，而且做动作很费劲。例如，教科书所举的李杰运球动作僵硬、不协调，他就是处于泛化阶段。教师可以引导学生根据教科书中的问题，结合自己的学练体验进行讨论，在这个阶段为什么会出现动作僵硬、不协调的情况，引导学生讨论如何应用教科书中介绍的学习策略和合作学练提示，有针对性地掌握和提高运动技能。这些现象是大脑皮质细胞兴奋扩散的结果。

在此过程中，教师应该抓住学习动作的主要环节和学生掌握动作中存在的主要问题进行教学，不应过多强调动作细节，而应以正确的示范和简练的讲解帮助学生掌握动作。

2. 运动技能改进阶段：分化过程

在不断练习的过程中，初学者对该运动技术有了初步的理解，一些不协调和多余的动作也逐渐消除。此时，大脑皮质运动中枢兴奋和抑制过程逐渐集中，由于抑制加强，特别是分化抑制得到发展，大脑皮质的活动由泛化阶段进入了分化阶段。因此，在练习过程中的大部分错误动作得到纠正，学生能比较顺利地和连贯地完成完整的动作技术。这时初步建立了动力定型，但定型尚不稳固，遇到新异刺激（如有外人参观或比赛等），多余动作和错误动作可能会重新出现。例如，教科书中李杰虽然已经能够抬头运球，但是比赛时出现低头运球的动作，他就是处于分化阶段。针对此种情况，教科书提供了学习策略和自我学练提示，来帮助学生明确在自己学练动作技术时处于该阶段应如何应对。

在此过程中，教师应特别注意错误动作的纠正，让学生体会动作的细节，促进分化抑制进一步发展，使动作更趋准确。

3. 运动技能稳定阶段：巩固过程

通过进一步反复练习，运动条件反射系统已经巩固，进入了巩固的动力定型阶段，大脑皮质的兴奋和抑制在时间和空间上更加集中和精确。此时，学生不仅动作准确、优美，而且某些环节的动作还可出现自动化，即不必有意识地去控制而能完成动作。在环境条件变化时，动作技术也不易受到破坏。例如，教科书中李杰能够熟练运球，而且失误较少，他就是处在巩固动力定型阶段。为了帮助学生理解动力定型，教师可以在实践课中让动作技术比较好的学生和较差的学生进行对比，从而帮助学生认识到通过反复练习使技术动作达到动力定型，乃至动作自动化程度的重要意义，来引导学生刻苦练习，不断提高技术水平。同时，由于内脏器官的活动与动作配合协调，学生完成练习时也会感到省力和轻松自如。

动力定型发展到了巩固过程，也并不意味着一劳永逸。一方面，还可在继续练习巩固的情况下精益求精，使动作更加精准，使动力定型更加完善和巩固；另一方面，如果不再进行练习，巩固了的动力定型还会消退，动作技术越复杂，难度越大，消退得也越快。

在此过程中，教师应对学生提出进一步要求，如果有条件，可以指导学生进行技术理论学习，这样有利于动力定型的巩固和动作质量的提高，促使动作达到自动化程度。

形成运动技能的三个过程是相互联系的，各过程之间并没有绝对的界限。当学练水平高的学生在学习掌握新动作时，他们的泛化过程很短，对动作的精细分化能力强，掌握运动技能快。初学者在学习新动作时，泛化过程较长，分化能力较差，掌握动作较慢。动作越复杂，泛化过程就越长，分化的难度也就越大，学生形成运动技能所需要的时间就越长。对于难度比较大、技术要求比较高的动作，教师应加强对学生学练的指导，同时也应引导学生进行自练。

4. 动作自动化

随着运动技能的巩固和发展，练习暂时达到非常巩固的程度以后，动作即可出现自动化现象。所谓的自动化，就是在练习某一套技术动作时，可以在无意识的条件下完成。其特征是将整个动作或者是将动作的某些环节，暂时变为无意识的。例如，走路是人类自动化的动作，人们在走路时可以谈话、看报，而不必有意识地想应如何迈步、如何维持身体平衡等，如老练的篮球运动员在比赛时，运球等动作往往也达到自动化程度。

自动化动作的生理机理是以巴甫洛夫所揭示的高级神经活动的基本规律为基础的。人类一切随意运动都必须在大脑皮质的参与下方能实现，但是在大脑皮质参与下所实现的机体反应活动并不一定都是有意识的。换言之，人们在无意识完成自动化动作时，仍然必须在大脑皮质的参与下才能实现。在皮质参与下所实现的有机体的反应，有的是有意识的，有的可以是无意识的。

巴甫洛夫在分析有意识和无意识的生理机理时认为，只有在当时条件下最适宜兴奋的皮质部位完成的活动才是有意识的。这种部位最容易建立新的暂时联系，也最容易形成新的分化现象。当运动技能达到第三过程后，动作各环节的条件反射已逐步达到巩固阶段。凡是已巩固的动作可以由皮质被抑制的区域或兴奋较低的区域来完成。按照巴甫洛夫的话说，这时当有相应的刺激出现时就刻板式地产生以前所形成的反射活动，这个反射活动是由大脑皮质上兴奋性低和不适宜的部分实现的。皮质上这些部位的活动，被称为无意识的、自动化的活动。

一般来说，许多体育运动技能需要经过多年的和大量的练习才能达到和保持自动化的水平。高中学生尚且难以达到某项运动技能学练的最高水平，因此教师应指导学生根据自身的条件选择适当的项目进行选学，形成自己的爱好并发展专长，为终身体育奠定基础。

（二）动力定型理论

动力定型是指一种由固定程序的条件作用建立的暂时练习系统，即条件反射系统。它是巴甫洛夫学说中的一个概念。在这种系统内，各个条件刺激按严格的序列和时间呈现，即用一系列刺激的定型形式获得这种系统中每个刺激确切而不变的效果，最后的结果就是在大脑皮质的活动中建立一种动力定型。

在日常生活中，如果一个人比较稳定地从事某一活动，客观刺激的系统就会按照一定前后和强弱作用于有机体。大脑皮层有系统性活动的机能，能够把这些刺激有规律地协调成一个条件反射链索系统。动力定型的特点是当它已经形成后，一旦有关刺激物作用于有机体，条件反射的链索系统就会自动出现。所以，动力定型又称自动化了的条件反射系统。

巴甫洛夫认为，动力定型的系统一再重复，就越来越巩固，越来越易于完成，越来越自动化，从而在大脑皮质内形成了一定的动力定型，即一种系统性。人们要建立一个动力定型，需要消耗相当多的神经能量，但保持这个动力定型所消耗的神经能量越来越少。动力定型巩固了，就产生了惰性，难以用新的刺激或情境去改变它。人们要改变它，往往需要消耗很多的神经能量。这既取决于刺激物系统的复杂程度，也取决于人们的个性和状态。

动力定型具有稳定性，它是按照固定程序进行活动的模式，也具有灵活性，它是综合的衍射模式，在条件改变时，能使动力定型更适合客观条件的要求。一般来说，习惯一类的动力定型，稳定性较强、灵活性较弱。技能一类的动力定型则灵活性较强。动力定型在一定条件下形成，也可以在新的条件下加以改造或发展。

在动力定型训练中，人们要秉持少而精的原则。对初级选手来说，他们不要学习乔丹每天投中 1000 个球，也不要模仿科比每天投中 1500 个球。对初级动力定型训练来说，每天 1000 个的数量，将会起到摧毁动力定型的作用，这就像拳击练习时，练习抗打击能力一样，对一个没有训练基础的新手，教练对他们进行拳王同样的训练强度，他们是无法承受的。

第三章

体育教学技能划分与要求

　　教学技能是指教师运用已有的教学理论知识，通过练习而形成的稳固、复杂的教学行为系统。它包括在教学理论基础上，按照一定方式进行反复练习或由于模仿而形成的初级教学技能，也包括在教学理论基础上因多次练习而形成的，达到自动化水平的高级教学技能，即教学技巧。教学技能是教师必备的教育教学技巧，它对取得良好的教学效果，实现教学的创新，具有积极的作用。

　　教学技能对外表现为成功地、创造性地完成既定的教学任务，卓有成效地达到教学目的和获得有效的教学方法；对内表现为保证完成教学任务的知识、技巧、心理特征和个性特征的功能体系，是教师的个性、创造性与教学要求的内在统一。从表面上看，教学技能是教师在教学活动中有效促进学生学习的活动方式。从深层剖析，它是教师职业个性品格和专业修养外化的表征，是教学能力的重要标志。每一位教师要想形成自己的教学风格，达到艺术化教学的水平，就必须遵循教学技能发展的规律，在熟练掌握教学技能的基础上，不断探索，不断创新。

　　体育教学技能不同于运动技能，一名合格的体育教师掌握"多能一专"的运动技能是其搞好体育教学的基本条件。掌握了必要的运动技能，仅仅达到了"会做（动作）"的层次，体育教师同时还要承担体育课堂教学的任务，因此要把"会做（动作）"转化为"会教"，就需要掌握一定的教学技能。运动技能与教学技能之间存在着一定的关系：体育教师掌握一定的运动技能，可为掌握体育教学技能提供运动经验与运动经历方面的帮助，体育教师掌握了一定的教学技能可为指导学生掌握运动技能提供帮助。

一、体育教学技能划分

根据教育学原理，教学技能按目标分类为例证技能、演示技能、确认技能等；按教学行为分类为板书技能、提问技能等；按集中归纳方法分类为导入技能、展开技能、转换技能、总结技能等；从促进师生互动作用分类为变化的技能、导入的技能、强化的技能、提问的技能、例证的技能和说明的技能等。英国的特罗特（Trott）把在教学中能够观察、能够表现、能够实际量化分析并为教师所熟知的教学行为，分为 6 项教学技能：变化的技能、导入的技能、强化的技能、提问的技能、例证的技能、说明的技能。①

体育教学技能与一般学科的教学技能既有共同点，又有差异性，如口令与队伍调动技能、动作示范技能就体现了体育教学技能的特殊性，这些是一般学科中不具有的教学技能。那么，体育教师的教学技能有哪些种类与要求？哪些教学技能是必须掌握的？哪些教学技能是重点掌握的？这些是需要明确的问题。

根据课前、课中、课后、课外的程序，我们把体育教学技能划分为如下几种。

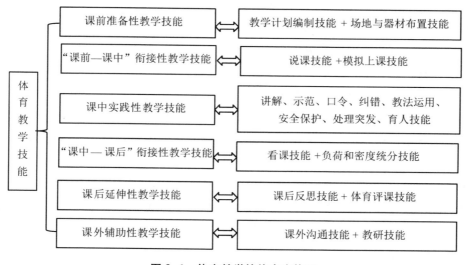

图 3-1 体育教学技能内容体系

---

① 何莹. 数学师范生课堂教学能力评价指标体系构建研究：以西南地区师范院校为例 [D]. 重庆：西南大学，2018：5.

　　以上划分的结果出现了 18 种体育教学技能，分别包括以下几点。（1）课前准备性教学技能：各类教学计划编制技能、体育课场地与器材布置技能。（2）"课前—课中"衔接性教学技能：说课技能、模拟上课技能。（3）课中实践性教学技能：动作技术讲解技能、动作示范技能、口令与队伍调动技能、运动技术诊断与纠正技能、运动技术教法与手段运用技能、安全保护与技术帮助技能、处理突发事件技能、体育以体育人技能。（4）"课中—课后"衔接性教学技能：看课技能、负荷和密度统计与分析技能。（5）课后延伸性教学技能：课后反思技能、体育评课技能等。（6）课外辅助性教学技能：课外师生沟通技能、体育教学与研究能力。

　　（一）课前准备性体育教学技能

　　体育教师要更好地实施体育课堂教学，首先要处理好教学预设与教学生成的关系，所谓的教学预设就是课前的各种教学设计。体育教学设计是一个大概念，并不仅仅是体育课堂教学设计或一节课的教案，还应包含各种教学计划的设计，如水平教学计划、学年教学计划、学期教学计划（大单元教学计划）、小单元教学计划、课时教学计划等。其中，每一个教学计划都是相互关联、承前启后的，如学期教学计划（大单元教学计划）是制订小单元教学计划的基础，小单元教学计划又是学期教学计划的展开。体育教师只有对课前各种教学计划进行有效的安排和制订，才能做好课前的预设工作，才能为搞好体育课堂教学做好充分的准备。另外，课前需要准备与布置运动场地与运动器材，这是体育教师的特殊工作，也是避免安全事故发生的重要举措。

　　（二）"课前—课中"衔接性体育教学技能

　　为了更好地把预先设计好的教学落到实处，体育教师需要一个中间的环节，那就是说课技能与模拟上课技能实施环节。说课就是把预先设计的教学通过简单的陈述，使广大的体育教师事先了解与理解。一方面，上课者可以事先梳理预设的课堂；另一方面，可以让听者提出不同的意见以便改进。模拟上课则与说课不同，它通过"小课"的形式展现课堂的主要环节，起到画龙点睛的作用。说课与模拟上课是高校体育专业毕业生就业面试的主要形式，也是体育教研活动一种省时省力的方式。

　　（三）课中实践性体育教学技能

　　体育教学的本质是生成的，预设只是为实施课堂教学提供一个有准备的基础，再好的课前预设也不能确保体育课堂教学的质量。因为，实施体育教学的过程是千变万化的，课堂基本按照课前的预设进行，但时常会出现各种课堂突发事件，使教学计划不得不根据具体情况进行灵活的调整。所以从另一个层面上说，教学的本质是生成的，体育教师必须根据课堂中学生学习的实际情况、掌握的情况、出现错误动作的情况、学生疲劳的情况等对原先的教学设计进行相应的调整，来适应现实的教学，这样才能有的放矢，得到更好的教学效果。

要想搞好课堂教学，体育教师必须具备各种体育教学实施的技能，如动作技术讲解技能、动作示范技能、口令与队伍调动技能、动作技术诊断与纠正技能、安全保护与技术帮助技能、处理突发事件技能与育人技能等。

（四）"课中—课后"衔接性体育教学技能

在课后评课之前，我们需要"课中—课后"衔接性教学技能，即实施"看课"环节，看课也俗称听课。看课需要一个准备的过程，凡事预则立，不预则废。这是评课的前提与基础，因此，学校要很好地组织看课：选好场地、带好纸笔、注意记录等。另外，"课中—课后"衔接性技能还包含负荷和密度统计与分析技能，它主要是对课堂的运动密度与负荷进行测量、记录、统计与分析，这也是评价的定量化依据。

（五）课后延伸性体育教学技能

课后自我反思是教师成长的一个重要途径，特别是新入职的教师，体育教学反思具有特别重要的意义。从内容上讲，课后体育教学反思技能包括课后体育教学自我反思技能与课后体育教学反思他人技能（评课）。课后体育教学自我反思技能比较好理解，主要就是在课后针对自己上的课进行专题反思或全面反思，对课前教学设计进行反思或对教学过程进行反思等。这里重点说明的是课后教学反思他人技能（评课），评课的基础是听课或看课，没有听课或看课的过程就没有资格评课。

（六）课外辅助性体育教学技能

首先，体育教育是课内外互为衔接的教育，课内没有解决的问题需要课外解决，如上课出现了一些违规事件，需要教师课外处理，特别是学生存在的思想问题，需要体育教师课外沟通；其次，教学与科研是相辅相成的，体育教师若对各类课堂教学问题视若无睹，那么他/她也不能成为一名好教师，所以教学是基础，科研是提升，体育教师必须重视中小学体育教科研能力的发展。因此，课外辅助性体育教学技能应包含课外沟通技能与体育教研技能。

二、体育教学技能的基本要求

(一) 体育教学技能的全面性

"划分"应具备一定的依据,依据不同,划分的结果不同,根据体育教学本质特征与教学实践的特点,本书将体育教师的教学技能划分为课前体育教学计划编制技能、"课前—课中"衔接性教学技能、课中教学技能、"课中—课后"衔接性教学技能、课后延伸性教学技能、课外辅助性教学技能。其划分的依据主要是以体育课堂教学次序为核心,因为体育教学技能本身就是根据"课内外体育课堂教学"这一核心来展开的。

(二) 体育教学技能的重点

以上 18 种体育教学技能的重要性及其作用并非等同的,这是由体育课堂教学的特殊性决定的,如动作示范技能就是一种重点技能,因为没有体育教师动作直观的示范,学生就无法建立正确的动作表象;运动技术纠错技能也是重点技能,因为学生运动技能掌握的过程就是不断纠正运动技术错误的过程。因此,缺失了体育教师的发现、纠错与指导,学生要自我摸索与掌握运动技能就会增加很多的难度。那么,哪些是重点技能,哪些是非重点技能呢?笔者认为,那些在体育课堂教学中必须落实的、对提高体育课堂教学质量具有重要作用的技能可称为重点技能,如体育教学计划编制技能、动作示范技能、动作技术讲解技能、运动技术诊断技能、运动技术纠错技能、口令技能、队伍调动技能、安全保护技能、动作技术帮助技能、运动育人技能、评课技能等。

(三) 体育教学技能的出彩性

每一个体育教师的教学存在较大差异,在谋求体育教学技能全面性的同时,更需要体现体育教师个性化的教学技能,这正是求同存异、百花齐放的要求。因此,职前体育教师在力图掌握体育教学技能全面性的基础上,要结合自身的特点,开发与培育出适合自身的、能代表自己水平的、体现自己独特风格的教学技能,这样才能体现体育教师独特的魅力。例如,有的教师动作示范技能突出,这就容易在学生中建立好形象;有的教师运动技术诊断与纠错技能突出,那么他/她就能在很短的时间内分析出学生错误动作症结所在并帮助学生解决问题;有的教师安全保护技能过硬,那么他/她在体育课堂教学过程中就可以避免很多教学事故等。总之,体育教师在掌握教学技能全面性的同时，需要结合自身的个性特征，发挥特长，运用个性化的教学技能展示自我，获得体育教师教学技能的独特价值。

（四）体育教学技能的弥补性

"技能"的形成具有一定的规律，是一个渐进的需要培养的过程，并不是一蹴而就的，因此技能不等于知识，它既需要相关知识的支撑，又需要在知识积累的前提下积极地实践培育，这样才能从知识层面上升为技能层面。体育教学技能的形成也是同理，刚入职的体育教师虽在职前学习了相关的知识，也进行了初期的培养，并经过了实习阶段的验证，但这是初步的，与形成较为熟练的教学技能还有很大的差距。我们经常可以看到一些青年体育教师在课堂教学展示过程中的种种不足，如口令不娴熟、队伍不会调动、动作示范面不正确，学生动作错误不会诊断、不会指导等，从而造成了体育教学技能的重大缺失。这就需要青年体育教师不断学习他人的经验，学会反思自己，并在教学实践中不断修正，掌握娴熟的教学技能。

当然，并不是只有青年体育教师存在教学技能的缺失问题，一些老教师同样也存在此问题，其主要原因在于体育教学技能设计面较广，要掌握全面化的体育教学技能实属不易，而且因过去不太重视这些教学技能，体育教师基本功比赛与交流机会较少等，使其没有机会拓展教学技能。一个合格的体育教师理应顺应形势，所谓活到老学到老，要学会反思自己，利用各种培训机会、外出观摩机会、本地教研交流机会，学习他人娴熟的教学技能，查漏补缺，改进自己的教学技能。

表 3-1　体育教学技能的基本要求一览表

技能类别	基本要求
教学计划编制技能	（1）熟悉各类教学计划的关系：学段计划、水平计划、学年计划、学期计划、单元计划、课时计划，存在着上一项计划是下一项计划的基础与依据。（2）根据学生的特点、教材特点、气候特点、场地器材特点等较为熟练地制订各类教学计划。（3）编制的教学计划具有较高的实用性与实效性。（4）熟练掌握编制学期计划、单元计划、课时计划的重点技能

技能类别	基本要求
场地与器材布置技能	（1）根据课堂教学内容特点与要求较为迅速地设计与布置体育课的场地、器材。（2）场地器材具有一定的美学效果，能有效激发学生的无意注意。（3）场地器材具有一定的创新性，能有效合理地利用本校的各种资源。（4）场地与器材的布置安全、卫生、整洁。（5）场地与器材的布置高效，有利于增加学生的练习密度，促进运动技能的发展
说课技能	（1）"说课"内容娴熟，符合学校体育学科前沿知识特点。（2）分析学情与教材内容时突出重点、方法实用，具有可操作性。（3）说课过程流畅，层次分明、条理清晰。（4）语言表达准确、规范、富有情感、生动形象，符合专业特点。（5）身体语言与表情运用自然
模拟上课技能	（1）迅速进入角色，找准身份，自导自演。（2）快速调动自我情绪，富有激情。（3）合理把握好模拟时间，在规定的时间内完成模拟上课的过程。（4）体现充分的自信，灵活运用语言、口令、手势、姿态。（5）体现个性与优势，扬长避短
动作技术讲解技能	（1）讲解正确、生动形象，符合学生年龄要求。（2）讲解语言准确、清晰、精练、口诀化，具有启发性、逻辑性、条理性，重点突出。（3）讲解过程抑扬顿挫、语速适中，富有节奏感。（4）灵活运用各种讲解的形式，如口头讲解、结合图示讲解、结合教学模型讲解，全面讲述、片段讲解、集中讲解、语言提示、个别辅导等。（5）有效结合动作示范进行讲解，如边示范边讲解、先讲解后示范、先示范后讲解等。（6）熟练掌握动作要领，把握讲解的各种时机
动作示范技能	（1）正确、标准、优美、稳定、熟练。（2）灵活运用各种形式的动作示范，如完整示范、分解示范、重点示范、正误示范等。（3）灵活运用各种示范面（正面、侧面、背面、镜面）与示范的速度（正常速度、慢速等）。（4）善于把握动作示范的各种时机
口令与队伍调动技能	（1）灵活运用不同形式的口令：短促口令、断续口令、连续口令、复合口令。（2）熟练掌握队列队形方位与练习的基本术语，如横队、纵队、列、路、间隔、距离、排头、排尾。（3）熟练掌握原地队形变化与行进间队形变化。（4）下达的口令准确、清楚、洪亮、果断，口令突出主音，合理选择喊口令的位置。（5）口令体现预令和动令的区别明显。（6）队伍调动娴熟、运用自然、沉着冷静、有序高效，省时省事

续表

技能类别	基本要求
动作技术诊断与纠错技能	（1）合理运用多种观察方法进行快速诊断，如观察法、谈话法、分析法、测验法。（2）准确分析导致错误动作的原因，如学生的身体素质、运动技术本身的难度、教师教法的问题、教学进度的快慢、运动习惯的干扰。（3）合理选择纠正错误动作的方法，如强化概念法、转移练习法、降低难度法、自我暗示法、阻力助力法。（4）纠正错误动作有效、迅速。（5）灵活运用不同形式的纠错法，如集中纠错、小组纠错、个别纠错等
运动技术教法与手段运用技能	（1）根据教学目标，选择适宜的教学方法。（2）根据教学目标，选择适宜的教学手段。（3）主动积累各类不同的教学方法与手段。（4）学会灵活运用各类教学方法与手段
安全保护与技术帮助技能	（1）掌握并熟练传授各种保护方法：自我保护技能、他人保护技能（如运用接、抱、挡、拨等手法改变练习者的动作方向）、利用外物保护技能（如运用海绵垫、海绵包、护具消除畏惧心理，确保安全）。（2）掌握并熟练传授各种帮助方法：直接帮助技能（如利用托、顶、送、挡、拨、搓、扶、提、推等手法直接给予帮助），间接帮助技能（如运用信号、标志物、限制物提醒练习者，这样的帮助），利用外物帮助技能（如利用保护腰带、保护手套，将台、桌、凳等作为帮助器具）。（3）熟练掌握保护与帮助的合理站位。（4）熟练掌握传授保护与帮助的时机与身体部位
处理突发事件技能	（1）对体育课中出现的各类突发事件，能够始终保持冷静与镇定。（2）善于把握"处理突发事件不影响当堂教学"原则，快速处理好各种突发事件，不将"事件"扩大化。（3）当处理各种突发问题时，体育教师运用的语言要简单婉转、比喻贴切，不伤害师生感情，不体罚学生。（4）熟练掌握并灵活运用各种处理突发事件的方法，过程得当、快捷有效
育人技能	（1）具有运动技术教学育人的理念。（2）熟练、合理运用运动考核标准培养学生的品德。（3）善于利用各种教学情景培养学生的体育道德，促进学生的心理健康等
看课技能	（1）熟悉看课目的、步骤和各种准备工作。（2）每次看课都要做好详细的记录。（3）看课既能抓住主要问题，全面地观察与记录，又能深入片段，观察入微，善于发现该课堂的优缺点。（4）掌握各种不同视角、不同侧面的看课技巧。（5）不影响授课者及上课学生的情绪
负荷和密度统计与分析技能	（1）做好测量运动负荷和密度的准备工作。（2）掌握测量运动负荷和密度的方法。（3）学会统计运动负荷和密度。（4）学会简单分析运动负荷和密度的合理性

续表

技能类别	基本要求
课后反思技能	（1）课后自我反思言简意赅，没有长篇大论。（2）课后自我反思内容既体现成功之举、教学灵感，又要指出不足之处。（3）课后自我反思深刻，去除表面化。（4）既有全面的反思，又有专题的反思
体育评课技能	（1）评课之前充分做好看课记录的整理工作：①分类整理记录中每个细节的优缺点；②形成评课者的观点；③呈现评课者的观感。（2）了解与熟悉评课形式与类型。形式主要有面谈式、研讨式、书面材料式、庭辩式、全面分析与专题分析、点名评议式、师生评议式、网上评课。类型主要有观摩性评课、提高性评课、研究性评课、检查性评课、指导性评课。（3）评课重点突出、层次分明、以理服人，不要吹毛求疵、强词夺理。（4）评课要全面衡量，实事求是，不能以偏概全，不能信口开河、语无伦次。（5）评课一分为二，既突出授课教师的亮点与特点，又指出存在的问题
课外师生沟通技能	（1）善于利用体育课堂教学特点营造良好的课堂氛围。（2）教师善于运用身体语言、手势暗示、身体动作等手段沟通与处理师生之间的关系。（3）教师熟练掌握评价学生技巧，注重合理评价顺序，如肯定在先、批评在后，以幽默的方式解决各类问题。（4）教师采用适宜的领导方式：运用民主协商式或民主参与式替代强硬专制型、慈善放任型。（5）处事公平、公正，关注体育弱势群体
体育教学与研究能力	（1）能发现课堂教学过程中的问题。（2）能针对问题开展教学研究。（3）能根据教学问题提出自己的独特看法与见解。（4）能撰写一些有一定质量的教研论文

　　以上是对各类体育教学技能提出的基本要求，并不是《标准》，要成为《标准》还需进行深化的理论研究与实践论证。职前体育教师与职后体育教师可针对以上要求进行对照、查漏补缺，并结合自身特点，在优化各类体育教学技能基础上，重点突出自己擅长的教学技能，并形成自身独特的教学风格与教学方式，以优取胜、彰显精彩，提升体育教学质量与效果。

第四章

课前准备性体育教学技能及其培养

体育教学计划是学校体育整体工作计划的一个重要组成部分，是根据国家《体育与健康课程标准》，结合本校实际情况制订的，是保证学校体育教学工作顺利进行的必不可少的教学文件，是体育教师进行教学工作的主要依据，是体育课程实施的重要工作步骤。做好体育教学计划对做好学校体育管理、提高教学质量、提升体育工作的科学性具有重要的意义，会编制体育教学计划是体育教师必须具备的技能。

各类教学计划具有一定的层次性：体育教学计划一般由学段、水平、学年、学期、单元和课时计划构成的；上一项计划是制订下一项计划的依据，下一项计划又是上一项计划的延续。根据职前体育教育特点与基本要求，本章主要介绍学年教学计划、学期教学计划（大单元）、小单元教学计划和课时教学计划编制技能及其培养。

一、各类体育教学计划编制技能及其培养

（一）学年体育教学计划编制技能

1. 学年体育教学计划编制技能的概念

"学年体育教学计划编制技能"是按照《体育与健康》课程标准，以年级为单位，根据学生特点和学校情况，将课程标准中规定的学年教学内容和教学学时相对科学地分配到两个学期中去，并确定学期的考核项目与标准，体育教师在编写以上教学文件过程中表现出来的一种较为熟练的技能。学年教学计划为制订学期教学计划提供了基础与依据。

2. 编制学年体育教学计划的要求

（1）首先，认真钻研体育课程标准等指导性文件，明确教学理念，为顺利制订教学计划打好基础；其次，在安排两个学期的教材内容时，要注意教

材内容之间的系统性和不同性质教材内容的搭配，防止同类教材过于集中到某一学期。

（2）安排的教材内容要考虑到学生的学习负担、年龄特点、身体素质、健康状况和运动水平等，使教材内容符合学生学情，如初三、高三的学生面临中考与高考，可以适当减少教材内容。

（3）安排的教材内容要充分考虑学校场地与器材、教学条件等，适当考虑与照顾学校的传统体育项目和本地区的实际情况，如夏天（6月或9月）可以安排游泳，冬天可以安排长跑，北方还可以安排滑雪等。

（4）考核项目一般为重点教学内容，每学年以3~5个考核项目为宜，并在各学期标出具体考试的项目、标准和日期。

3. 编制学年体育教学计划的步骤

（1）制定学年教学目标

在认真学习和领会《体育与健康》课程标准的基础上，体育教师针对水平教学目标、本学年教学特点、学生特点、运动场地器材条件与体育传统项目等，从核心素养的三方面来制定学年体育教学目标。

（2）确定学年教学内容与教学学时

本学年安排的教学内容要根据《体育与健康》标准的要求，并结合本校的实际情况。待教材内容确定后，体育教师再确定本学年的教学时数。一般来说，全年教学时间为34周，如高中体育课每周2学时，留两周为机动时间，因此全年的教学学时就是32周，共64个学时。初中体育课每周3学时，那么本学年教学时数就有96学时。

（3）确定各类和各项教材内容的教学时数

体育教师根据各类教材的时数比例计算出各类教材的教学学时（某类教材内容的实际时数＝全年教材内容时数×该类教材的时数比重），如初二田径教材的教学时数＝96×16%＝15学时。

（4）确定考核项目、内容、标准与要求

体育教师根据《体育与健康》课程标准的规定，结合本校活动计划特点、学生特点，确定考核项目与标准，并提出一定的要求。

（5）确定理论课教学学时

一般来说，理论课安排在每学期的开始、雨天、期末等时间，具体情况应根据学校条件、学生年龄特点等实际情况来定。

（6）合理分析学时

体育教师把各类和各项教学内容与学时相对均匀地分配到两个学期之中，如总学时为 96 学时，每学期则 48 学时。

4. 学年体育教学计划示例

以高中为例，高中阶段要完成 11 个学分，其中体育健康教育知识与田径为必修内容，各为 1 学分，其他共 9 个模块的选修内容。本学年按 34 周计算，留两周为机动时间，全年教学学时则为 32 周，由于高一体育课每周 2 学时，则该学年为 64 学时。其具体安排如下。

表 4-1　××中学高中一年级××年度学年体育教学计划一览表

学年体育教学目标：

1. 运动能力目标：通过学习本年度各项运动技术（如田径、篮球、乒乓球、武术等），掌握重点项目与考核项目技术，初步掌握非考核项目技术，发展学生的运动能力与速度、力量、耐力体能，特别是提高与改善初中学生的耐力和力量素质。

2. 健康行为目标：通过本学年体育教学，学生了解初中学生身心发展特点与参加体育活动的重要性，学会一些身心自我保健的知识与方法；了解田径、篮球、乒乓球、武术等项目的运动知识与原理。

3. 体育品德目标：通过合作教学，发展学生社会交往能力，激发体育学习积极性，使学生遵守体育比赛规则，体验运动的乐趣，减轻学习压力

		年度教学内容	各类教材学时	各项教材学时	第一学期		第二学期	
					教材内容	时数	教材内容	
必修项目		体育健康教育	6	6	1. 初中学生身心健康与体育活动的关系；2. 如何制定运动处方	4	1. 身心自我保健；2. 形体美与体育活动关系	2
	田径	跳跃	16	6			挺身式跳远	6
		投掷		2			实心球	2
		快速跑		4	快速跑	4		
		耐久跑		4			耐久跑	4
选修项目	球类	篮球	18	18	篮球	8	篮球	10
		乒乓球	16	16	乒乓球	16		
	武术		8	8			太极拳	8

续表

总计	64	64		32	32
考核项目与 标准（略）					

（二）学期体育教学计划（大单元教学计划）编制技能

1. 学期教学计划（大单元教学计划）编制技能的概念

"学期教学计划编制技能"是指根据学期教学计划的规定与要求，将一个运动项目或数个运动项目的教学内容按课时次序相对科学地分配到每次课程中，体育教师在编写以上教学文件过程中表现出来的一种较为熟练的技能。

根据2022年义务教育阶段体育课程标准的要求，本书把18学时的单元（大单元）作为学期教学计划的标准，而小于18学时的单元成为小单元教学。例如，篮球项目可以作为一个大单元（一个学期的教学单元），而篮球项目中各项技术又可以分为数个小单元，如原地投篮单元、行进间上篮单元、传接球单元等，其中的小单元之间具有较强的关联性与衔接性。田径项目大单元可由跑步、跳远、跳高、投掷等小单元组成，田径的小单元间的关联性与衔接性较差。

2. 制订学期教学计划（大单元教学计划）的要求

（1）认真钻研2022年义务教育阶段《体育与健康》课程标准与标准解读，明确以大单元教学设置学期教学的思路，编制学期教学计划。

（2）根据学期教学计划的要求，安排18学时的各课次排列等。

（3）把握教学内容各课次之间的内在联系，注意各课次之间的内在逻辑性。

（4）全面分析学校场地与器材特点、学生情况，如学生的体育基础、身体活动能力、兴趣爱好等，合理安排各课次学生的学练步骤。

（5）遵循精讲多练的原则，减少队伍调动时间，增加练习次数、练习密度、练习组数等。

（6）教学方法安排要合理、新颖，适合学生的年龄特征，教学手段的选择要有利于解决教学重难点，学练步骤要注意练习的密度、时间、运动负荷等。

3. 制订学期教学计划（大单元教学计划）步骤

（1）制定学期教学（大单元教学）目标

学期教学目标的制定可从核心素养的三方面来展开，即运动能力、健康行为、体育品德。目标的制定要结合该运动项目的具体特点，不能泛泛而谈，目标要具体、可操作、可评价。

（2）明确教材学时，确定重难点

单元具有一个比较完整的结构，特别是在一些小单元中，各课次之间存在着紧密的联系，并构成一个较为完整的结构，如跳高单元可以分为助跑、起跳、腾空、过杆、落地等环节。在这个完整的结构中，一定有一个运动技术的关键环节，这就是教学重点，如助跑与起跳相结合就是一个教学重点。

（3）根据大单元内部结构确定各课次教学目标，并确定重难点

在制定好大单元目标的基础上，体育教师要系统规划各课次的教学目标，并确定重难点，教学目标与重难点是有密切联系的。"重点"是解决该课次运动技术的关键点，而"难点"是学生不易掌握的技术细节，若能把教学目标与运动技术重点很好地结合起来，那么该课次的教学设计就比较完整了。

（4）确定各课次教学方法与手段、主要学练步骤

在选择各课次的方法与手段时要结合学生年龄特点、教学辅助器材条件等情况，学练步骤是针对学生而言的，即学生要掌握该课次的重难点，需要进行练习的步骤。

（5）明确考试及考查内容、标准和要求

根据学年、学期教学计划的要求，体育教师确定大单元教学是否需要考核，如果是考核内容，一般安排在最后一节课上，如果是考查项目，那么提出考查要求。

4. 学期教学计划（大单元教学计划）示例

根据学期教学计划的要求，本书以高中一年级第二学期大单元教材（田径）为例，来制订田径大单元教学计划，该教材共有 18 学时。由于体育课教学的主线是运动项目的技术，并限于篇幅，该计划以运动技术为主线来安排教学目标、重难点与学练步骤。

表 4-2　××中学高中一年级第二学期田径大单元体育教学计划一览表

单元教学内容：田径运动（共 18 学时） 教学对象：高中一年级男生

续表

教学目标：
1. 运动能力目标：初步学习田径各项运动技术，发展学生奔跑与跳跃能力、体能。
2. 健康行为目标：了解田径运动项目对身体发展的重要性，理解田径运动项目的基本原理与方法，通过田径运动项目教学，养成运用奔跑与跳远等手段强身健体的习惯。
3. 体育品德目标：通过田径运动项目教学，提高学生的合作能力，增强个人的安全意识

教材	学时	具体内容	要求
跑	8	短距离跑、中长距离跑、接力跑等	达到国家体质测试合格以上标准
跳	6	跳远、跳高	达到国家体质测试合格以上标准
投	4	实心球	达到国家体质测试合格以上标准

（三）小单元教学计划编制技能

1. 小单元体育教学计划编制技能的概念

"小单元体育教学计划编制技能"是根据学期教学计划（大单元）对各小单元的要求，某个教学内容按某种次序确定每次课的目标、要求、重难点以及教与学的手段，体育教师在编写以上教学文件过程中表现出来的一种较为熟练的技能。

学期教学工作计划（大单元）是小单元教学工作计划的依据，小单元教学工作计划是学期教学工作计划（大单元）的深化和具体化，学期教学工作计划（大单元）可由数个小单元构成，小单元之间可能存在较强的关联性（如篮球内部各项技术的小单元），也可能关联性较弱（如田径中的各小单元）。

2. 小单元体育教学计划设计的步骤

（1）根据学期教学（大单元教学）计划的要求，确定某项教材总的学时、教学目标与教学重难点。（2）根据某项教材的总学时、总目标，制定各课次的教学目标与教学重难点，并做好衔接。（3）根据每次课的教学目标，确定每次课的教学重难点。（4）根据每次课的教学目标、教学重难点，结合学生的特点和学校的教学条件，选择每次课主要的教学手段、教学方法、教学策略、教学评价。（5）根据大单元教学计划，结合本校的实际情况，确定小单元教学的考核方法与评分标准。

3. 小单元教学计划设计示例

根据学期教学计划（大单元）的要求，本书以高一第二学期田径教材中的挺身式跳远为例，说明田径小单元教学计划的设计。为对接 2017 年高中《体育与健康》课程标准提出的"核心素养"的要求，本书按三个核心素养的目标研制格式制定挺身式跳远小单元教学目标。

表 4-3　××中学高一第二学期小单元体育教学计划一览表

小单元教学内容：挺身式跳远（共 6 学时） 教学对象：高中一年级男生
小单元教学目标： （1）运动能力目标：通过学练田径单元中的跳远小单元教学，让学生的弹跳力、敏捷性等素质得到进一步发展，掌握挺身式跳远的基本技术、原理与方法。 （2）健康行为目标：介绍挺身式跳远的结构和相关知识，激发学生学习的积极性，使学生主动参与挺身式跳远动作的教学，同时鼓励学生在课外进行相关的跳跃练习，增强身体素质。 （3）体育品德目标：体验挺身式跳远动作产生的运动快感，增强学生的时空感；通过合作学习，提高学生的人际交往能力
挺身式跳远小单元教学的重点与难点：重点是助跑与起跳的结合、空中挺身，难点是起跳技术

课次	课次技能方面的目标	课次教学重难点	学练方式
第一课次	①学习助跑技术；②复习单脚起跳、双脚落地动作；③体会助跑与起跳结合动作	重点：助跑技术 难点：起跳技术	①助跑练习；②单脚跳；③跑 3 步单脚起跳、双脚落地练习；④跑 10 ~ 12 米轻快助跑；⑤上一步做踏跳板起跳练习；⑥跑 3 ~ 5 步做踏跳板起跳练习
第二课次	①学习滚动式快速起跳技术；②初步掌握腾空步的正确姿势	重点：助跑与起跳相结合技术、腾空步 难点：滚动式起跳技术	①跑跳步；②滚动式起跳模仿练习；③腾空步模仿动作练习；④跑 3 ~ 5 步做踏跳板起跳后的腾空步练习；⑤跑 5 ~ 7 步做踏跳板起跳后的腾空步练习；⑥跑 5 ~ 7 步做起跳后的腾空步练习
第三课次	①巩固助跑与起跳相结合技术；②掌握腾空步的正确姿势（起跳腿、摆动腿、手臂姿势）；③学习和初步掌握空中挺身姿势	重点：助跑与起跳相结合技术、腾空步 难点：空中挺身	①跑 3 ~ 5 步做踏跳板起跳后的腾空步练习（前置皮筋）；②跑 5 ~ 7 步做踏跳板起跳后的腾空步练习（前置皮筋）；③做原地挺身模仿练习；④从高处跳下完成空中挺身动作；⑤跑 5 ~ 7 步，做踏跳板起跳后的挺身动作

第四课次	①掌握空中挺身动作；②完整动作的练习	重点：空中挺身 难点：完整练习的节奏与效果	①巩固高处跳下完成空中挺身的动作；②巩固跑5~7步，做踏跳板起跳后的挺身动作；③跑5~7步做完整动作练习；④体会完整练习
第五课次	①强化完整练习；②关注各环节的练习细节	重点：完整练习 难点：提高远度	①巩固正确的助跑与起跳技术；②巩固正确的腾空步技术；③跑5~7步做完整动作练习；④全程助跑做完整练习
第六课次	①复习与巩固完整技术；②评价与考核	重难点：技术评定与测试成绩	①全程助跑在踏跳板上做完整练习；②全程助跑做完整练习；③相互评价，指出细节；④考评

（四）课时教学计划编制技能

1. 体育课时教学计划编制技能的概念

"体育课时教学计划编制技能"是根据学期教学计划（大单元）和小单元教学计划的规定与要求，在分析学情、学校场地与器材条件等基础上，合理设计每节课的教学目标、教学方法与手段、学练步骤、组织措施、运动负荷、练习密度、场地器材等，体育教师在编写以上教学文件（以下简称课时计划或教案）过程中表现出来的一种较为熟练的技能。

2. 设计体育课时计划的要求

（1）认真领会学期教学计划、小单元教学计划与要求，为编制课时计划做好准备。

（2）体育课时教学目标应具体、明确，可操作、可评价。

（3）认真钻研教材教法，有效把握教材内容的技术要领、重难点、易出现的错误动作及纠正方法。

（4）明确体育课的具体时间。一般来说，中小学体育课时长为40分钟。

3. 设计体育课时计划的步骤

（1）确定体育课时教学目标

针对学期（大单元）、小单元目标与要求，结合运动项目特点、学生学情、单元课次、学校场地与器材特点，从核心素养的三方面分别确定课时教学目标。

（2）明确体育课时教学重难点

根据学期教学计划（大单元）、小单元教学计划，明确课时教学重难点。

（3）安排体育课的各个部分内容与时间

一般来说，体育课由开始部分、热身部分、基本部分、放松部分和结束部分五个部分组成，教师根据精彩内容进行各部分内容的具体安排和要求。

（4）确定体育课的主要教材教法与手段

教法与手段的选择要充分利用学校的场地、器材、仪器、设备等，常用的体育教学手段有挂图、模型、多媒体、口哨/哨子、录音机、各种器材等。

（5）安排体育课的学生学练步骤

学练步骤是针对学生练习而言的，即在课堂教学中安排学生进行练习，并估计各练习的时间、次数、组数等。

（6）明确体育课的教学组织形式

体育课的教学组织形式主要有编班分组与分组教学两种形式，而分组教学又分教学分组和分组教学两种情况。

（7）预计体育课的运动负荷与练习密度

根据教学内容特点、学生年龄特点、学生分组情况，做好运动负荷与练习密度的预计。

（8）提出体育课场地与器材方面的要求

根据教材内容的特点、学生人数、练习密度等因素，提出场地与器材的要求。

（9）撰写教案，以文本或表格形式呈现

4. 体育课时计划设计示例

课时计划的格式一般有表格式、文字式与表格文字综合式。在体育教学的实践中，体育教师一般采用表格式，因其比较清晰，一目了然。有的课时计划也采用文字与表格相结合的形式，即把教学理念、学情分析、教材分析、重难点分析等用文字的形式先行呈现，之后再用表格的形式呈现教案。本书以初三为例，设计其体育课时计划。

表4-4 初三体育课时计划一览表

学习目标	1. 运动能力目标：通过学习起急停技术，增强学生们的下肢力量和反应能力，并使学生们的变向，加速奔跑能力，下肢力量在游戏中得到锻炼。 2. 健康行为目标：通过游戏"遇人就绕"，学生学会积极主动思考，并与日常生活相结合，提高应变能力。 3. 体育品德目标：培养学生团队协调等能力，提高学生之间的团队合作精神			
学习内容	学习急起急停技术 游戏"遇人就绕"	重点	起跑与急停时的身体重心	
		难点	根据哨声的变化，对身体姿态的把握与调节	
场 地	篮球场	教 具	接力棒4个，哨子1个	
顺序	时间	达成目标	学习内容	教师活动	学生学习	负荷
一	2分钟	通过教学常规，培养学生遵守课堂纪律，听从老师指挥的良好习惯，学生会互助互爱，团结一致，从而营造学生之间相互尊重的良好学风	教学常规： ①师生问好； ②整队、点名、检查学生着装； ③安排见习生	1. 整队：立正、稍息…… 2. 向学生问好。 3. 宣布教学内容。 4. 要求：口令洪亮、清楚	1. 学生按分组排成四横队 ⊚ △ 2. 要求：排队要做到"快、静、齐"。 3. 向老师问好	小

续表

顺序	时间	达成目标	学习内容	教师活动	学生学习	负荷
二	5分钟	通过准备活动、做热身操来带动学生的积极性，学生将全身各关节活动开来，为学习的内容做好准备，防止受伤	准备活动 1. 绕4个篮球场慢跑两圈。 2. 做热身操： (1) 头部运动； (2) 肩部运动； (3) 腰部运动； (4) 体转运动； (5) 膝关节运动； (6) 手腕踝关节运动； (7) 正压腿； (8) 侧压腿； (9) 静力拉伸	1. 让学生排成两纵队，在体育委员的带领下绕篮球场慢跑两圈； 2. 指挥学生体操队形站立； 3. 要提醒学生热身操动作幅度要舒展、到位； 4. 纠正错误动作	1. 在体育委员的带领下绕篮球场慢跑两圈。 2. 成体操队形站位 3. 要求：①动作要舒展、到位；②做好充分热身活动，防止受伤	小
三	1分钟	课的导入让学生了解本节课所学内容的重要性，让学生重视起来。使学生对课的内容更加感兴趣，提高学习的积极性，提高教学效果	1. 课的导入； 2. 提醒学生要注意听讲，听从老师的指挥，避免受伤	"很好，大家热身活动做得很好，我们达到了锻炼的效果，大家要把这种精神状态保持下去。接下来要注意真练习，因为这对之后的学习生活很有帮助。大家清楚没有？好！我们接下来一比谁的反应快，开始——"	1. 认真听讲； 2. 积极思考； 3. 调整心态； 4. 保持课堂纪律	小

续表

顺序	时间	达成目标	学习内容	教师活动	学生学习	负荷
四	20分钟	通过对急起急停技术的学习，增强学生们的下肢力量和反应能力。同时为接下来的内容做好准备	学习急起急停技术	1. 导入急起急停技术在实际中的运用及重要性； 2. 讲解、示范变速跑的技术要领： ①流程：起跑—加速—急停—起跑； ②起跑立即加速； ③急停时要注意降低身体重心、避免向前摔倒，注意安全； 3. 结合哨声分组练习； 4. 纠正错误； 5. 提醒学生左右之间控制好距离，注意安全	1. 认真听讲，积极思考，发现问题解决问题； 2. 分组练习 2. 结合哨声，认真练习	中

续表

顺序	时间	达成目标	学习内容	教师活动	学生学习	负荷
五	15 分钟	通过游戏"遇人就绕",提高学生学会积极主动思考、团队协调等能力,并使学生速度的变向、下肢力量在游戏中得到锻炼,提高学生之间的团队合作精神	游戏"遇人就绕"	1. 利用写字板讲解游戏方法。 2. 游戏方法: ①全班按四排站好,以一个篮球场的长为距离,一排在这段距离上排一直线,人与人之间控制好距离(老师让学生自己组内讨论如何站位,排头为主要负责人)。 ②如右图所示,排好队后,第一个同学手持接力棒开始向自己的队伍跑,遇人就绕,当绕到没人时就跑到篮球场的端线用接力棒触及端线后返回,一样绕过人就绕,一直绕到另一端线后站回自己的位置,把接力棒交给下一个同学,依次类推,到每个同学都跑完为止,先完成的队伍赢得比赛(男与男比,女与女比)。 3. 规则: ①每个人都要绕每个队每个同学两次,都要触及两端线各一次; ②每队的人都必须站在同一直线上,没有到他/她跑时不许动。 4. 获胜者给予适当的体育课加分: 男队输方做 20 个俯卧撑,女队输方做 20 个腾跳。 5. 教学建议: 可以看情况将接力棒换成篮球或足球,用运球的形式绕同学		大

顺序	时间	达成目标	学习内容	教师活动	学生学习	负荷
六	2 分钟	通过放松活动，学生在本节课到得到紧张学习后得到身心的放松，学生养成善于总结的良好习惯，得到进步	1. 师生总结 2. 放松活动 3. 布置作业 4. 师生道别 5. 归还器材	1. 组织学生进行总结 2. 组织学生进行放松 3. 布置作业 4. 向学生道别	1. 认真参与总结 2. 认真进行放松 3. 记好作业 4. 向老师道别	小

二、体育教学计划编制技能的培养方法

（一）课内外学习法

学习、复习与巩固体育专业学生有关学年、学期（大单元）、小单元、课时教学计划编制的知识、方法与步骤，为培养各类教学计划编制技能提供基础，也可查阅有关书籍进行课外自主学习。

（二）作业练习法

体育专业学生在课程学习之余，按时完成教师布置的学年、学期（大单元）、小单元、课时教学计划编制的课外作业，也可以组成水平相当的小组，相互讨论，共同编制学年、学期（大单元）、小单元、课时教学计划，并做到及时上交，待教师批改之后，针对某些错误环节进行必要的修正。

（三）实地考察法

教师可专门组织体育专业学生深入附近中小学中，考察体育教研组编制的有关学年、学期（大单元）、小单元、课时教学计划的文件与资料，将学生的间接经验过渡到实践经验。

（四）实习锻炼法

在实习过程中，学生可以在实习导师的指导下，查看实习学校的学年、学期教学计划，并相对独立地编制部分教学计划，如编制学期教学计划（大单元），小单元、课时教学计划等，把所学的理论知识、方法和初步获得的计划编制技能运用到实践中去，从而提高该方面的技能。

（五）竞赛活动法

学校要定期举办各类教学技能的竞赛活动，如"师范教学技能大赛""实习前基本功考核与竞赛"等，通过各类竞赛，可有效锻炼、培养和发展学生课时计划的编制技能。

三、体育教学计划编制案例、水平研判及建议

（一）学年体育教学计划编制案例、水平研判及建议

1. 学年体育教学计划编制案例一：以＊＊市实验学校教育集团锦溪校区为例

表4-5　**市实验学校锦溪校区体育与健康课程内容与课时安排表

课程内容	水平课时内容 单元教学内容	课时	学期课时分配					
			七上	七下	八上	八下	九上	九下
体能	功能性体能类动作以及平衡、柔韧、灵敏、协调、速度、耐久、力量等身体素质	16 (60)	(12)	(12)	(12)	(12)	(12)	16
健康教育	体育与健康基础知识	18 (6)	4 跨学科主题学习(1)	4 跨学科主题学习(1)	4 跨学科主题学习(1)	4 跨学科主题学习(1)	4 跨学科主题学习(1)	4 跨学科主题学习(1)
专项运动技能	田径　跑（短跑、中长跑、接力跑、障碍跑）、跳（立定跳远）、投掷（掷实心球）	34 (20)		18 体能(6)		18 体能(6)		18 跨学科主题学习(2)
	排球　基本技术（垫球、传球、发球、拦网）、组合技术（抛传、垫传、发垫、抛传、发垫传）、战术运用（打空档、打薄弱区）	36 (4)	16 跨学科主题学习(2)	16 体能(6)	18 体能(6)			1 选项(6)
	足球　基本技术（运球、传（接）球、射门）、组合技术（运射、运传、运切、交叉掩护）、战术运用（传切配合、快攻、人盯人）	39 (9)		16 跨学科主题学习(2)		16 跨学科主题学习(1)	16 跨学科主题学习(2)	16
	篮球　基本技术（传接球、运球、投篮、移动）、组合技术（运传、运投、运切、传切板）、战术运用（传切配合、快攻、人盯人）	34 (14)	16 体能(6)		16 体能(6)	16 体能(6)	16 体能(6)	1 选项(6)
	体操　技巧（鱼跃、头手倒立/肩肘倒立技术及运用）、器械（支撑跳跃技术及运用）	36 (14)	18 体能(6)			16 体能(6)	18 体能(6)	
传统	武术（太极扇+健身短棍）	22 (12)	18 体能(6)		16 体能(6)			

续表

课程内容	水平课时分配		学期课时分配						
	单元教学内容	课时	七上	七下	八上	八下	九上	九下
跨学科主题学习	"忠诚的祖国卫士" / "光荣劳动者" / "关注健康，爱护身体" / "人与自然和谐共生"	(18)	(3)	(3)	(3)	(3)	(3)	(3)
课时总数	九年制义务教育初中阶段的体育课时总数 324 节（按每周三节，每学期 18 周计算）		54	54	54	54	54	54

表 4-6　＊＊市实验学校锦溪校区七年级年度教学计划表

学期	周	课次	课时内容
七年级第一学期	第一周	1	体育与健康基础知识 健康行为与生活方式（融合跨学科） 课堂常规性要求
		2	排球传球的技术方法：正面上手传球技术
		3	排球传球的练习方法：移动+传球
	第二周	1	排球传球的练习方法：两人隔网对传
		2	排球传球的运用方法：传球至目标区域
		3	排球传球的运用方法：传球至目标区域
	第三周	1	排球垫球技术方法：连续自垫
		2	排球垫球练习方法：垫不同高度的来球至本方目标区域
		3	排球垫球练习方法：垫不同方向的来球至对方目标区域
	第四周	1	排球垫球运用方法：两人合作隔网垫球
		2	排球垫球运用方法：三人合作隔网垫球至目标区域
		3	排球垫球+传球的练习方法：三角垫传练习
	第五周	1	排球垫球+传球的练习方法：三人隔网合作垫传练习
		2	排球垫球+传球的练习方法：多人配合垫传比多
		3	排球垫球+传球的练习方法：跑动+多人配合垫传比赛
	第六周	1	排球垫球+传球的练习方法："2V2 隔网打空当"战术
		2	排球垫球+传球的练习方法："3V3 隔网打空当"战术
		3	排球垫球+传球的练习方法："4V4 隔网打空当"战术
	第七周	1	排球垫球+传球的练习方法："4V4 隔网打空当"战术（融合跨学科）
		2	篮球运球+传接球技术与简单战术及运用技术方法：运球急停急起
		3	篮球运球+传接球技术与简单战术及运用技术方法：双手胸前传接球
	第八周	1	篮球运球+传接球技术与简单战术及运用练习方法：运球急停急起+双手胸前传接球
		2	篮球运球+传接球技术与简单战术及运用运用方法：2V1
		3	篮球运球+传接球技术与简单战术及运用技术方法：体前变向换手运球

续表

学期	周	课次	课时内容
七年级第一学期	第九周	1	篮球运球+传接球技术与简单战术及运用技术方法：单手肩上传球
		2	篮球运球+传接球技术与简单战术及运用练习方法：体前变向换手运球+单手肩上传球
		3	篮球运球+传接球技术与简单战术及运用练习方法：2V1限制条件（1）
	第十周	1	篮球运球+传接球技术与简单战术及运用练习方法：2V1限制条件（2）
		2	篮球运球+传接球技术与简单战术及运用练习方法：2V1（积极防守）
		3	篮球运球+传接球技术与简单战术及运用技术方法：运球突破+传（接）球+投篮
	第十一周	1	篮球运球+传接球技术与简单战术及运用技术方法：2V1（积极防守）
		2	篮球运球+传接球技术与简单战术及运用技术方法：运球+传球
		3	篮球运球+传接球技术与简单战术及运用技术方法：2V1
	第十二周	1	篮球运球+传接球技术与简单战术及运用技术方法：2V2
		2	篮球运球+传接球技术与简单战术及运用技术方法：2V3
		3	篮球运球+传接球技术与简单战术及运用技术方法：3V3
	第十三周	1	篮球运球+传接球技术与简单战术及运用技术方法：5V5（融合跨学科）
		2	田径综合运用单元立定跳远的练习方法：一定高度的立定跳远（融合体能）
		3	田径综合运用单元立定跳远的练习方法：一定远度的立定跳远（融合体能）
	第十四周	1	田径综合运用单元立定跳远的运用方法：连续立定跳远（融合体能）
		2	田径综合运用单元立定跳远的运用方法：立定三级跳远（融合体能）
		3	田径综合运用单元接力跑的技术方法：上挑式接力跑（融合体能）

续表

学期	周	课次	课时内容
七年级第一学期	第十五周	1	田径综合运用单元接力跑的技术方法：下压式接力跑（融合体能）
		2	田径综合运用单元接力跑的运用方法：200米接力跑（融合体能）
		3	田径综合运用单元接力跑的运用方法：400米接力跑（融合体能）
	第十六周	1	田径综合运用单元双手头上掷远的技术方法：双手头上前掷实心球（融合体能）
		2	田径综合运用单元双手头上掷远的练习方法：双手头上前掷实心球掷高（融合体能）
		3	田径综合运用单元双手头上掷远的练习方法：双手头上前掷实心球掷远（融合体能）
	第十七周	1	田径综合运用单元双手头上掷远的运用方法：双手头上前掷实心球考核（融合体能）
		2	田径综合运用单元考核活动
		3	武术基本技术及综合运用的技术方法：手型
	第十八周	1	武术基本技术及综合运用的技术方法：步伐
		2	武术基本技术及综合运用的练习方法：健身短棍
		3	期末考核
七年级第二学期	第一周	1	体育与健康基础知识： 1. 生长发育与青春期保健 2. 课堂常规
		2	排球垫球+传球的运用方法：跑动+多人配合垫传比赛（复习课）
		3	正面下手发球的技术方法：正面下手发球
	第二周	1	正面下手发球的练习方法：正面下手发球+垫球
		2	正面下手发球的练习方法：正面下手发球+准备姿势+移动+垫球
		3	正面下手发球的运用方法：正面下手发球+准备姿势+移动+垫球+传球
	第三周	1	正面下手发球的运用方法：正面下手发球+准备姿势+移动+垫球+传球+叩击过网
		2	侧面下手发球的技术方法：侧面下手发球
		3	侧面下手发球的练习方法：侧面下手发球+垫球

续表

学期	周	课次	课时内容
七年级第二学期	第四周	1	侧面下手发球的练习方法：侧面下手发球+垫球+传球
		2	侧面下手发球的运用方法：侧面下手发球+垫球+传球+叩击球
		3	侧面下手发球的运用方法：侧面下手发球+垫球+传球+叩击球+单人拦网
	第五周	1	发球与接发的运用方法一+方法二：隔网"一攻三守"
		2	发球与接发的运用方法：隔网 4V4 对抗赛
		3	发球与接发的运用方法：隔网 4V4 对抗赛
	第六周	1	发球与接发的运用方法：隔网 5V5 对抗赛
		2	发球与接发的运用方法：隔网 5V5 对抗赛（融合跨学科）
		3	篮球运球+投篮技术与简单战术及运用技术方法：背后运球
	第七周	1	篮球运球+投篮技术与简单战术及运用练习方法：原地背后运球
		2	篮球运球+投篮技术与简单战术及运用练习方法：行进间背后运球
		3	篮球运球+投篮技术与简单战术及运用运用方法：背后运球比快
	第八周	1	篮球运球+投篮技术与简单战术及运用运用方法：背后运球过障碍
		2	篮球运球+投篮技术与简单战术及运用技术方法：转身运球
		3	篮球运球+投篮技术与简单战术及运用练习方法：行进间转身运球
	第九周	1	篮球运球+投篮技术与简单战术及运用练习方法：转身运球突破消极防守
		2	篮球运球+投篮技术与简单战术及运用运用方法：转身运球突破积极防守
		3	篮球运球+投篮技术与简单战术及运用运用方法：转身运球突破比速度
	第十周	1	篮球运球+投篮技术与简单战术及运用技术方法：行进间单手肩上投篮
		2	篮球运球+投篮技术与简单战术及运用练习方法：背后运球+行进间单手肩上投篮
		3	篮球运球+投篮技术与简单战术及运用练习方法：转身运球+行进间单手肩上投篮

续表

学期	周	课次	课时内容
七年级第二学期	第十一周	1	篮球运球+投篮技术与简单战术及运用运用方法：运球突破+行进间单手肩上投篮
		2	篮球运球+投篮技术与简单战术及运用运用方法：1V1运球突破+行进间单手肩上投篮
		3	篮球运球+投篮技术与简单战术及运用运用方法：半场2V2比赛
	第十二周	1	篮球运球+投篮技术与简单战术及运用运用方法：半场3V3比赛
		2	篮球运球+投篮技术与简单战术及运用运用方法：全场5V5比赛（融合跨学科）
		3	田径类综合大单元障碍跑的技术方法：踏上式障碍跑
	第十三周	1	田径类综合大单元障碍跑的技术方法：跨越式障碍跑
		2	田径类综合大单元障碍跑的练习方法：50米障碍跑
		3	田径类综合大单元障碍跑的练习方法：100米障碍跑
	第十四周	1	田径类综合大单元障碍跑的练习方法：200米障碍跑
		2	田径类综合大单元障碍跑的练习方法：400米障碍跑
		3	田径类综合大单元障碍跑的运用方法：障碍跑接力赛1（简单情境）
	第十五周	1	田径类综合大单元障碍跑的运用方法：障碍跑接力赛2（负责情境）
		2	田径类综合大单元障碍跑考核
		3	田径类综合大单元障碍跑考核
	第十六周	1	体能力量单元综合运用的练习方法：立定跳高
		2	体能力量单元综合运用的练习方法：立定跳远
		3	体能力量单元综合运用的练习方法：立定跳过障碍
	第十七周	1	体能力量单元综合运用的练习方法：立定三级跳
		2	体能力量单元综合运用的练习方法：立定蛙跳
		3	体能力量单元综合运用的练习方法：连续收腹跳
	第十八周	1	体能力量单元综合运用的练习方法：连续单脚收腹跳
		2	体能力量单元综合运用的运用方法：考核1
		3	期末考核

2. 学年体育教学计划编制水平研判

（1）以上年度教学计划体现了《义务教育体育与健康课程标准（2022年版）》的理念要求，课程内容涵盖了体能、健康教育、专项运动技能、跨学科主题学习。其中，专项运动技能涉及田径、球类（篮球、排球、足球）、体操、武术，并都以大单元的方式开展连续性教学，保证每学期至少学习两个专项运动技能。每学期两个球类大单元，篮球、排球在初中三年学制内要学习3~4个大单元，足球学习2~3个大单元来保证学生在初中毕业后，至少形成1~2项相对突出的运动专长。

（2）以上年度教学计划增加了跨学科主题学习内容，分别融入健康教育以及专项运动技能，内容安排符合当前的校情与学情，也体现了学校在跨学科主题学习中的稳妥推进。

（3）以上年度教学计划的体能内容，既与田径进行适当融合，也单独安排单元教学，尤其在初三时进行最大课时量的体能学练，符合项目特征，又符合初中生要面对中考的实际需要。

（4）以上年度教学计划遵循了大单元适宜连续教学的模式，将某个大单元进行集中的连续安排，并将每个年级的内容适当错峰，保证教学场地与器材充足。

（5）以上年度教学计划打破了许多学校在9月安排田径或体能内容的传统做法（为了满足学校田径运动会的需要），而是直接将排球作为初中第一个大单元进行连续教学，强化了"专项技能"的重要性。当然，这一安排不同学校有不同做法，如果将田径内容上移到9月，其他内容后移也是可以的。

3. 学年体育教学计划编制水平提升建议

（1）建议在学校体育与健康课程内容与课时安排表的前面，增加学校体育的整体育人目标以及学年目标。（2）建议在球类大单元的最后几课时，增加比赛设计，每学期以一个球类为主安排"小赛季"，课时数达5~6课时。尤其是球类的最后一个大单元，更要大胆增加"小赛季"的课时量，并将课内的小赛季与校内的班级联赛进行融合，充分发挥比赛综合育人的功能，通过比赛，学生学会、会学、会用、勤练、会练、练好。（3）以上年度教学计划缺失了目标与学习质量的整体描述，即初中学段以及每个学年，希望学生在"运动能力、健康行为、体育品德"方面要达到一个怎样的理想水平？这个理想水平应该是结合"教会、勤练、常赛"的发展模式，而不只是依靠每周三节体育课的模式。理想水平的刻画，体现素养引领目标与内容，引导学习与评价，也进一步推进学校体育"学练赛评"一体化的系统建设。

（二）学期（大单元）体育教学计划编制案例、水平研判及建议

1. 学期（大单元）体育教学计划案例一

表4-7 六年级第一学期小篮球大单元教学计划

教学目标	1. 认知：懂得篮球运动装备知识，进行篮球运动前准备活动，在激烈对抗中自我保护，活动后做好肌肉放松，拥有科学参加篮球活动的健康方式。学会轻度损伤的自我处理常识。 2. 技能：基本运动技能：发展学生的速度、力量、耐力、柔韧、协调等身体素质。专项运动技能：学习掌握篮球场上移动（侧向跑、变速跑、变向跑），行进间双手胸前传、接球，做到传得准、接得稳等技术，并能与运球、投篮等其他篮球技术动作组合运用，并完成简单的二人、三人的战术配合。每节课组织4V4半场篮球赛，引导学生在比赛中灵活运用所学技术，培养"比赛"能力。 3. 品德：遵守比赛规则，文明比赛。培养学生在练习和比赛中相互学习、相互配合、精诚团结，共同努力争取比赛胜利的良好团队精神

单元教学计划					
课时	单元	教学内容	教学目标	关键问题	教学策略
1	单元起始	介绍本学期学习内容及要求，合理分队，恢复性球性练习	1. 认知：了解本单元主要学习内容、评价标准等。 2. 技能： （1）巩固、熟练行进间运球技术动作，提高快速运球能力。 （2）提高学生的速度、协调等素质。 3. 品德：听从分队安排，提升团队协作意识	建立团队意识	学：了解本单元篮球学习的内容、目标和考核标准。 练：巩固行进间运球技术。 赛：组织运球接力赛，增强团队意识
2	移动单元	移动动作方法：侧身跑、变向跑、变速跑	1. 认知：能用自己的语言说出不同变向跑在什么情景下运用。 2. 技能：（1）掌握侧身跑、变向跑、变速跑的动作要领； （2）提高学生的协调、灵敏等素质。 3. 品德：培养团队意识，在练习中能相互激励、相互指导学习，共同进步	移动中脚步动作要领	学：1. 侧身跑； 2. 变向跑； 3. 变速跑。 练：1. 运球急停急起+传球； 2. 传球+侧身跑； 3. 变向跑+直线运球。 赛：运球绕杆+投篮接力比赛

续表

课时	单元	教学内容	教学目标	关键问题	教学策略
3	移动单元	移动练习方法一：侧身跑＋传接球、变向跑＋接球＋投篮、变速跑＋投篮	1. 认知：知道自己最擅长的一种移动方法，并在相应情景下熟练运用。 2. 技能：（1）巩固侧身跑、变向跑、变速跑的动作要领，并且能熟练地在篮球中运用。（2）培养学生的协调、灵敏素质。 3. 品德：培养团队意识，在练习中能相互激励、相互指导学习，共同进步	脚步移动快速、积极、有力	学：1. 侧身跑；2. 变向跑；3. 变速跑。 练：1. 运球急停急起＋投篮；2. 传球＋侧身跑＋接球＋投篮；3. 变向跑＋接球＋投篮。 赛：4 人一组运球接力赛
4		移动练习方法二：防守＋侧身跑、防守＋变向跑、防守＋变速跑	1. 认知：能用自己的语言说出变速跑在篮球活动中的作用。 2. 技能：（1）巩固侧身跑、变向跑、变速跑的动作要领，并且能熟练地在篮球比赛中运用；（2）培养学生的协调、灵敏素质。 3. 品德：培养团队意识，在练习中能相互激励、相互指导学习，共同进步	脚步移动在篮球比赛中运用时机	学：1. 侧身跑；2. 变向跑；3. 变速跑。 练：1.1 人防守 2 人传球抢断练习；2.2V2 摆脱防守接球练习。 赛：4V4 篮球赛
5	行进间双手胸前传、接球单元	行进间双手胸前传、接球动作方法：2 人行进间胸前传、接球技术	1. 认知：能说出行进间双手胸前传、接球在篮球活动中的作用。 2. 技能： （1）掌握 2 人行进间双手胸前传、接球技术动作要领，并提高传、接成功率。 （2）培养学生的协调、反应能力。 3. 品德：培养团队意识，在练习中能相互激励、相互指导学习，共同进步	脚步移动与传、接球的协调配合	学：教师讲解、示范，教会学生掌握行进间双手胸前传、接球基本技术动作要领。 练：由慢速到中速的连续传、接球组合练习，培养学生的传、接球的预判能力。安排协调、灵敏素质训练。 赛：2 人一组进行传、接球成功率比赛

课时	单元	教学内容	教学目标	关键问题	教学策略
6		行进间双手胸前传、接球练习方法一：2人传、接球＋上篮组合练习	1. 认识：理解并按照规则进行行进间传、接球练习。 2. 技能： （1）巩固、熟练行进间胸前传、接球技术动作，提高传、接的成功率； （2）培养学生的速度、协调等素质。 3. 品德：树立良好的规则意识，养成良好的比赛习惯	行进间传、接球的方向和力度	学：2人进行快速的行进间胸前传、接球练习，并体验出手力度和方向。 练：2人进行行进间胸前传、接球＋上篮组合练习。安排协调、灵敏素质训练。 赛：2V1对抗比赛
7	行进间双手胸前传、接球单元	行进间双手胸前传、接球练习方法二：4人传、接球＋上篮组合和对抗练习	1. 认知：了解篮球3人行进间传、接球跑运路线及相互配合的基本原则。 2. 技能：（1）学习简单3人行进间传、接球战术配合，并提高传、接球的成功率，在有防守的情况下完成运球＋传、接球＋上篮的组合练习； （2）通过传、接，配合把球合理转移到防守最薄弱的队员手中，形成队员间的配合意识； （3）培养学生速度、灵敏等素质。 3. 品德：培养团结合作、密切配合的良好团队意识	队员间的跑动路线和合理传、接球时机	学：行进间双手胸前传、接球，并体验多人传、接球技术。 练：4人行进间双手胸前传、接球＋上篮的组合练习。安排速度、灵敏素质训练。 赛：4V2对抗比赛
8		行进间双手胸前传、接球运用方法一：4人运球＋传、接球＋上篮组合和对抗练习，4人制篮球赛	1. 认识：学习简单的4人制篮球的进攻、防守的基本方法。 2. 技能：（1）行进间有防守队员的情况下做到传球准确、接球稳定，有较好的跑位意识； （2）进行较稳定的4人球队分工，队员间相互配合、相互指导，不断完善技战术配合； （3）提高学生速度、力量素质和空间判断能力。 3. 品德：遵守比赛规则，积极参加比赛，在运动中努力展示自我，敢于拼搏，有良好的团队意识	正确、合理有效运用行进间传、接球技术，并提高配合成功率	学：体验有防守状态下的行进间双手胸前传、接球技术运用。 练：4人间运球＋胸前传、接球＋上篮，进行篮球组合练习。安排速度、力量素质训练。 赛：4V4篮球赛

续表

课时	单元	教学内容	教学目标	关键问题	教学策略
9	行进间双手胸前传、接球单元	行进间双手胸前传、接球运用方法二：4人传、接战术配合，4人制篮球赛	1. 认识：学会根据队员的篮球技术特点制定简单有效的战术。 2. 技能： （1）在比赛中合理运用行进间双手胸前传、接球技术，能有较高的成功率； （2）组建较稳定的四人球队，队内分工明确，能发挥本队优势，取得比赛的胜利； （3）培养学生速度、耐力素质和空间判断能力。 3. 品德：服从裁判判罚，文明比赛，在比赛中，同队队员间相互配合、精诚合作，充分发挥团队力量	根据己方队员篮球技术特点制定有效的传球战术	学：行进间双手胸前传、接球技术合理运用。 练：4人间运球行+胸前传、接+上篮，进行战术配合组合练习。安排速度、耐力素质训练。 赛：4V4篮球赛
10		行进间双手胸前传、接球技术运用方法三：4人运、传、投组合练习，4人制篮球比赛	1. 认识：能与同伴一起商量，根据对手的特点制定传、接球战术。 2. 技能： （1）在较激烈的比赛对抗中合理运用传、接球技术并减少失误； （2）能根据对手的篮球技术特点合理有效运用行进间双手胸前传、接球战术，突破防守进攻得分； （3）培养学生的力量与耐力素质。 3. 品德：遵守比赛规则，服从裁判判罚，充分发挥团队作用，争取比赛的胜利。胜不骄、败不馁，正确对待比赛的胜负	根据不同对手篮球技术特点制定有效的传球战术	学：运用行进间双手胸前传、接球技术。 练：3人间运球行+胸前传、接球+上篮组合练习。安排力量、耐力素质训练。 赛：4V4篮球赛

续表

课时	单元	教学内容	教学目标	关键问题	教学策略
11	行进间双手胸前传、接球单元	两两组合学习传球与接球技术（一人传球，另一人接球）	1. 认识：能用自己的语言说出双手胸前传、接球的技术要点。 2. 技能： （1）行进间传、接球中，做出迎球跨步接球动作和传接球时脚步的移动配合； （2）在比赛情境中，合理运用传、接球技术，要求传稳、到位； （3）比赛中合理选择脚步移动的方式。 3. 品德：遵守比赛规则，服从裁判判罚，充分发挥团队作用，争取比赛的胜利	比赛情境中传、接球与脚步移动的衔接	1. 用自己的语言较熟练地说出双手胸前传、接球技术要领，占10%； 2. 行进间、比赛中，传、接球中，做出迎球跨步接球动作和传、接球时脚步的移动配合，会组织简单的比赛，占60%； 3. 遵守比赛规则，团队合作意识强，占10%；会保护自己和同伴安全，占20%
12	提高篮球活动能力的练习与游戏单元	小篮球综合活动一：2防4状态下的传、接球运用	1. 认识：学习在不同的比赛情境中判断决策运用战术。 2. 技能：（1）在激烈的比赛对抗中合理运用传、接球技术，并减少失误； （2）能快速判断比赛情境，并合理有效地运用行进间双手胸前传、接球战术，突破防守进攻得分； （3）提高学生的反应判断决策能力。 3. 品德：遵守比赛规则，服从裁判判罚，充分发挥团队作用，争取比赛的胜利。胜不骄、败不馁，正确对待比赛的胜负	在不同的比赛情境中判断决策运用行进间双手胸前传、接球技战术	学：在跑动中学会摆脱防守队员，合理运用传、接球技术。 练：2防4，对抗下4人快速行进间双手胸前传、接球+投篮练习。 赛：4V4篮球赛（半场）

续表

课时	单元	教学内容	教学目标	关键问题	教学策略
13	提高篮球活动能力的练习与游戏单元	小篮球综合活动二：半场4对4传、接球的运用	1. 认识：学习在比赛情境中观察同伴位置，合理运用篮球技术，多得分。 2. 技能：（1）在激烈的比赛对抗中合理运用传、接球技术，并减少失误； （2）在比赛对抗中，合理选择接球位置后进行投篮，且得分； （3）培养学生的反应判断决策能力。 3 品德：遵守比赛规则，服从裁判判罚，充分发挥团队作用，争取比赛的胜利。胜不骄、败不馁，正确对待比赛的胜负	在比赛情境中，观察情况，合理选择站位，提高投篮命中率	学：在比赛中，传、接球技术与投篮动作的组合。 练：半场，2V4，传、接球5次后，可进行投篮练习，注意角色的轮换。 赛：4V4篮球赛（半场）
14		小篮球综合活动三：半场4V4配合练习	1. 认识：在比赛中，培养观察、判断、对抗、合作等篮球意识。 2. 技能：（1）在激烈的比赛对抗中注意观察同伴和防守队员的位置，合理运用篮球技术摆脱防守； （2）在比赛对抗中，学会判断，组织快攻，做出传切、突分等配合； （3）培养学生的防守与进攻转换能力。 3. 品德：遵守比赛规则，服从裁判判罚，充分发挥团队作用，争取比赛的胜利。胜不骄、败不馁，正确对待比赛的胜负	在比赛中，注意进攻与防守的转换，快速组织进攻	学：在比赛中，同伴之间的传切、突分等配合，摆脱防守。 练：半场4V4，对抗下，合作练习。 赛：4V4篮球赛（半场）

续表

课时	单元	教学内容	教学目标	关键问题	教学策略
15	提高篮球活动能力的练习与游戏单元	小篮球综合活动四：班际 5V5 全场篮球赛	1. 认识：学会观察班际之间的比赛，并在观赏比赛中总结经验。 2. 技能：（1）在激烈的比赛对抗中，提高投篮命中率；（2）能根据形势快速判断并决策合理有效急停急起、体前变向换手等动作，突破防守进攻得分。培养学生的反应判断决策能力。 3. 品德：学会良性竞争，愿意帮助基础较差的学生提高成绩	根据比赛情况，合理运用个人突破技术	学：在比赛过程中，合理运用个人突破技术。 练：运球+单手肩上投篮，并在运球过程中运用突破技术突破防守队员的防守。 赛：班际篮球赛（全场）
16		小篮球综合活动五：班内 4V4 半场篮球赛	1. 认识：能根据场上形势合理判断并决策运用战术。 2. 技能：（1）在激烈的比赛对抗中合理运用传、接球技术，并减少失误；（2）能根据形势快速判断并决策合理有效运用行进间双手胸前传、接球战术，突破防守进攻得分；（3）培养学生的反应判断决策能力。 3. 品德：遵守比赛规则，服从裁判判罚，充分发挥团队作用，争取比赛的胜利。胜不骄、败不馁，正确对待比赛的胜负	根据场上形势合理判断并决策运用行进间双手胸前传、接球技术	学：在组内合作配合中，合理运用传、接球技术，表现出预判能力，注意传、接球的提前量。 练：在全场，4人快速行进间胸前传、接球+投篮练习。 赛：班内期末半场四人制篮球预赛

课时	单元	教学内容	教学目标	关键问题	教学策略
17	单元评价	小篮球综合活动评价一：比赛表现评价	1. 认识：认识团队的力量。 2. 技能：组织班内篮球赛决出男女前四名队伍，并根据比赛情况对各队的运用技术、相互配合、意志品质等场上表现进行合理打分评价。 3. 品德：遵守比赛规则，服从裁判判罚，充分发挥团队作用，争取比赛的胜利，并能正确对待比赛的胜负	篮球比赛中各种所学技术的合理运用	赛：班内期末半场4人制篮球总决赛。 评：对各队在比赛中的表现展开评价。分为优、良、合格三档
18		小篮球单元教学总结一：单元教学情况综合评价（教室内）	1. 认知：设置本单元教学中最佳男、女队，最佳运动员、投手，进步最大等奖项。 2. 技能：说出自己球队在完成单元教学时取得的进步，并能说出自己在球队中的作用及努力方向。 3. 品德：教师对本单元学习情况进行评价，表扬表现出色和进步大的学生，并指出学生的不足，鼓励大家继续努力，把篮球打得更好	单元教学小结，通过教师评、学生互评，给每个学生的单元学习情况进行评价	评：1. 学生投票选出最佳奖项，组长提名组内优秀学员； 2. 教师汇总学生提名，结合过程评价对学生的题目进行总结； 3. 教师对每一名学生打分

2. 学期（大单元）体育教学计划的水平研判

该学期大单元教学计划的优点如下。（1）围绕"赛"而展开。"赛"是球类体育项目的灵魂，专项运动技能只有在"赛"中才能完全体现其实用价值。球类大单元设计中以"赛"为核心，在课堂教学组织中尽量做到每堂课都安排各种类型的篮球游戏和比赛，让学生在比赛中学会合理、灵活运用所学技术，真正做到"赛"中学、"赛"中练、"赛"中运用。（2）按照"教会、勤练、常赛"的要求安排课时。《义务教育体育与健康课程标准（2022版）》提出"教会、勤练、常赛"的教学模式。球类大单元课时分为传授学生基本技术的技术课和熟练、巩固提高技术的练习课，以及组织游戏、比赛的运用技术的比赛课三个部分。根据球类技术的特点，"技术、练习、运用"为1：2：3单元课时。（3）实施了多元评价体系。评价是教学目标达成反馈，同时也统领了整个单元的教学过程。球类项目内容较多，评价比较复杂。篮球教学评价设计基于篮球专项运动技能要求，设计检评+测评+互评等多元化评价方式。通过多元评价模式，激发学生的篮球兴趣，引导学生根据自身特点有侧重地发展篮球专项运动技能，同时注重学生良好的运动习惯和品德的培养。

该学期大单元教学计划的不足：（1）目标未按三个"核心素养"进行制定；（2）虽然有篮球的各项技术组合，但并未围绕"赛"的主线展开，仍是以单个技术教学切入；（3）体能发展没有融入每次课中。

3. 学期（大单元）体育教学计划的水平提升建议

（1）认真学习新课标，按照新课标的"核心素养"确立学期（大单元）教学目标。（2）理解学、练、赛在篮球教学中的辩证关系，并研制大单元教学计划。（3）体育教师不仅要教会学生专项的技术动作，还要培养其在比赛中合理、有效的技术能力，这是一个长期而持续的教学过程，需要教师科学、合理地进行安排。

4. 学期（大单元）体育教学计划案例二：发展快速跑和跳跃能力

大单元教学的目标如下。①运动能力目标。体能：通过本单元学习发展学生的速度、力量、柔韧性、协调性等身体素质。专项运动技能：通过本单元的教学，学生掌握快速跑中的加速跑、途中跑技术和蹲踞式跳远技术，并能展示和在比赛中运用。学生了解田径比赛短跑、跳远的规则与裁判方法，能观赏比赛，并能做出正确评价。

②健康行为目标：通过教学，学生能够了解田径类运动项目的锻炼价值，树立安全意识，懂得基本预防运动损伤和消除运动疲劳的方法。保持良好心态，学生养成参与锻炼的习惯和拥有良好的自我健康管理能力。

③体育品德目标：通过游戏和比赛，学生表现出积极进取、不怕困难、勇于挑战难度、勇敢果断的体育精神以及遵守规则、诚实守信的体育道德，与同伴积极合作，表现出坚持不懈、顽强拼搏、团结奋进的良好品质。

表 4-8　学期（大单元）体育教学计划一览表

课时	单元	教学内容	教学目标	关键问题	教学策略
1	起始课	体育与健康知识：田径项目的历史、规则与安全知识	1. 了解短跑和跳远项目的历史，知道快速跑能力对跳远的意义；制定班级与个人在校运会上的奋斗目标；能说出短跑与跳远的比赛规则；知道常见的短跑与跳跃运动损伤的处理方法以及活动中的安全要求。 2. 能够判断短跑与跳远成绩是否有效，会记录比赛成绩；掌握一种运动损伤的处理方法。 3. 表现出较强的集体荣誉感，良好的学习态度，较好的安全意识，乐于展示自我	比赛规则	1. 观看相关录像的同时，教师解说短跑与跳远的比赛规则以及常见的短跑与跳跃的运动损伤处理方法、安全知识。 2. 学习组织模拟的短跑与跳远比赛，并记录比赛成绩；学习运动损伤的简单处理方法。 3. 角色模拟，分别担任裁判和医护人员
2	提高快速跑能力（50米）	提高快速跑能力的技术方法：步频和步幅的练习	1. 能说出提高快速奔跑能力的方法，了解和学习步频和步幅的基本方法，感知空间位移。 2. 在小步跑、大步跑、后蹬腿、高抬腿等不同形式的练习中，做到动作灵敏，练习有速度的步频和步幅，来提高学生的灵敏、协调、速度等身体素质。 3. 在学练中提高自主和团队学习能力，培养学生勇敢、果断、勇于挑战的精神	快速奔跑，动作灵敏	学：步频和步幅的练习。 练：原地弓箭步+步频和步幅的练习。 赛：原地弓箭步+步频和步幅的练习+30米"让距追逐跑"
3		提高快速跑能力的练习方法一：多种形式起跑+30米快速跑	1. 能说出 3 种及以上起跑+30 米快速跑的练习手段、动作特点和运用内容，能感知快速跑时耳边呼呼的风声。 2. 在站立式、蹲踞式、动态式+30 米快速跑，以及多种形式起跑+30 米快速跑+连续 3 次蛙跳的练习中，能做出起动快速，蹬地用力动作，提高速度、灵敏等素质。 3. 培养敢于拼搏、勇于竞争的精神	起动快速，蹬摆有力	学：多种形式起跑+30 米快速跑。 练：多种形式起跑+30 米快速跑+连续 3 次蛙跳。 赛：多种形式起跑+30 米快速跑+连续 3 次蛙跳比快

续表

课时	单元	教学内容	教学目标	关键问题	教学策略
4	提高快速跑能力（50米）	提高快速跑能力的体能练习一：多种形式的下肢力量练习	1. 能说出 3 种及以上的下肢力量训练的手段，并掌握训练的动作要领。 2. 通过原地深蹲、深蹲开合跳、深蹲走等练习，来加强腿部力量，达到四肢协调的效果。 3. 培养敢于坚持、敢于挑战、敢于克服困难的意志品质	下肢用力	学：多种形式的下肢力量练习。 练：多种形式的下肢力量练习+快速跑。 赛：多种形式的下肢力量练习+快速跑比快
5		提高快速跑能力的练习方法二：加速跑+途中跑	1. 能说出 3 种加速跑+途中跑的练习手段，体验速度（位移）。 2. 在加速跑+途中跑的练习中，以顶报纸加速跑+途中跑、行进间小步跑+途中跑、行进间高抬腿跑+途中跑、行进间小步跑后踢腿+途中跑等手段，做到快速位移，来提高快速跑、协调、灵敏等素质。 3. 在学练中培养勇敢顽强、敢于挑战的意志品质	加速启动，跑动协调	学：加速跑+途中跑。 练：收腹跳+加速跑+途中跑。 赛：收腹跳+加速跑+途中跑+途中跑接力比快
6		提高快速跑能力的练习方法三：直线快速跑+冲刺跑	1. 能掌握直线快速跑的动作方法，并说出身体的不同感受。 2. 在直线快速跑、直线快速跑+体能比谁跑得快的练习比赛中，做到跑得快、跑得协调灵活，来提高速度、力量、协调等身体素质。 3. 培养克服困难、顽强拼搏的意志品质	直线，跑得协调灵活	学：直线快速跑+冲刺跑。 练：直线快速跑+冲刺跑+体能。 赛：直线快速跑+冲刺跑+体能：比谁跑得快

续表

课时	单元	教学内容	教学目标	关键问题	教学策略
7	培养快速跑能力（50米）	提高快速跑能力的体能练习二：多种形式的爆发力练习	1. 能说出 3 种以上培养爆发力的练习手段，并掌握爆发力的发力过程。 2. 以快速爆发启动、快速连续蛙跳、快速连续纵跳、快速连续摸高跳等练习，来培养机体的瞬间爆发能力，来达到培养全身爆发力的效果。 3. 培养敢于拼搏、顽强拼搏的意志品质	摆臂制动，爆发用力	学：多种形式的爆发力练习。 练：多种形式的爆发力练习+50 米跑。 赛：多种形式的爆发力练习 + 50 米跑比快
8		培养快速跑能力的运用方法：50 米快速跑考核	1. 能说出 50 米快速跑考核的要领及注意事项。 2. 能在 50 米快速跑考核中做出动作正确、快而有力的起跑，跑步动作自然、协调，来达到速度快、灵敏度高等的效果。 3. 培养学生沉着冷静、积极进取、敢于挑战自我的品质	起动快速，蹬摆有力，动作自然	练：站立式起跑+15 米加速跑。 评：50 米快速跑考核。 男：8.4 秒～10.8 秒（满分—合格） 女：8.3 秒～11.1 秒（满分—合格）
9	培养跳跃能力（蹲踞式跳远）	培养跳跃能力的技术方法：蹲踞式跳远	1. 能说出蹲踞式跳远腾空后的落地动作，认识到屈膝缓冲的重要性。 2. 能在蹲踞式跳远过不同高度体操垫的练习中做出单脚起跳后屈膝上提，双脚同时落地屈膝缓冲蹲踞式跳远的动作以及蹲踞式跳远+前滚翻、蹲踞式跳远+前滚翻+过障碍积分赛，培养下肢力量以及身体的平衡、协调等能力。 3. 在练习中能够互相合作、互帮互助，培养勇敢果断的品质	屈膝上提，双脚落地屈膝缓冲	学：蹲踞式跳远。 练：蹲踞式跳远+前滚翻。 赛：蹲踞式跳远+前滚翻+过障碍积分赛

续表

课时	单元	教学内容	教学目标	关键问题	教学策略
10	培养跳跃能力（蹲踞式跳远）	培养跳跃能力的练习方法一：助跑+上踏板跳跃	1. 能说出 12 步反向助跑步点丈量的方法，在助跑+上踏板跳跃的反复练习中固定助跑节奏，提高上板率，明白准确的步点对跳远的重要性。 2. 在助跑+上踏板跳跃、原地快速跑+助跑+上踏板跳跃、原地高抬腿+助跑+上踏板跳跃、蹲踞式跳远比远的练习中，提高助跑步点的精确性，提高助跑和跳跃的协调性，培养下肢力量、爆发力，来达到快速跑的效果。 3. 在学练中培养勇于拼搏、敢于挑战、增强适应能力的意志品质	助跑精准，腾空有高度	学：助跑+上踏板跳跃。 练：原地快速跑+助跑+上踏板跳跃。 赛：原地快速跑+助跑+上踏板跳跃比远
11		培养跳跃能力的体能练习一：多种形式培养腿部、踝关节力量的训练	1. 能说出 3 种以上培养下肢力量的方法，并体会动作的力度以及动作的空间姿态。 2. 在连续单脚跳、连续双脚跳、连续收腹跳、连续单双脚跳的练习中，做到摆臂制动，来达到培养脚踝力量、弹跳和腿部力量等素质的效果。 3. 培养拼搏精神和勇敢顽强的意志品质	摆臂制动，动作协调	学：多种形式培养腿部、踝关节力量的训练。 练：原地支撑+多种形式培养腿部、踝关节力量的训练。 赛：原地支撑+多种形式培养腿部、踝关节力量的训练比远、比快
12		培养跳跃能力的练习方法二：助跑+摸三色布	1. 能用自己的语言说出助跑+摸三色布的练习方法和要求，体会向上滞空的感觉。 2. 在"助跑+摸三色布、原地高抬腿+快速助跑+摸三色布、快速助跑+摸三色布+跨跳过六角圈积分赛"中，能做到起跳腿蹬地用力，助跑起跳连贯有高度，培养速度、弹跳、力量等身体素质。 3. 培养相互合作、积极进取的精神品质	起跳腿蹬地用力，助跑起跳连贯有高度	学：助跑+摸三色布。 练：原地快速跑+助跑+摸三色布的组合练习。 赛："蹲踞式跳远+前滚翻+过障碍积分赛+摸三色布+跨跳过六角圈"积分赛。比谁摸得高

续表

课时	单元	教学内容	教学目标	关键问题	教学策略
13		培养跳跃能力的练习方法三：助跑踏跳过一定高度的障碍	1. 学生能用自己的语言说出 2 种培养助跑跳跃过一定高度的练习方法，明白有一定高度的腾空对提高跳远能力的重要性。 2. 通过助跑跳过一定高度障碍物+小步跑、跨步跳等组合练习，能做出提膝收腹，腾空有一定高度的动作，培养学生的下肢力量、爆发力和身体的协调性。 3. 学生在合作学习中，进行相互评价、相互鼓励，培养学生勇敢顽强的拼搏精神以及团队协作的能力	快速踏跳提膝收腹	学：助跑踏跳过一定高度的障碍。 练：助跑踏跳过一定高度的障碍+小步跑（跨步跳）。 赛：蹲踞式跳远比远
14	培养跳跃能力（蹲踞式跳远）	培养跳跃能力的练习方法四：短距离助跑跳远	1. 能说出短距离助跑跳远的动作顺序，认识到合理腾起角度对蹲踞式跳远提升远度的重要性。 2. 在连续跳小栏架、助跑摸高等练习中，找到自己最佳腾起角度，并能跳一定的距离，来达到提升速度和下肢爆发力的效果。 3. 培养不怕困难、敢于挑战自我的精神，并在比赛时能服从组长安排	助跑踏跳的腾起角度	学：短距离助跑跳远。 练：连续跳 2 个小栏架+助跑踏跳摸高+短距离助跑跳远。 评：连续跳 2 个小栏架+助跑踏跳摸高+短距离助跑跳远比谁跳得远
15		培养跳跃能力的体能练习二：多种形式的腰腹力量练习	1. 能用自己的语言说出多种腰腹力量练习的方法和要求，认识到腰腹力量在蹲踞式跳远中落地前收腹伸腿的重要性。 2. 在"上下拿球+跳小栏架、仰卧抛球+短距离蹲踞式跳远"练习中，能做到腰腹用力，来达到发展力量、协调等素质的效果。 3. 能表现出相互合作、积极进取的精神品质	腰腹用力	学：多种形式的腰腹力量练习。 练：多种形式的腰腹力量练习+跳小栏架+短距离蹲踞式跳远。 赛：多种形式的腰腹力量练习+跳小栏架+短距离蹲踞式跳远能力积分赛

课时	单元	教学内容	教学目标	关键问题	教学策略
16	提高跳跃能力（蹲踞式跳远）	培养跳跃能力的练习方法五：助跑踏跳过一定远度的八角圈	1. 能说出 3 种以上助跑踏跳过一定远度八角圈的练习方法，以及知道助跑踏跳连贯动作的要领，体会肢体空间感觉。 2. 在助跑踏跳过高八角圈、助跑踏跳过组合八角圈、连续助跑踏跳过组合八角圈等练习中，做出助跑踏跳连贯的动作，达到跳过一定距离的要求，提高学生的下肢力量、速度、耐力、灵敏等身体素质。 3. 能表现出勇敢挑战困难的顽强意志，在团队合作的学练中，相互鼓励、相互促进，形成良好的团队氛围	助跑踏跳连贯，跳跃有一定的远度	学：助跑踏跳过一定远度的八角圈。 练：连续 2 次助跑踏跳过一定远度的八角圈。 赛：助跑踏跳过一定远度的八角圈，比谁跳得远
17		提高跳跃能力的测评方法：蹲踞式跳远评价	1. 能简要说出蹲踞式跳远完整的技术动作方法以及精准踏板在测评中的重要性，并知晓考核的方法和要求。 2. 在蹲踞式跳远测评中，做到助跑有速度，助跑起跳连贯，展现出踏板的精准性，并能在腾空时积极收腹、脚前伸，来达到更高的跳远水平。 3. 在学练赛中表现出积极学练、拼搏进取、遵守规则、勇于展示的精神品质	助跑踏板的精准度	练：蹲踞式跳远。 评：蹲踞式跳远测评。 技评：优、良、合格、不合格。 达标： 男：3.61 米~2.89 米（满分—合格） 女：3.35 米~2.56 米（满分—合格）
18		提高速快跑和跳跃能力大单元综合评价	校运会（50 米和跳远）选拔赛	1. 能说出比赛规则和注意事项，体会校运会的重要性。 2. 在紧张激烈的选拔赛中保持头脑清醒，适当兴奋，做出起跑迅速、加速有劲、快速助跑有节奏、跑跳连贯、踏板有力等动作，达到校运会选拔资格的综合能力。 3. 提升在比赛中抗干扰、抗挫折的能力，在比赛中遵守规则，有尊重裁判和对手的优良品质	比赛时短跑的起跑和跳远的稳定性	学：比赛规则。 练：赛前准备活动。 赛 1：（50 米和跳远）小组赛； 赛 2：（50 米和跳远）精英赛

5. 学期（大单元）体育教学计划案例二的水平研判

（1）"跑"与"跳"组合，构建田径大单元。田径项目由走、跑、跳、投四大类组成，四者之间既相互独立又相互支撑，其中跑是其他类的基础，只有跑得快才能跳得更高、投得更远、走得更快。跳远项目由助跑和跳跃两部分动作组成。快速助跑是为获得最高的起跳速度，并为准确踏板和快而有力的起跳做好技术、身体和心理上的准备。快速助跑为起跳提供初速度，为腾得高、跳得远做动力储备，同时跳跃练习提升了腿部爆发力和身体的协调性，能促使学生跑得更快。（2）"技术"与"体能"融合，提升专项运动技能水平。学生学习和掌握田径专项运动技术需要建立在速度、力量、耐力、灵敏、协调、柔韧等体能的基础上才能跑得快、跳得远。根据快速跑和蹲踞式跳远对体能的要求，体育教师不仅在每节课中安排了 6~10 分钟体能训练，还根据项目需要专门设置了 4 节专项体能训练课。例如，在快速跑单元教学中设计了以强化腿部力量和肢体柔韧性、灵敏性为主的体能练习课；在蹲踞式跳远单元中则穿插了两节以腰腹肌为主的核心力量，腿、踝部的爆发力和空中平衡能力的体能练习课。田径专项运动技能教学需要"技术"教学与"体能"训练相融合，才能达到学生更好掌握运动技术、提高运动水平的目的。（3）"课内"与"课外"联合，养成体育锻炼习惯。田径类是学校体育中从水平一到水平六必修的体育课程，也是学生体质健康测试必测项目。田径教学过程不仅是学生体质健康水平不断提高的过程，还是长期坚持锻炼的习惯养成教育。田径项目教学要取得成效仅有课堂教学和练习是远远不够的，只有课内教学与课外练习相结合，养成良好的体育锻炼习惯才能达到掌握运动技能、发展体能、提升运动水平的目标。

6. 学期（大单元）体育教学计划案例二的水平提升建议

（1）田径项目基础性较强，教学与练习过程枯燥乏味，缺少趣味性，需要学生依靠意志品质，付出长期努力才能有成效。（2）如何在连续 18 个课时的教学中激发学生的兴趣，使学生保持学习热情是实施田径项目大单元教学不可忽视的问题。（3）每年举行的学校运动会是展示学生田径运动水平和获得练习成就感的最好舞台。在校运动会比赛中，战胜对手为班集体争光，不仅是学生个人的荣耀，还是同学、班主任以及任课教师的期待，建议在田径大单元教学中可穿插介绍学校运动会的情况，激发学生田径专项运动技能的学习兴趣。（4）把核心素养的三方面贯彻到田径教学之中，这既是重点也是难点。

（三）小单元体育教学计划编制案例、水平研判及其建议

1. 小单元教学案例一：立定跳远

表4-9 小单元体育教学计划一览表

年级	三	学期	第二学期	教材内容	立定跳远	课次	5
教学目标	1. 认知目标：了解所学跳跃项目的名称和方法，知道单脚跳、双脚跳、立定跳远等体育名词以及屈膝缓冲、摆臂、下蹲等体育术语，激发学生的学习兴趣，使学生积极主动快乐地参与体育学习。 2. 技能目标：通过学习，复习巩固学过的各种跳跃动作，掌握双脚跳跃和立定跳远的方法，初步具有跳得远、跳得高的意识，通过跳跃的学习和游戏，培养学生基本的跳跃能力，发展灵敏、速度、协调和力量素质。 3. 情感目标：能积极主动参与各项跳跃的学习，体验跳跃运动的乐趣，能主动与同伴进行交流与合作，培养勇敢、顽强、果断、敏捷与勇于克服困难的良好品质			重难点		重点：弹性屈伸与快速蹬地起跳相结合。 难点：上下肢协调配合与落地屈膝缓冲	

课次	教学内容	学习目标	重难点	教与学建议
第一课次	1. 跳跃：立定跳远（起跳技术）。 2. 体能游戏：一起跳跳	1. 认知目标：能说出立定跳远的名称及动作方法，了解各种增强学生跳跃力量的练习。 2. 技能目标：通过教师引导及自主与合作学练，80%的学生能蹬摆有力，在双跳双落的基础上做出"提膝收腹"以及不同角度跳跃后的落地屈膝缓冲，20%的学生能在提示下做出蹬地有力、屈膝缓冲动作。在此基础上，培养学生灵敏性、协调性、平衡性，进一步提高学生的跳跃能力。 3. 情感目标：通过学练赛，提高学生互助、协作的意识，培养学生不怕困难、勇于向前的优良品质	重点：蹬摆有力。 难点：提膝收腹，上下肢协调	△教法建议： 1. 用圈和小圆垫自主创意连续跳跃活动； 2. 引导学生从小垫子处双脚起跳双脚落，跳到运动圈内，练习蹬摆有力； 3. 组织双脚跳过一定高度和一定远度的运动圈，分层轮换练习，引导学生做到不同角度的提膝收腹后落地屈膝缓冲； 4. 将学生按跳跃能力分层，并分为4组，根据展板展示出的内容进行自主学习与练习，组合动作练习； 5. 学生利用本组所拥有的器材，开展连续跳与跑跳竞赛。 △学法建议： 1. 在小组长协助下，遵守规则，尊重队友，互帮互助； 2. 保持安全距离，积极参与合作练习； 3. 团结协作，遵守规则，注意安全

续表

课次	教学内容	学习目标	重难点	教与学建议
第二课次	1. 跳跃：立定跳远（腾空技术）2. 体能游戏	1. 认知目标：了解立定跳远在实际应用的作用以及正确的动作方法，知道蹬地、摆臂等体育术语，激发学生的学习兴趣。2. 技能目标：通过情境教学，80%的学生初步掌握立定跳远的练习方法，做到蹬摆结合和提膝收腹动作，20%的学生在教师和学生引导下基本完成立定跳远动作。培养学生灵敏、协调的素质，提高跳跃能力。3. 情感目标：体验进步和成功的快乐，使学生积极主动参与活动，培养与他人交流合作的能力	重点：提膝收腹。难点：伸髋展体，上下肢配合协调	△教法建议：1. 用杭州亚运会引出主题，在跑过弹力带、跨过弹力带中热身，热身跑中加入立定跳远摆臂向上跳跃动作；2. 用弹力带做专项准备热身；3. 用 2 米的弹力带摆成直线作为丈量工具，练习单脚、双脚等跳跃，并复习第一次课立定跳远的内容；4. 用弹力带做蹬摆、静力性提膝收腹动作，体会一摆二蹲三跳起动作；5. 两人一组，将弹力带架到一定高度，组织学生跳过弹力带，做出提膝收腹；6. 4 人一组，间隔 1.3 米摆放弹力带，组织学生连续立定跳远练习；7. 连续 3 级跳+爬行练习；8. 放松身心。△学法建议：1. 学生同伴间仔细观察，认真练习，勇于展示；2. 互帮互助，遵守规则；3. 挑战自我，巩固提高

课次	教学内容	学习目标	重难点	教与学建议
第三课次	1. 跳跃：立定跳远（落地技术） 2. 体能游戏	1. 认知目标：了解立定跳远完整技术动作，知道如何跳得更远的方法以及知道下蹲、屈膝缓冲等体育术语，激发兴趣，使学生积极主动快乐地参与体育学习。 2. 技能目标：通过模仿和游戏教学，80%的学生熟练掌握蹬地有力、蹬地展体的立定跳远练习方法，20%的学生在教师和同伴的帮助下基本掌握正确的立定跳远动作；培养学生灵敏、协调素质，提高跳跃能力。 3. 情感目标：让每一位学生乐于和同伴积极参与体育活动和游戏，培养学生在活动中分析和解决问题的能力	重点：跳跃不同角度后屈膝缓冲。 难点：上下肢协调	△教法建议： 设置"小青蛙"成长历程的情境 1. 模仿"小蝌蚪"系列动作——活动上下肢和各关节； 2. "小蝌蚪"长成了"青蛙"——复习立定跳远的动作； 3. "青蛙跳荷叶"——进一步改进立定跳远的动作技术； 4. "青蛙"跳远比赛——了解学生跳远的能力； 5. "青蛙"创新跳——提高跳跃能力，下蹲展体跳+连续蛙跳； 6. 游戏：捉害虫。 △学法建议： 1. 学生同伴间仔细观察，认真练习，勇于展示； 2. 互帮互助，遵守规则； 3. 挑战自我，巩固提高

续表

课次	教学内容	学习目标	重难点	教与学建议
第四课次	1. 跳跃：立定跳远运用 2. 体能游戏	1. 认知目标：了解多种形式跳跃动作的不同应用方法，学会思考如何跳得更好，掌握并能应用摆臂、蹬地有力、落地轻巧等体育术语，激发学生主动参与体育运动的兴趣。 2. 技能目标：利用运动圈巩固所学的跳跃知识，80%的学生能熟练运用所学各种跳跃动作并能创新 3～4 种不同跳法，20%的学生在教师和同伴的帮助下基本熟练运用多种跳跃动作并尝试创新一种跳法，增强学生下肢力量以及提高身体协调、灵敏等素质。 3. 情感目标：学生在练习的过程中体会到学习和锻炼的益处，并在合作学练中增强合作意识和创新能力；在宽松、和谐的氛围中增进同伴间的感情，促进相互间的交流与协作	重点：屈膝缓冲。 难点：连续跳跃充分蹬伸	△教法建议： 快乐的运动圈 1. 自由玩圈； 2. 自编圈操； 3. 单人单圈单、双脚跳； 4. 单人单圈的立定跳远； 5. 多人多圈的单、双脚跳； 6. 多人多圈连续立定跳远； 7. 自由创新跳：连续立定跳远+单双脚跳+双脚连续跳； 8. 游戏：投小圆垫。 △学法建议： 1. 学生同伴间仔细观察，认真练习，勇于展示； 2. 互帮互助，遵守规则； 3. 挑战自我，巩固提高

续表

课次	教学内容	学习目标	重难点	教与学建议
第五课次	跳跃:立定跳远的运用与考核	1. 认知目标:学生能说出 3 种以上立定跳远的运用方法。 2. 技能目标:通过教师引导及自主与合作学练,学生能在"多样跳跳跳""创意我最多""挑战吉尼斯"等游戏活动中,运用立定跳远动作,展示出"蹬摆、提膝收腹、屈膝落地动作,增强腿部力量、身体协调性、平衡性"。 3. 情感目标:积极参与合作学练活动,同伴间懂得互相鼓励与帮助,乐于合作和展示,培养学习思考能力	重点:蹬摆有力。 难点:上下肢配合协调	△教法建议: 1. 组织学生充分热身,复习完整动作; 2. 单、双脚多级跳; 3. 过关性挑战"班级立定跳远吉尼斯纪录"; 4. 不同图形的连续跳跃创新; 5. 反馈挑战"班级吉尼斯纪录"的结果,表扬同学们认真参与,及时评价。 △学法建议: 1. 学生同伴间仔细观察,认真练习,勇于展示; 2. 互帮互助,遵守规则,注意安全; 3. 挑战自我,巩固提高

2. 小单元教学案例一的水平研判

（1）优点如下。①单元技术线教学清晰，循序渐进。本单元共计 5 课时，以立定跳远的分解动作为课时依据，从起跳（蹬摆有力）—腾空（提膝收腹）—落地（屈膝缓冲），再到立定跳远的运用与考核，课时之间联系密切，技术巩固扎实有效，学生能较好地掌握立定跳远的技术动作，使其跳跃能力得到提升。②教学方法丰富多样。体育教师要运用多种器材辅助教学，方法多样，如利用运动圈进行不同形式的立定跳远，借助弹力带练习跳过一定高度和连续跳跃等。设置多种情境进行教学，如小青蛙成长历程、杭州亚运会主题等，让学生在不同情境中有效学练，充分激发学生的运动兴趣。③小组合作学练充分体现。通过单元案例可以看出，课堂大多采用小组合作的组织形式开展，将学生按照跳跃能力进行分层分组教学，通过两人一组、四人一组等进行自主合作学练，互帮互助，挑战自我，巩固提高。

（2）不足如下。①学生能力提升不足。《义务教育体育与健康课程标准（2022 年版）》强调"'以知识与技能为本'向'以学生发展为本'转变"。本单元的设计过于注重立定跳远单一动作技术的掌握，学习目标技术化，用了 3 课时进行技术分解教学，虽然能较好地掌握技术动作，但是"教教材"教会的只是表层上的技术动作，而学生对深层次知识技能的理解、对学练方法的认知还存在较大的上升空间。②情境创设过多。作为学期内 5 课时的小单元教学，其情境创设有些过多，如小青蛙成长历程、班级吉尼斯挑战、杭州亚运会主题等，学生在 5 节课中要适应三个情境，不断出戏再入戏，虽然在一定程度上会提高其运动兴趣，但真正落实到日常教学中却不符合实际，课时之间的关联性和延续性也会被打破。③运用迁移欠缺。《义务教育体育与健康课程标准（2022 年版）》要求"要提高解决体育与健康实际问题的综合能力"。立定跳远学会之后在生活中的迁移运用在本案例单元中没有体现，学以致用"用"在何处学生并不清楚，这也是急需我们关注和解决的问题。我们到底要教会学生什么，是单个技术动作，还是能让学生通过技能的习得和对方法的理解，从而能在生活中加以运用，解决实际问题，这值得在单元案例中进行进一步思考和探究。

3. 小单元教学案例一的建议

（1）创设真实运动情境。可将小单元创设成一个完整的真实运动情境，将各课时作为大情境的小板块，各课次时间相互关联延续，螺旋式递进，将教师的动作示范、重点讲解与学生的自主学习、合作学习、探究学习有机结合，将集体学练、小组学练与个人学练有机结合，注重将健康教育教学理论讲授、交流互动与实践应用相结合，激发学生的学习热情，帮助学生理解和掌握知识与技能。

（2）进行结构化教学。从提升学生核心素养出发，进行结构化运动知识和技能的教学，将基本运动技能与组合运动技能相结合，梳理水平二跳跃基本活动单元内容，主要有单双脚跳、立定跳远、急行跳远、侧向助跑跳高等内容，基于跳跃项目完整体验和感知，以组合技能学练为主，架构完整的学习活动，在学期内小单元 5 课时的框架下，可设计 1 课时的立定跳远动作学习、2 课时的跳跃相关拓展练习和 2 课时的跳跃能力综合运用，引导学生在充分起来的过程中享受运动乐趣，形成丰富、深刻的跳跃项目体验，提高跳跃能力。

（3）提升合作探究能力。深化小组合作学练形式，将课堂还给学生，单元的设计可聚焦关键问题的解决，让小组带着问题和任务自主探究，从而在学练过程中不断激发学生的探索和求知欲，使学生提升高阶思维，加深对运动项目的理解和认知。在立定跳远动作方法课时中，小组自主合作探究如何完成挑战跳过1.4米的距离，学生通过小组尝试练习，在问题引导和任务驱动下积极交流讨论，得出跳过一定距离必须蹬摆有力、提膝收腹等动作要领，学生自己得出结论往往要比教师直接给予要来得深刻和有效。学生不仅学会动作要领，还掌握了方法和认知。诸如此类的设计可在单元教学案例中大力提倡，让学习真实有效发生。

（4）体现项目迁移和生活运用。单元的学习不仅是知识技能的掌握，还要在实际生活的运用中加以体现。跳跃单元主要发展学生的跳跃能力，在生活中多以急行跳过一定远度的障碍为主，或者跳过一定高度，因此建议在单元的体能和运用维度的课时中可渗透在实际生活中的运用，而不应过多强调单一跳跃技能的掌握，多设计如助跑跳过一定距离后接前滚翻缓冲、在复杂地形中进行跑酷比赛等，这些都是跳跃项目的迁移和结合实际生活的运用，从而提高解决体育与健康实际问题的综合能力。

4. 小单元教学案例二：（足球脚内侧运球）

表4-10　小单元教学计划一览表

年级	三年级	学期	第二学期	教材内容	脚内侧运球	课次	5
教学目标	1. 认知目标：能说出脚内侧运球的动作要领及有效的练习方法，了解其动作原理以及其在实际中的运用。 2. 技能目标：通过本单元组合练习，90%以上的学生能很好地掌握足球脚内侧运球的动作要领及练习方法，70%以上的学生能够在足球脚内侧运球的综合练习中表现良好，面对标志桶、防守和比赛能运用脚内侧运球技术，合理地衔接下个动作。 3. 情感目标：在练习中激发学生学习的积极性和自主性，培养相互协作、不惧困难、敢于挑战的能力						
重难点	重点：掌握脚内侧运球时的触球部位； 难点：能协调、连贯又有节奏地完成动作						

续表

课次	教学内容	学习目标	重难点	教与学建议
第一课次	足球：脚内侧运球绕 1~2 个标志桶	1. 学习脚内侧运球的技术方法，基本掌握脚内侧运球绕 1~2 个标志桶的技巧，将球控制在自己身体的范围内，提高学生的控球能力。 2. 培养协调性和平衡能力。 3. 感受足球的快乐，推动快乐足球	重点：掌握脚内侧运球时的触球部位。 难点：运球时，人、球能协调配合	1. 球性练习； 2. 脚内侧触球练习； 3. 脚内侧运球+组合练习； 4. 综合运用游戏
第二课次	足球：脚内侧运球绕 3~4 个标志桶	1. 进一步学习脚内侧运球的技术方法，将球更好地控制在身体范围内，综合提升运球和控球能力。 2. 基本掌握脚内侧运球绕过 3~4 个标志桶的技能。 3. 培养合作学习的意识	重点：左右脚脚内侧运球快速转换通过标志桶。 难点：掌握控球的力度和方向	1. 复习脚内侧运球绕 1~2 个标志桶； 2. 分组练习脚内侧运球绕 3~4 个标志桶； 3. 运球接力游戏
第三课次	足球：脚内侧运球绕过多个标志桶	1. 掌握脚内侧运球绕过多个标志桶的技术方法，能够很好地控制球的节奏。 2. 在游戏中将球很好地控制并达到长距离的脚内侧运球目标。 3. 积极参与足球游戏	重点：加强脚内侧运球对方向的控制。 难点：能熟练掌握控球的力度、动作协调性、连贯性	1. 游戏—球性练习； 2. 脚内侧运球绕过多个标志桶； 3. "运输物资"游戏
第四课次	足球：脚内侧运球变相过杆练习	1. 控制好身体重心，基本掌握脚内侧运球变相过杆的技能，将球控制在自己身体的范围内，提高学生的控球能力。 2. 培养协调性和平衡能力。 3. 感受足球的魅力，并踊跃参与	重点：把握脚运球绕杆时脚触球的部位。 难点：控制好运球的力度和跑动的速度	1. 个人带球绕杆探究学习； 2. 尝试练习脚内侧运球过杆； 3. "穿过丛林"游戏

续表

课次	教学内容	学习目标	重难点	教与学建议
第五课次	足球：脚内侧运球综合应用	1. 知晓脚内侧运球在实际场景中的多种应用方式。 2. 积极参与活动练习，提高运球能力。 3. 享受足球的乐趣	重点：合理运用脚内侧运球技术，注意运球时的节奏和连贯性。 难点：能在运球绕杆时，做到动作连贯、反应灵敏	1. 脚内侧运球过杆练习； 2. 多人移动练习； 3. "绕杆射门"游戏

5. 小单元教学案例二的水平研判

（1）优点如下。①脚内侧运球单个技术动作学习扎实有效，层层递进。从脚内侧运球绕1~2个标志桶到绕3~4个标志桶，再到绕多个标志桶，绕过标志杆及脚内侧运球的相关运用，循序渐进，始终围绕脚内侧运球这一技能展开教学，不断巩固提升。②单元各课次之间的重难点把握准确到位。根据脚内侧运球的技术要领，从脚触球部位到重心的移动，对球方向的控制及动作协调连贯性等，把握教学关键问题，使学生展开学练，这样较好地提升了学生的控球和运球能力。

（2）不足如下。①本单元5课次的教学设计更像是一堂课的教学设计。根据脚内侧运球的动作方法，设计运球绕过标志桶，从少到多再到绕过标志杆，梯度推进、熟练巩固脚内侧运球技术，过于强调单一技术的掌握，缺乏与其他技术的组合运用。②本单元设计不太符合足球项目特征。足球的单元教学应基于足球项目的特性来开展，立足真情境、真比赛的教学环节来展开，而不是纯粹绕固定标志桶或标志杆，导致学生学习了技术动作而不会在真实的比赛中运用。③并未达成单元教学目标。单元教学目标应是各课时在设计教学环节时的重要参照和依据，本单元制定的"面对标志桶、防守和比赛能运用脚内侧运球技术"这一技能目标并未完全达成，尤其是"在比赛中运用脚内侧运球技术"的目标，在单元课时的设计中并未充分体现。

6. 小单元教学案例二的水平提升建议

（1）把握足球项目特性进行单元架构。可围绕脚内侧运球这一关键技术进行组合教学，将传球、运球、射门等足球技术有机结合设计单元练习，从掌握脚内侧运球技术入手，再结合脚内侧运球+传球、脚内侧运球+射门等其他动作进行组合学练，再在比赛中运用足球综合技术，避免导致只掌握单一技术到头来却不会组合运用的后果。

（2）设计真实比赛情境。足球单元的教学最终是把足球比赛作为落脚点的，再多的技术如果在比赛中不能有效运用，也是徒劳。因此，在单元设计时应增加足球比赛的设计和比重，如结合脚内侧运球，摆脱消极防守的实战对抗，也可以设计2V1的脚内侧运球过人后传球+射门小比赛，让学生在真比赛、真情境中感受足球运动的魅力。

（3）聚焦关键问题开展教学。可以围绕核心问题"如何在比赛中有效运用脚内侧运球摆脱防守"进行单元整体设计，开展探究性学习，让学生带着问题进行学习，从而使学生对脚内侧运球在比赛中的运用时机和技术呈现有更深的认知和理解。

（4）增加学练趣味性。从案例单元中可以看出，本单元基本就是以脚内侧运球绕桩为主的练习，久而久之学生会失去学练兴趣，体育教师可以设计趣味性强的学练内容使学生保持学习的积极性，如将标志桶换成小组成员进行消极防守，既增加模拟比赛的真实性，也使得学生能在消极防守中更好地运用脚内侧运球技术，再比如，增加射门和比赛的环节，学生在射门得分和比赛的真实对抗中，更好地保持学习兴趣。

（四）课时体育教学计划编制案例、水平研判及建议

1. 课时教学案例：急行跳跃的练习方法——上步踏跳

表4-11　文本式课时体育教学计划一览表

指导思想	本课时以"健康第一"为指导思想，以学生发展为中心，凸显学生主体地位，关注学生不同的需求，激发学生学习的兴趣。以《浙江省中小学体育与健康课程指导纲要》及"推进四化课堂转型"为抓手，在教学中设置关键问题与问题串，促进学生养成自主思考与主动探究的习惯，通过小组合作的教学形式，培养学生的合作意识，依据体育学科的核心素养，采用多元化的评价方式，促进学生运动能力、健康行为、体育品德的形成，以及养成终身锻炼的习惯

教材分析	1. 教材结构分析：急行跳跃项目从动作结构上分析，包括"助跑、起跳、腾空、落地"四个环节。急行跳跃是简单助跑跳跃技能的延伸和进阶，通过快速的助跑和迅速有力的起跳，把助跑获得的水平速度和踏跳获得的垂直速度很好地结合起来，使人体跳出一定的远度和高度。 2. 教材功能与价值：本课时针对学生常常出现的踏跳无力、助跑与起跳衔接不连贯等问题，采用快速助跑后做出各种跳跃动作的组合练习与游戏，让学生体会有一定难度的急行跳跃，以及将其运用到各种球类田径等生活比赛场景中，提高学生灵活、协调等能力，同时为其他项目学练提供基本跳跃能力保障。 3. 课程要求：能说出急行跳跃技术的特征和运用价值，以及运用时需要注意的要点，在设计条件和模仿比赛等练习中锻炼较为稳定的跑跳组合动作，通过创设情境和设置条件的游戏和比赛，提高学生跑跳的运用能力，培养果断、自信的品质及善于合作的团队精神
学情分析	1. 身心特点：教学对象为三、五年级的学生，学生的体育兴趣以及模仿能力较强，课堂比较活跃，具备小组合作能力。此外，他们的组织纪律性和集体荣誉感强，处于身体的生长发育时期，有较强的思维能力、创造能力，求知欲非常强。 2. 已有基础：已经具备一定的简单助跑跳跃能力，学生下肢力量逐渐增强，反应速度加快，学生不习惯在快速移动助跑中做出跳跃动作，助跑起跳时容易踏跳慢、跑跳不协调，并且缺少比赛综合技术，对田径各项规则也不甚了解，独立探究与主动反思的学习能力还有待加强。 3. 个体差异：学生身体素质处于发展敏感期，体质个体差异较大，学生对跳跃比远比高的好奇心强，充满热情与能量，爱好游戏与比赛。所以设计练习时要在尊重个体差异性的前提下，合理安排练习方法与强度，创设形式多样的练习情境，多采用小组合作的方式组织教学。明确学练的方法与要求，强调规则下的学练标准，提升学生对跳的认知，提高跳的能力。塑造学生个性，培养良好品德

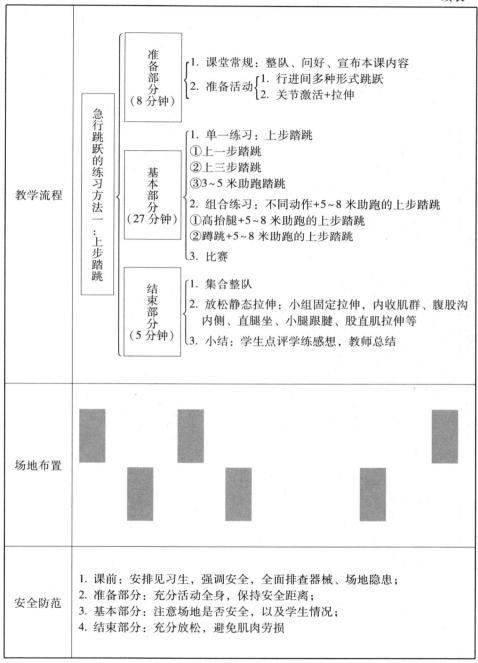

教学流程	急行跳跃的练习方法一：上步踏跳	准备部分（8分钟）	1. 课堂常规：整队、问好、宣布本课内容 2. 准备活动 { 1. 行进间多种形式跳跃 2. 关节激活+拉伸 }
		基本部分（27分钟）	1. 单一练习：上步踏跳 ①上一步踏跳 ②上三步踏跳 ③3~5米助跑踏跳 2. 组合练习：不同动作+5~8米助跑的上步踏跳 ①高抬腿+5~8米助跑的上步踏跳 ②蹲跳+5~8米助跑的上步踏跳 3. 比赛
		结束部分（5分钟）	1. 集合整队 2. 放松静态拉伸：小组固定拉伸，内收肌群、腹股沟内侧、直腿坐、小腿跟腱、股直肌拉伸等 3. 小结：学生点评学练感想，教师总结
场地布置			
安全防范	1. 课前：安排见习生，强调安全，全面排查器械、场地隐患； 2. 准备部分：充分活动全身，保持安全距离； 3. 基本部分：注意场地是否安全，以及学生情况； 4. 结束部分：充分放松，避免肌肉劳损		

表4-12　表格式课时体育教学计划一览表

学校		教师		年级班级	501	上课时间		课次	2/6	学生数	40
教学内容	急行跳跃的练习方法一：上步踏跳										
教学目标	1. 能说出上步踏跳练习的方法和要求，在练习中认识到蹬地有力、身体保持正直的作用。 2. 在利用踏板的上步踏跳练习和游戏中，学生做出不同距离助跑的快速上步踏跳，表现出蹬伸有力、蹬摆协调，同时达到一定的跳跃高度和远度，提高学生的腿部爆发力。 3. 在练习中表现出积极、专注的状态，表现出不断挑战与超越的行为。										
关键问题	快速踏跳；踏跳有力										
教学过程		学练内容		学练标准		组织形式 与安全措施		问题设计		练习 次数	练习 时间
准备部分 (8分钟)		1. 常规。 2. 准备活动： ①单脚跳+"踩响踏板"游戏； ②并脚跳+"踩响踏板"游戏； ③单双脚跳+"踩响踏板"游戏； ④蹲跳+"踩响踏板"游戏		1. 静齐快。 2. 学生能跟随音乐做出连续、有节奏的跳跃动作。当音乐停止时，学生快速反应，表现出身体重心平稳。争取比同伴更快踩上踏板		1. 四列横队 2. 分6个小组，小组长带领其小队在各自区域慢跑 ═══　═══ ═══　═══ (安全提示：前后间距两臂以上)		如何快速踩响踏板？		≥1	180秒

续表

教学过程	学练内容	学练标准	组织形式与安全措施	问题设计	练习次数	练习时间
基本部分（27分钟）	1. 急行跳跃的动作方法一：上步踏跳 ①上一步的踏跳； ②上三步的踏跳； ③3~5步助跑的踏跳。 2. 不同动作+5~8米助跑的上步踏跳 ①高抬腿+5~8米助跑的上步踏跳； ②蹲跳+5~8米助跑的上步踏跳。 3. 助跑踏跳比赛	1. 在不同距离助跑的跳跃中，80%的学生能做出连贯的助跑、踏跳、腾空、落地动作，表现出助跑逐渐加快、准确踏上板、踏跳有力。 2. 逐步加大助跑的距离和提升速度后，80%的学生还能在助跑后做出连贯的助跑、踏跳、腾空、落地动作，表现出踏跳有力、快速踏跳。组内互评时，能行细观察同伴动作，并给予准确评价。 3. 先组内比试，再组同距离比赛、划定不同距离，获得相应积分	1. 队形组织：以小组为单位依次进行练习 安全提示：前一位练习者完成踏跳后，后一位同学出发练习。每次练习完要站在垫子左侧给后一位同学动作评价。 2. 同上 3. 同上	1. 如何让踏板发出声音？ 2. 如何让踏板声音又响又脆？ 3. 急行跳跃一般会在什么动作中出现	≥5 ≥5 ≥5 ≥6 ≥6 ≥3	(25秒) (40秒) (80秒) (180秒) (180秒) (360秒)
结束部分（5分钟）	1. 静力拉伸 2. 小结、养成教育	1. 调整呼吸充分放松； 2. 学生积极收还器材	四列横队		≥1	(180秒)

2. 课时计划案例的水平研判

（1）优点如下。①该课在热身环节运用分解法，把基本部分的主要技术进行分解：单脚跳、双脚跳、单双脚跳、走走走单蹲。这为主要内容专项技术做了一个很好的衔接。在热身环节把踏板加入，以一个比谁更快踩响踏板的游戏为主要内容进行衔接。②在教学组织上和器材摆放上，全程都充分利用了 6 块踏板，提高了器材的利用率，器材的错位摆放，避免安全问题的出现。全程分为 6 个小组，避免无效的队伍调动，练习密度较大。③该课全程围绕"如何让踏板发出更响的声音"和"如何让踏板发出又脆又响的声音"两个问题主线，引出踏跳有力、踏跳快速的关键问题。全课由问题串，引导学生主动思考。从练习步骤上看，从上一步到上三步，再到 5~8 米的助跑，体现了练习难度的循序渐进。④该课全程用小组合作的方式进行，通过前一个同学评价后一位同学的动作，同时又借助小组同伴间的互助互评，来提高学习质量。

（2）不足：①该课技能目标的定位不够清晰，对一定高度和一定距离没有明确写出；②对踏板的利用：可能部分同学会对踏板产生惧怕心理，到后期助跑距离拉长时，助跑速度加不上去；③垫子与踏板的距离，需要再进行仔细判断，不同学生能力不同，部分学生可能跳不出垫子。

3. 课时计划案例的建议

（1）对踏板的摆放位置可采用分层练习的方法，根据小组的能力不同，调整距离，也可现场根据学生的表现情况去调整距离，还可以在最后多加一块垫子。（2）学生对踏板的恐惧，也可以分组练习，为害怕的学生缩短助跑距离或者换成垫子，再从垫子过渡至踏板。（3）摆小栏架可以改成头顶一定高度的物体，解决蹬伸有力的问题，避免了学生把注意力放在小栏架上，只顾着收腿。（4）学生分层差异较大，可以在组合阶段对不同的学生提出不同难度的要求，不然对一些学生要求过于简单，他们会没有挑战兴趣。（5）本课的任务几乎没怎么用上，其实可以把任务单评价分发给小组长，这样避免了所有人都围绕着任务单看的情况。

四、体育课场地与器材布置技能及其培养

（一）体育课堂场地与器材布置技能

1. 体育课堂场地与器材布置技能概念

场地、器材布置是体育课堂教学所特有的一项任务，其他课堂教学中虽

也偶尔运用一些教学用具，其主要的作用也是用于教学过程中启发学生的思维，如在物理学与化学等课程教学中可能会在实验室这个特殊的地方讲解物理学、化学原理等，但实验室的布置与室外体育课堂教学场地与器材布置存在着很大的差异。实验室布置只需要执行物品到位、整齐等有关规定，达到安全卫生的效果即可，而在体育课堂教学中，场地与器材的布置需要充分发挥体育教师的想象力，它犹如室内房间的装修，原来空白无物，通过教师的设计与安排，充分利用线条、颜色、器具等把场地装点一新，让学生一进入课堂，就有一个全新的直觉与美感，为快乐学习创造一个良好的外部环境。然而，有关场地与器材布置并不属于课堂教学的主题，因此这方面研究也基本停留在场地与器材布置如何符合教学内容特点上，较少考虑场地与器材布置的美学特征与心理学特征。体育课堂的练习场地上一条条红白相间的线条，以及安放得井井有条、错落有致的练习器材，不仅为学生创造了一个良好的学习环境，还能使学生一进入课堂，就被这些经过精心设计、布置的场地与器材吸引，随之会使他们马上想到这堂课学什么、怎么学等，从而激起他们学习的兴趣和学习的欲望，并使他们自觉、主动、努力地投入体育课的学习与锻炼之中。因此，笔者认为场地与器材的布置在符合教学特点的基础上，很有必要从美学与心理学角度来考察。

"体育课堂场地与器材布置技能"是指体育教师在合理利用学校资源、布置课堂的场地与器材过程中所表现出来的一种较为熟练的教学行为方式。

（二）关注体育课堂场地与器材布置技能的意义

1. 提高课堂室外生态环境的设计水平

与其他学科不同的是，体育学科主要是以室外环境为主的教学（其中有部分是室内，但这个室内与教室是有本质区别的，教室四面是墙壁，较为封闭，而体育馆的室内虽然四面也是墙壁，但其空间非常大，比教室要大几十倍），因此体育课室外教学环境有其独特性，这个独特性决定了室外环境设计的重要性，同时还必须结合体育学科特点进行设计才符合生态学要求。何为生态学？它是德国生物学家恩斯特·海克尔于1866年定义的一个概念：生态学是研究生物体与其周围环境（包括非生物环境和生物环境）相互关系的科学。其目前已经发展为"研究生物与其环境之间的相互关系的科学"。生物的生存、活动、繁殖需要一定的空间、物质与能量，因此生物在长期进化的过程中，逐渐对周围环境需要某些物理条件和化学成分，如空气、光照、水分、热量和无机盐等。各种生物所需要的物质、能量以及它们所适应的理化条件是不同的，这种特性称为物种的生态特性。结合体育课堂教学领域，我们从生态学视角出发，学生在室外环境活动过程中，环境因素主要有室外空气、室外光照度、室外温度、室外空气湿度、室外空气清澈度等。除此之外，学生还与体育器械、场地等有关系。这就需要体育教师根据室外环境的特点，从生态学角度对环境各方面进行合理、科学的设计，并不断提高设计的水平，让学生享受美好的、令人愉悦的室外环境。

2. 合理有效利用体育场地与器材

体育场地与器材是一个学校搞好体育工作的基础，缺乏必要的场地与器材，体育教学的效果与质量将会受到极大的影响。因此，体育教师首先要学会使用现有的场地与器材，如田径场、篮球场、排球场、各类球、各种器械等。其次，体育老师要善于开发体育场地与器材，因为学校的体育经费有限，有的学校场地与器材匮乏。因此，体育教师要努力开发场地与器材，来适应体育教学所需。总之，要把现有的和开发的场地与器材充分使用好，这是需要一定技能的。有的教师不会合理利用与布置，就经常造成使用不当或没有发挥场地与器材的最大化作用，也有的教师会举一反三、融会贯通地使用场地与器材，如"一物多用""多物一用"，这些都是体育教师依靠教学实践智慧而获得的，应该值得推广。

3. 处理好体育课程多班教学关系

学校场地与器材短缺是一个较为普遍的问题，而且在一般情况下，体育课都是多班同时上，可能有几个教师同时在一块场地上上课，这就会引起冲突。因此，同一个学校的体育教师需要协调备课、集体协商，特别是在同时上课、共用体育场地与器材的情况下，需要分割好场地、分配好器材，这样才能"各自为阵"，不会因为场地与器材的冲突而造成上课混乱，产生不良后果。另外，体育教师要具有一定的素质，要善于化解体育教师之间的矛盾，而不是制造矛盾，对一些场地与器材的冲突现象，要主动谦让、相互合作，不要因为一些小事而把矛盾扩大化，这种不利于体育教师教研组团结的行为是要避免的，而那些和谐的、谦让的态度与行为是值得提倡的。

4. 有利于提高运动技术的教学效果

场地与器材的合理布置不仅对美化室外生态环境、激发学生的学习兴趣、愉悦师生心情有极大的帮助，还具有提升学习效率、提高体能、有效组织等方面的作用。首先，体育教师如果能够较好地设计场地与器材，可以突出教学重难点，帮助学生学习，如在跨栏过程中，用白线表明过栏后三步的点位可以帮助学生看清"过栏"之后的脚步踩点位置；在跳高教学过程中，跳高杆某个部分系上红布则可以提示学生过杆的最佳位置等。其次，合理安排场地与器械，可以有效加大练习密度与运动负荷力度，促进学生体能发展，如安排一块垫子进行前滚翻和安排两块垫子进行连续前滚翻，其练习密度与强度是不同的。最后，还可以有效组织课堂教学，如合理有效地安排场地与器材可以减少学生的队伍调动，减少学生不必要的时间耗费，使学生更好地投入身体练习之中，提高体育课堂教学质量。

五、体育课堂场地与器材布置的要求

（一）场地与器材的布置需符合学生的空间美学效果

空间知觉是反映物体空间特性的知觉，包括形状知觉、大小知觉、距离知觉、立体知觉、方位知觉等。形状知觉：依靠视觉、触摸和动觉判断形状；大小知觉：依靠视觉、触摸和动觉判断大小；深度知觉：依靠视觉、触摸和动觉判断相对距离；方位知觉：判别物体所处上下、左右、前后、东南、西北之位。我们在室外的教学现场，运动项目也有各个方向的变化，这构成了运动的前后、上下、左右之间的关系，因此教学过程中会使用到各种器材与场地，也涉及它们的合理布局与设计问题，这个问题主要涉及美学效果，使学生在视觉上产生一个很好的直观印象，从而有无意识地激发学生学习兴趣的效果。例如，在跳高练习中，体育教师可以利用"左右位置的关系"适当加宽横杆长度，使学生在感觉上降低横杆的高度（实际上是一样的，只是利用了学生的错觉）；在跳远练习中，为了提高腾空的高度以便于完成空中动作，可以利用"上下位置的关系"设计从高处跳下的动作，来提高学生空中动作的感受性。对初学者而言，身体的内部感知觉能力比较差，动作往往做不到位，因而体育教师可以根据教学的重点和难点，利用"前后位置的关系"增加一些障碍物或辅助器械，限制或帮助学生体会空间。

（二）色彩的选择要有利于激发学生的无意注意

知觉的选择性是指在许多知觉对象中，对其中部分对象的知觉特别清晰，其余的对象作为背景则知觉比较模糊。所以，知觉的选择性表现为对象和背景的关系。

体育教学大多在室外进行，教学环境的诸多因素会对教学对象——"学生"产生直接的影响，如教师、教材、教学方法与手段、场地器材、服装设备、气候风向、声音节律、色彩光波等。在这众多因素中，色彩对学生的影响不可低估，因为颜色具有象征作用，并具有调节人之心理的功能，如红色代表热烈、豪迈，绿色代表和蔼、悠闲、和平，黄色代表温暖、高贵、显赫，蓝色代表和平、温良、冷静，白色代表轻快、纯洁、真挚，黑色代表沉重、悲哀、神秘。学生在从事身体练习的同时，要接触各种颜色的体育器材。各种颜色的器材，也经常刺激着学生的视觉器官，使学生产生消极或积极的生理、心理变化。颜色鲜亮的体育器材能使人感到轻快、柔和、兴奋，能减轻学生练习的恐惧心理。反之，体育器材颜色灰暗，便会使学生感到心情压抑，出现动作失常现象，从而直接影响教学效果。通常，体育教师对颜色的作用比较忽视，因而平时使用的器材多以本色为主，这对提高体育教学中学生的视觉效果是不利的。因此，在体育课上，我们应该更多地开发与使用不同颜色的体育器材，利用色彩效用达到提高体育教学效果的目的。

1. 利用颜色对比来突出教学重点

背越式跳高的弧线可以用白色，为学生的助跑提供较为明显的线路；最后一步及倒数第二步，是跳高起跳技术的关键所在，因而要明确地加以区分：一是两步的轨迹不同，二是颜色不同。最后一步可用红色，倒数第二步可用其他颜色，这样会使学生特别注重最后两步的轨迹点和准确起跳点，从而突破运动技术教学的重点与难点。在纵箱跳跃中，在箱上学生撑手处画上红色横线，这既是"纵箱跳跃"技术的关键所在，又可以在视觉上提前提示学生重点注意自己起跳后"双臂前摆远撑"的位置与技术要求。

2. 利用颜色对比来刺激学生的兴奋点

1500 米耐久跑比较枯燥乏味，并经常受学生冷遇。为了提高学生的体能与对耐久跑的趣味，教师可采用的教学手段较多，运用色彩效应改变练习环境也是一个很有效的方法。例如，将跑道的颜色以 100 米为单位变更一下，即一个 100 米为绿色，一个 100 米为红色，另一个 100 米为蓝色等，使学生在重复的练习过程中不断地接受新异的色彩刺激，在单调乏味的练习中增加积极的情绪。

3. 合理利用颜色、线条的错觉

在感觉定式上，浅色总比深色要轻一些。因此，体育教师可以把实心球的颜色涂上浅色，避免黑色等深色带来的重量感，还可以把相同高度的器械涂上浅色、深色做对比，并选择浅颜色器械来练习，这样可以在感觉上降低器械的高度。同样，横线条的物体感觉比纵线条的要低一些，长线条的感觉比短线条的要低一些，这样我们就可以在跳箱上画上横线条来降低学生视觉上的高度，来减少学生的恐惧心理。在跳高架的布置上，我们可以加长横杆的长度来降低学生感觉上的高度，有利于学生更好地完成动作。

（三）音乐选择应符合学生的听觉效果

音乐就是在 16~20000 赫之间设计的声音，音乐对人类的作用是有目共睹的，从心理学上说，它能调节人的心理活动，使人振奋精神、消除疲劳。因此，体育教师可以利用音乐来配合一些运动，如在健美操教学中，可以配上所需要的音乐；在竞争激烈的游戏中可以播放节奏快速的乐曲；在接受部分的放松操中配备缓慢轻柔的音乐等。

（四）场地与器材的设置应符合课堂教学内容的特点

场地与器材布置的最终目的是为有效实施教学内容，完成预设的教学目标，因此不同的教学内容对场地与器材的要求也各有所异。首先，场地与器材的安排需要满足教学内容需要的场地与器材，如篮球教学内容需要有篮球场地（篮球架、尽量标准的篮球场、明细的线条等）、若干篮球；足球教学需要类似足球场（球门、球门网、球场、线条等）、若干足球；双杠教学需要若干副安全木制或铁制的双杠等。其次，在满足需要的场地与器材的条件下，还需要一些辅助场地与器材，这与教师课堂教学中所安排的教学手段与方法密切相关，没有固定的格式。例如，在跳远教学中，基本的场地与器材满足之后，有的教师还需要低箱、标枪与橡皮筋、气球、各颜色线条，有的教师则需要高处场地、海绵垫（空中动作所需）；在排球教学中，有的教师还需要一面墙壁（对墙练习之用），有的教师则需要数个箩筐（传垫球准确性）等。

（五）确保练习的安全与卫生

场地与器材布置的安全卫生原则是广大体育教师所熟知的，这也是体育教学面向学生健康最为基本的要求，无论场地与器材如何布置与利用，都需要满足这个条件，这是以人为本、安全第一的根本要求。因此，在课堂教学之前，体育教师都要认真检查教学过程中所涉及的场地与器材，并及时修理或更换，来防止伤害事故的发生。另外，卫生条件也很重要，体育活动本身是为健康服务的，在一些条件较差的中小学学校中，场地与器材的运用搞得满场尘土飞扬（如典型的扫把飞翔课），那么对学生的健康没有好处，效果适得其反。

（六）体育课堂场地与器材布置技能的培养

1. 观察学习法

学习与了解场地与器材布置的相关知识与方法。同时，在职前的各项术科教学中，体育教师要有意识地关注术科教师场地与器材布置的各种方法与技巧，也可以选择网络资源，有针对性地观看授课教师场地与器材布置的各种方法、图形与策略，积累经验。

2. 竞赛活动法

职前教师可以开展利用现有的场地与器材进行设计的各种竞赛活动，如场地多用法（如五支标枪或跳高架和四条橡皮筋组成十字形代替4付跳高架及横竿，在跳短绳教学中，短绳既能连接成长绳来练习，又能用于各种形式接力跑的器械）和临近布置法（如前滚翻和分腿腾越教学，将四块体操垫一一对应放在四套山羊的前方5~8米处，学生成四组分别站在体操垫和跳箱之间。当学生练习完前滚翻后，马上向后转面向跳箱，即可直接练习分腿腾越技术，无须过多的队伍调动等。

3. 实习锻炼法

在实习过程中，体育教师要向实习基地老教师学习各种场地与器材布置技术，并在教学实践的每节课中做好场地与器材的布置工作，不断地锻炼与创新各种方法，提高自己的场地与器材布置技能。

（七）体育课堂场地与器材布置案例与水平研判及建议

1. 体育课堂场地与器材布置案例一、案例二

案例1：某教师在进行多个方向跳跃教学时，课前用粉笔在塑胶跑道直道的跑道线加一条竖线，让竖线与跑道线组合"十字象限"，在四个象限中分别写上数字1、2、3、4（具体见图4-1），如此画出与授课班级人数相等的十字象限。课中，借助跑道上的十字组合的四个象限，师生一起学练前后、左右、斜向的双脚跳跃，最后尝试沿四个象限进行顺时针和逆时针方向的连续跳跃。

图 4-1

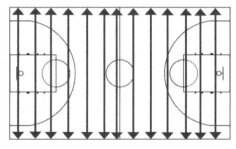

图 4-2

案例2：某教师在有氧耐力练习时，利用篮球场两条边线进行"莱格尔跑"（具体见图 4-2）。学生成一列横队站在篮球场一侧边线（起点线）上，播放莱格尔音乐，听到"嘟"声时开始跑向对面边线（折返线），在下一次"嘟"声时必须踩到线，同时又跑回起点线，如此有节奏地来回折返跑，每跑一趟为成功挑战一关，男女生完成规定的闯关次数。

2. 体育课堂场地与器材布置案例一和案例二水平研判

（1）十字跳是一种非常受欢迎的运动方式，它能够帮助练习者增强身体的协调性和平衡能力，适宜各个学段的学生练习。本课教学巧妙地利用学校田径场上的跑道线和外加一条竖线组成"十字象限"，即可辅助多个方向的跳跃练习，操作简单，因地制宜，充分利用校园场地资源。

（2）"莱格尔跑"是篮球裁判员晋升裁判员等级的体能测试必测项目，其标准测试方法是根据音乐节奏由慢到快进行 20 米折返跑，每次"嘟"时必须踩到端线，测试开始时节奏较慢，每一分钟匀加速一次。这样利用篮球场两条边线，就可以满足一个班的练习需求，实用便捷，不需要再准备场地。

（3）上述两个案例中所需要的场地都是中小学体育场地配备的基本标准，不需要特别的体育场地。因此，体育教师在备课时要结合学校的场地资源情况，尽量发挥现有场地应有的功能和价值，提高场地的有效运用水平。

3. 体育课堂场地与器材布置案例一和案例二水平提升建议

（1）用粉笔画的竖线可以用短跳绳来代替，可以用宽约 5 厘米的硬纸板条代替。

（2）粉笔画的竖线附着力不强，容易掉粉，且遇水溶解。为此，其若使用周期在 1 周以上，建议用广告颜料来替换粉笔，这样可以保持 2 个月左右。

（3）为了满足学生的个体差异及耐力需求，可在边线（折返线）前后各画几条相距2~5米的折返线（具体见图4-3）。跑前，要求学生根据自己的耐力状况选择适宜距离的折返线，让耐力水平低者跑最近的折返线A，耐力水平中等者跑篮球场边线的折返线，耐力水平高者则跑最远的折返线B。

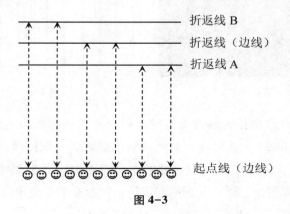

图 4-3

（4）可以借用排球场、足球场的线条进行莱格尔跑，也可以在校园中其他场上画两条相距15~20米平行线进行"莱格尔跑"，如校园广场、道路、田径场等平坦场地。

4. 体育课堂场地与器材布置案例三、案例四

案例三：某教师在上篮球原地高低运球课时，课前根据学练间隔与距离的需要，将准备的人手一球排成4排放在地面上，并用大口标志盘托撑，具体见图4-4。上课后，学生直接站在各自篮球后面即可，然后一人一球进行球性练习和原地高低运球。最后，学生前后四人一组站于本组第一个标志盘前约2米的起始线后。待发令后，第一个人先做直线运球，遇到第一个标志盘时身体下蹲将标志盘翻转180°，接着继续向前运球，如此依次行动，直至翻转最后一个标志盘后立即返回起点，第二个人出发，依次进行，以此学以致用和比赛。

案例四：某教师在上障碍跑时，课前根据设计要求在田径场的人造草坪上放置呼啦圈、软式栏架和标志桶组成的四条障碍（具体见图4-5）。上课后，师生先在障碍场地正前方做准备活动，然后全班分4组用接力环进行了3次障碍接力赛。第一次安排跨越栏架后绕过标志桶返回起点；第二次安排先用呼啦圈从头到脚套过，然后跨越栏架，最后绕过标志桶返回起点；第三次让学生自行选择呼啦圈从上往下或从下往上套过身体和调整栏架高度。

图 4-4

图 4-5

5. 体育课堂场地与器材布置案例三、案例四水平研判

（1）做到课前备器材：将所需器材一一放到位，既美观又便于取用，教学中减少了学生因排队取球（或临时设置障碍）的等待时间，增加学生的练习时间。

（2）做到一物多用：由于体育学科的特殊性，在学习运动技能时都会或多或少地用到体育器材，备器材是备课的重要环节之一。两个案例分别从人手一球及标志盘，还有呼啦圈、软式栏架和标志桶三种障碍物，体验钻、跨、绕过障碍物，达到物尽其用，贯穿始终，大大提高了课堂教学效率。

6. 体育课堂场地与器材布置案例三、案例四水平提升建议

（1）放置标志盘和篮球时，要考虑到学练时的空间需求，在互不干扰或互不影响下，根据要求设置适宜的前后、左右距离。

（2）可以增加呼啦圈、软式栏架和标志桶的数量，由单个障碍变成多个障碍，如连续钻过多个呼啦圈、跨过多个栏架、绕过多个标志桶，来增加练习的难度，激发学生练习的积极性，也可以增加其他障碍物，如栏架（钻过"山洞"）、体操垫（越过"小河"）、跳箱（翻过"山坡"）等，让障碍物变得更加丰富多彩。

第五章

课前与课中衔接性体育教学技能及其培养

说课就是教师口头表述具体课题的教学设想及其理论依据，也就是授课教师在备课的基础上，面对同行或教研人员，讲述自己的教学设计，然后由听者评说，达到互相交流、共同提高的目的，是一种教学研究和师资培训的活动。我们在说课实践中认识到，这个定义是不全面的。根据我们的理解，说课既可以是针对具体课题的，也可以是针对一个观点或一个问题的。所以，说课就是教师针对某一观点、问题或具体课题，口头表述其教学设想及其理论依据。说得简单点，说课其实就是阐述你是怎么教的，你为什么要这样教的问题。说课也是教师资格证考试和教师招聘考试中必不可少的环节。

一、说课技能及其培养

（一）说课技能

1. 说课技能的概念

近年来，"说课"一词频繁出现在体育教师招考、体育教师业务类评比等活动中，足以说明它已成为体育教研活动中的一种重要的形式，它也是体育教师培养中一种重要、有效的技能训练方法，更是体育教师专业化发展的重要措施。

职前教育的目标是培养未来的体育教师，说课技能的培养是初步的，也是很重要的内容。职后体育教师的说课则经常用于体育教师之间的相互交流与研讨中，目前已在体育教学实践工作中大量试用。职前教师与职后体育教师说课技能的培训形式有一定的差异性：职前说课要求应聘者在备课的基础上，面对评委教师或其他听众，系统地阐述自己的教学构想及理论依据。在说课过程中，职前的体育教师根据教学的需要边说课边进行板书，评委则根据说课表现与板书情况，判断其教学技能水平是否达到能够承担教学实习任务的标准，并给出相应的分数。在时间允许的情况下，评委还将进行精要的评点分析，来帮助他们扬长补短，使他们尽快熟悉并适应学科教学工作。职后体育教师说课主要的目的是用于开课、磨课、研讨与交流，因此说课可以更为简洁，不需要板书，备课稿也可以简单化等。本书针对职前教师的说课技能的培养问题进行探讨。

"说课"是体育教师在备课的基础上，面对评委、教师或其他听众，阐述自己的体育课堂教学构想及其设计的过程。"说课技能"是指职前教师在规定时间内用简练的语言，也可借助图示、多媒体向评委展示体育课的教学理念，是课堂教学设计过程中表现出来的一种较为稳定的教学行为方式。

说课要成为一种技能，需要具备以下四个条件。（1）说课技能是一种综合性的行为方式，即包含行为主体对外界发挥作用或发生影响的动作系统，包括说话、书写、形体动作和心智活动等。（2）说课技能与一般技能一样，具有一定的熟练性特点。这种熟练性主要表现为目的性、自动性和娴熟性。（3）说课技能是行为主体在已有知识经验的基础上形成和发展起来并通过训练或练习形成的。说课技能是一个逐渐培养、形成与发展的过程，也是从初级技能向技巧性技能发展的过程。（4）说课技能的形成是内外兼修的结果。说课技能的形成不仅仅要通过外在的练习和训练，还需要行为主体不断自主反思、实践体悟，说课技能最终可体现为机智应变的教育智慧和成熟的教学风格。

2. 说课技能形成的步骤

说课技能是一个渐进的培养过程，它可分解为几个主要的步骤与环节，笔者认为这几个环节中应包含几个层面的内容与关系，即技能与知识的关系、技能与实践的关系、技能与手段的关系、技能与技巧的关系。根据这几个重要的内容与关系，说课技能的培养具体可分为四个步骤：说课知识储备、说课的初步实践、说课技能提升、说课技能形成。

（1）说课的知识储备

①明确说课的意义与作用

说课既与备课不同，也与上课各异。首先，备课是说课的基础，换句话说，说课是在备课的基础上进行的，没有很好的备课，说好课将成为一句空话。其次，说课不是按部就班地翻读备课的教案，而是在对教案进行严格的梳理基础上，按一定的顺序、节奏，并在规定的时间内精简说课的理念、设计思路和操作过程，主要的目的就是让听者在较短的时间内明白课的设计者的主要意图、方法与操作模式等。因此，在备课的基础上，说课者要学会提炼，并注意说课的各种技巧，才能把课说好。

说课与真实上课也是不同的，主要的区别：第一，在"说课"的过程中，没有学生的直接参与，只有几个评委或观众，也就是说整个过程都是教师自导自演；第二，"说课"是上课整个过程的"精说"，上课则是整个过程的实际演示；第三，"说课"只说不练，而上课是说、教、练相结合。因此，"说课"说得好的并不一定上课上得好，上课上得好的并不一定说课说得好，其各自的要求与标准不同。

②明确说课的要点

说课要点存在着各种说法，有"五说""七说""八说"等，通常在其他学科中的说法是"七说"，但体育学科与其他学科具有一定的区别，就是要特别关注学生在体育课堂教学中身体活动的安全问题，需要增加"一说"。因此，体育课堂教学说课的"八说"具体内容为说理念、说教材、说学情、说目标、说重难点、说教法、说过程、说安全措施。

③明确说课的评价指标与评分标准

以下是浙江省高校针对师范类高校学生说课技能比赛而制定的一个标准（具体见表5-1），有一定的参考价值。

（2）了解说课的程序

①明确说课的有关知识与内容。②现场准备"说课稿"：根据教材内容，结合学生年龄、性别、个性特征，以及其身体素质与前期学习情况制定课堂教学目标；根据教学目标兼顾学校场地与器材条件设计教学方法、教学手段、组织形式、学练步骤，预计课的练习密度与运动负荷，形成合理的教学流程。③现场说课展示（一般控制在15分钟左右）。④等待评委的点评或评价。

表5-1 浙江省高等学校说课、要求及评价标准一览表

项目	内容	评价标准	等级				得分
			A	B	C	D	
说课内容 （18分）	说理念	教学理念正确先进，解释简洁清楚，并能在教学设计中得到体现	1.5	1.25	1.0	0.75	
	说教材	对教学文本（材料）的地位、特点及作用说明清楚	1.5	1.25	1.0	0.75	
	说学情	学情分析有针对性，特别能正确说明该年段学生知识结构及其对文本学习的影响	1.5	1.25	1.0	0.75	
	说目标	教学目标分析合理，定位正确，符合现代教学理念及教材与学生实际	1.5	1.25	1.0	0.75	
	说重难点	教学重难点分析完整，正确，严密	1.5	1.25	1.0	0.75	
	说教法	教法或学法指导选择正确，符合新课程要求，且说明清楚，具有针对性和可操作性	1.5	1.25	1.0	0.75	
	说过程	教学过程环节清楚，层次分明，解读正确，设题精当，引导巧妙，富有创意，能充分体现上述各方面要求，符合学科教学特点与规律	9.0	7.5	6.0	4.5	
语言表达 （12分）	音准	咬字清楚，普通话正确	3.0	2.5	2.0	1.5	
	音质音亮	音质优美，声音响亮	2.0	1.5	1.0	0.5	
	语速	语速控制恰当，自然流畅	2.0	1.5	1.0	0.5	
	语调	语调抑扬顿挫，富有感情，充满激情	2.0	1.5	1.0	0.5	
	规范	语言规范，语法正确，逻辑严密，形象生动	3.0	2.5	2.0	1.5	

续表

项目	内 容	评 价 标 准	等级				得分
			A	B	C	D	
神情体态 5分	神情	神情丰富自然，与说课内容吻合	2.5	2.0	1.5	1.0	
	体态	体态语言丰富得当，辅助说课效果好	2.5	2.0	1.5	1.0	
板书设计 (15分)	内容匹配	反映教学设计意图，凸显重难点，能调动学生主动性和积极性	5.0	4.0	3.0	2.0	
	构图	构思巧妙，富有创意，构图自然，形象直观，教学辅助作用显著	5.0	4.0	3.0	2.0	
	书写	书写快速流畅，字形大小适度，清楚整洁，美观大方，不写错别字	5.0	4.0	3.0	2.0	

3. 说课技能的要求

（1）知识丰富、内容娴熟、符合前沿

由于说课过程中有一个抽签的环节，这个环节对说课者而言是不可控的，是由主办单位实现、组织专家出题进行的，因此对说课者而言，事先是不知道说课内容的。换而言之，说课者必须对各类体育项目达到一个比较熟练的程度，而运动项目可谓种类繁多，篮球、足球、排球、田径、体操、乒乓球、网球等五花八门，这就要求说课者不一定对所有运动项目非常熟练，但对一些常见的运动项目要比较了解与熟悉，这样才能应变各类说课的内容，而不至于对说课内容感到陌生，导致说课的失败。同时，时代的变迁、体育课程的改革，要求说课者必须紧跟时代的步伐，运用体育新课程理念进行说课，不能停留于传统的教学理念上进行说课。

（2）条理清晰、重点突出、层次分明

说课有一定的程序，包括教材分析、学情分析、教学目标、重难点、教学流程、教学方法、教学手段、教学组织、教学评价、运动负荷与密度预计等，这些要素有一定的逻辑关系，在说课过程中，体育教师要说明其中的层次与关系，这样的说课才具有逻辑性，而不是把以上各个要素割裂起来说，各说各的，缺乏整体性与逻辑性。教学目标的制定包含了四方面的内容：身体健康目标、运动技能目标、心理与社会适应目标、运动参与目标。这是根据体育课程目标细化而成的，其中的四个目标对不同的教材也有一定的权重，如技术性较强的内容，运动技能目标就是重中之重的目标，而体能类项目，身体健康目标是重中之重目标等。此外，各个要素之间也存在一定的逻辑关系，如教材分析、学情分析是制定教学目标的基础与前提，而教学方法与手段是实现教学目标的保障，不同的教学目标，实施的方法与手段是不同的，因此要求说课者根据"教学目标"这个中心点来展开说课，如果像流水账一样，说课效果一定不是最好的。

（3）语言自如、表达准确、形象生动

在说课过程中，语言的运用是一个非常重要的因素，因为体育说课并不像上体育实践课一样，体育教师可以运用口令、动作技术等方面的特长去掩盖语言方面的劣势，体育说课必须要用语言表述的方式完成。当然，这期间也可以适当地运用一些无声的身体语言加以辅助，但总体而言，必须较为熟练地运用语言进行说课。因此，体育说课者应较为熟练地运用语言的一些技巧。首先，语言表达准确，符合专业规范，这是最基本的，如果说课者的语言表述不正确，不符合体育专业特点，那么这样的说课一定是不过关的。其次，要使说课的语言形象生动并富有情感，这方面的能力需要经过一定的培养与训练，因为并不是所有的教师都具备这方面的能力，有些教师天生语言能力就强，而有些教师语言遗传基础较差，后天学习又不努力，这样就形成了说课者语言能力的千差万别。因此，那些语言能力较差的"教师"更需要加强语言能力的锻炼，这不仅仅是要应付说课，而且更为重要的是作为一名为人师表的教师，必须过好语言关。最后，要注意语言运用的技巧，如语言使用过程中的抑扬顿挫、轻重缓急等，这些技巧可以相对地掩盖语言先天的不足，加强语言运用的效果。

（4）把控精准、展示特长、运用自如

首先，说课过程是有时间限制的，一般情况下是 8~10 分钟，也可以适当延长，这要根据实际情况而定。因此，对说课者而言，他们必须事先演练，并在时间控制条件下进行，其最好的方法是把自己说课的过程录制下来，以便在说课完毕之后观看，看看总体时间控制情况、分段时间控制情况等。这样反复几遍就可以运用自如，这样的平时操练对正式说课是非常有效的，特别是对初学者来说，他们更要加强平时的锻炼，所谓台上一分钟、台下十年功，这与体育说课的理念是相似的。其次，每一个说课者的特长不同，有的偏重讲解动作要领，有的偏重讲解教学方法等，这就要求说课者扬长避短，发挥自己的特长，把自己最好的一面展示出来。最后，不同环境下的说课，对说课者而言，其心理状态与效果是不同的，职前教师内部说课，压力较小，说课效果就好。若有教师参与其中，说课者的心理压力就会增大，有可能会产生紧张感；若是参与说课比赛，其压力又会进一步升级。总而言之，不同情境下的说课，其心理压力与效果是不同的，作为一名优秀的教师，他们应具有应对各种不同情况的说课技能，且保持较高的水平。当然，他们要具备这种素质与水平，说说容易，做起来就困难了，这就要求说课者平时经常练习，熟能生巧。

（二）说课技能的培养

1. 通过网络或现场观摩学习

在具备说课有关知识与内容的基础上，教师不要急于进行现场说课，而是可通过网络或现场观摩他人的说课，看看别人的长处与存在的问题，并把它记录下来，回去好好琢磨，这样说课水平会有很大的提高。目前，教师说课的频率还是很多的，如招聘中的说课、师范技能比赛中的说课，还有网络中也有各种资源，这些形式可以很好地利用，说课的技能可以尽快养成。

2. 个人自我训练

个人在准备说课书面稿的基础上，找个教室或在空旷的室外进行说课锻炼，也可以对镜练习。这是个人的自觉行为，也是很好的练习方式，因为此时没有评委，也没有观众，可以放松心态。

3. 结伴共同训练

几人可以作为同伴或小组进行说课锻炼，并请同学或教师进行说课点评，提出改进意见。他们还可以进行"角色扮演"，也就是说在进行说课技能训练中互相扮演"教师"和"学生"等不同角色，用类似演戏的方式来提高训练者的说课技能水平。

4. 录像自我反思

通过微格教学或在室外进行说课，自己录下说课的全过程，结束后可以多次反复地观看，发现其中的问题，也可以请他人或其他教师观看，帮助自己找出问题，扬长避短。

5. 初步实践训练

积极参加班级、学校、省市举办的教学技能大赛，还应主动参与各个地区、县市、学校的应聘，其中"说课"就是各类教学技能大赛与应聘中的重要内容之一，这些都是培养说课技能与初步实践的有效途径，若能很好利用，便可积累更多的说课经验，快速发展说课的技能。

6. 教师点评提升

要善于向不同层次的专家请教，首先是学校体育课程教师，其次是术科教师，还有向校外的专家与学者请教。这种多渠道地吸收他人指点的方式，也可快速提升自己的说课技能。

（三）说课技能的案例与水平研判及建议

1. 说课案例一："前滚翻"①

各位评委、各位老师：大家好！

今天，我说课的内容是"水平一"的教材——前滚翻。我下面将从

---

① 徐佶，张伟建.体育教师教学综合技能训练理论与实践［M］.广州：广东高等教育出版社，2016：190-193.

教材、学情、教学目标、重难点、教法、学法、教学流程、教学效果等8方面进行说课。

（1）解读教材是"关键"

"前滚翻"是二年级技巧练习的一项重要内容，也是儿童喜爱的体育活动之一，同时也是一种简单的自我保护方法。通过练习，"前滚翻"能够提升学生身体柔韧性、灵敏性，提高学生的身体协调与平衡能力，培养学生勇敢、互助的优良品质。

"前滚翻"教学共2个学时，本节课是新授课，学生以前没学过该项技术。

（2）了解学情是"基础"

本节课的教学对象是"水平一"的学生，他们具有好动、好模仿、好思考、学习新知识速度快、有较强的表现欲望等特点，但他们认知能力差，注意力不太稳定。因此，本节课我设置了趣味性较强的教学内容，来激发学生的学习欲望。

（3）明确目标是"灯塔"

教学目标。①认知目标：通过教学，学生基本了解前滚翻的动作要领。②技能目标：80%的学生能初步完成前滚翻的完整动作，进一步提升学生的柔韧性和灵敏性，提高身体的平衡能力和协调能力。③情感目标：通过同学之间保护与帮助等教学环节的设计，培养学生自主学习、团结互助的优良品质。

（4）重难点：重点是低头、团身，难点是滚动圆滑、连贯、方向正。

（5）掌握教法是"手段"

根据本课教材和学生的实际，为了更好调动学生学习的积极性，充分发挥他们的主体作用，我本着"以教师为主导，以学生为主体，以快乐为主线，以学练为宗旨"的主题思想，特采用以下几种教学方法。①情境导入法：教师创设一定的情境氛围，来激发学生参与运动的欲望。②模仿练习法：通过情景导入，学生自主模仿团身滚动的方法。③讲解示范法：用规范、优美的示范动作，精简的语言，让学生了解前滚翻动作要领。④表扬、鼓励法：对学生的行为进行表扬和鼓励，满足其张扬、自我的个性，增强学生的自信心和自豪感，让学生体验成功的乐趣。

（6）精通学法是"要领"

本节课主要采用观察法、模仿练习法、自主学练法、小组互助法等，引导学生主动去尝试、去探究，使学生养成主动学习、自主探索创新的习惯。这就为教师有的放矢地实施教学奠定了基础。

（7）梳理流程是"航线"

本节课教学程序分为三个阶段。

第一，活跃情绪阶段，这部分教学用时约7分钟。

良好的开端是成功的一半，"前滚翻"是有一定危险性的技术动作，所以课堂的开始部分，必须使每个学生的身体充分活动开，我便设计了"揪尾巴"的游戏和垫上韵律操活动，为后面的新授课打好基础。本阶段，我采用半圆形队，目的是让每一位学生与教师都能近距离地观察到对方，也为后面两人一组的练习和游戏场地的布置做好铺垫。

第二，掌握技能阶段，这部分教学用时约30分钟。

这一部分是本节课教学的核心部分，为较好完成本节课的教学任务，我依据"循序渐进"的教学原则，把这一部分分成三个层次推进教学。

层次1：导入练习3分钟

兴趣是最好的老师，为激起学生练习前滚翻的欲望，我一开始进行了情景创设：小刺猬遇到危险时是如何保护自己的呢？谁能模仿一下？（学生分别在垫子上模仿小刺猬团身滚动，教师巡视观察，请个别学生展示，引出本课教学内容——前滚翻）这样的设计打破了以往的教学模式，让学生在尝试练习中去体会动作，充分发挥了学生学习的主动性和积极性。

层次2：学练完整动作20分钟（七个环节）

①我语言诱导：刚才同学们已经模仿了小刺猬的滚翻动作，现在想一想、试一试怎样才能像它一样，顺利地滚翻过去呢？通过这种问答的方式，学生在尝试中进一步激发了学习欲望，给学生自由的空间，这就培养了学生自主学习的能力。

②我示范、讲解动作要领：同学们通过尝试，肯定想了解一个完整而又正确的动作。通过我的示范，学生对前滚翻技术动作有一个完整的概念。这一环节我特别强调：前翻时要低头含胸，用头后部着垫。

③运用儿歌进行练习：通过简单易懂的儿歌（一蹲二撑三低头，团

身滚翻像圆球）让学生提高学习的兴趣，同时掌握团身滚动的动作要领。

④保护与帮助：前后的同学两人一组进行帮助与保护（保护者一手扶肩，一手托腰背部进行帮助），设置这一环节的目的是，让学生在同伴的帮助下，进一步提高动作的完成质量，同时也培养了学生的安全意识及互帮互助的优良品德。

⑤我巡视指导：在练习过程中，我及时对不正确的动作（如身体倾斜、头顶触垫等）进行指导纠正。

⑥游戏"比谁先站稳"：通过游戏进一步激发学生的学习兴趣，引导学生学练完整动作，这无形中便提高了前滚翻的动作质量。

⑦优生展示：让做得好的同学进行展示，这一环节为学生提供展示自己才能、水平和个性的机会，提高学生的学习积极性，体现其主体地位。

层次3：情景游戏7分钟

游戏最能满足低年级学生好玩、好争的心理需求。我创设情境：小刺猬在生活中为躲避侵袭，要穿越森林中的各种障碍（用小垫子布置活动场地），障碍赛跑—钻过山洞——跨过小河，目的是充分利用现有器材，既节约了时间又增加了练习密度。游戏中前滚翻与跑步、跨越等其他技术动作相结合，既巩固了前滚翻动作要领，又增强了学生的综合素质，还活跃了课堂气氛。

第三，恢复身心阶段，这部分教学用时约3分钟。孩子们坐在垫子上，在舒缓的音乐声中，进行全身心的放松。师生展开情感交流，既达到了恢复身心的目的，又体现了和谐、民主的师生关系。

最后组织学生收放器材，宣布下课。

（8）达到效果是"彼岸"

这样的设计使课堂教学在轻松、和谐、愉快的环境中进行，让学生在不知不觉中掌握前滚翻的动作要领，并能圆滑连贯地滚翻，在活动中促进学生身心协调发展，同时培养了学生自主探究、团结互助的精神，使本节课三维目标得以实现，从而更好地完成了教学任务。

2. 说课案例—水平研判

（1）说课内容比较全面，从教材、学情、目标、教法、学法、过程、效果等7方面展开。（2）比较具体地说明了教学环节设计的目的。（3）教材分析、学情分析内容过于简单。（4）教学目标存在主体混淆等问题。

3. 说课案例一水平提升建议

（1）明确说课对象。建议直接将说课对象确定为二年级，并且标明具体人数。（2）建议在教材分析时，增加单元分析，增加教材与生活关联性的分析。（3）在学情分析中，增加学生的认知、身体素质、运动技能等方面的分析，同时建议增加班级学风、班风的分析。

4. 说课案例二：行进间体前变向换手运球

各位评委：下午好！今天我说课的内容是篮球行进间体前变向换手运球，我将从以下几方面进行说课。

（1）指导思想

本节课以《义务教育体育与健康课程标准（2022年版）》为依据，以发展学生的核心素养为目标，以学生发展为中心，注重学生学习需求，培养学生篮球运动兴趣。根据浙江省体育课堂四化转型要求，我着重以"学练三个一"为核心构建课堂结构化模式，形成"学、练、赛、评"一体化教学。本节课通过小组化的教学组织形式、问题链的学习引导，创设情景和任务的教学方式，考虑个体差异，设置层次性任务和评价标准，保证每位学生都能获得成就感，促使学生养成积极参与、勤于思考、敢于拼搏、团结合作的精神。

（2）教材分析

本节课教材为《浙江省中小学体育与健康课程指导纲要》（以下简称《纲要》）限选球类内容。根据《纲要》，三个维度构建运球技术及运用大单元，共16课时，本节课为第2课时。篮球行进间体前变向换手运球是篮球运动中最常用的基本技术之一，是全队进攻的重要手段，是更好地学习各种技术的基础。它是利用快速变向，摆脱防守队员的一种运球方式。通过课堂的学练能发展学生的灵敏、协调、速度等体能。在比赛运用中培养学生的规则意识，培养勇敢拼搏、团结合作的精神。其中关键的问题是降低重心，侧身压肩、快速突破连贯动作。

（3）学情分析

本节课教学对象为八年级学生，班级内共32名学生，男生16名、女生16名，将之分成4组，每组8人。该年龄阶段的男生喜欢挑战性、对抗性的项目，但女生对此兴趣不大，因此需要设置新颖且分层练习的方法，鼓励女生积极参与。

八年级学生通过七年级的学习，对篮球的运球、传球、投篮有一定的基础。通过第一课时的学习，他们初步掌握篮球行进间体前变向换手技术，但依然存在重心过高、侧身压肩不明显、变向加速慢的问题。本节课基于学练三个一的教学策略设计，使用复习课的形式，让学生进一步巩固进行间体前变向运球。通过小组的任务学练，我针对地进行指导，使学生能够积极学练，在小组内互帮互助，提高行进间体前变向运球的能力。

（4）教学目标

①认知目标：能说出体前换手运球动作要领以及练习方法，了解进攻方式。②技能目标：在多种形式体前变向换手运球学练、在消极或积极防守情境下的运球突破投篮得分比赛中做出行进间体前变向运球动作，表现出变向时降重心，侧身压肩护球，变向后加速起动连贯动作。③情感目标：在学练中表现出积极学练、遵守规则、团队合作的精神。

（5）教法和学法

根据运动技能形成的规律和学生身心发展特点安排教法和学法。

①教法：直观法（播放视频）、示范与讲解、启发式教学（提问法）、情境教学、分层教学、精准评价教学。②学法：观察法、模仿法、小组合作、探究、比赛法。

（6）教学流程

①准备部分（10分钟）

安排了课堂常规—队列队形（四面转法）—热身绕篮球场边慢跑边运球—一般性准备活动（拨球、左右拉球、腰部绕球、胯下绕"8"字）—专门性准备活动（左右手体验不同节奏运球）

通过课堂常规了解学生的出勤率，安排见习生进行安全教育，学生了解本节课教学内容，知道展板中的学练目标、任务并完成评价，建立正常教学秩序，进行思想品德教育。通过队列队形，教授学生正确身体姿势，提高纪律性、专注力。通过热身、一般性准备活动和专门性准备活动，为学生进入活动做好生理和心理上的准备，提高球性，并预防和减少运动损伤的发生。

②基本部分（25分钟）

通过观看CBA篮球比赛片段，我提问：在篮球比赛中，如何使用体前变向运球摆脱防守人？在进攻中运用体前变向后，有哪几种得分方式？

目的：建立篮球体前变向运球动作表象，为比赛打下基础。

引导小组长带领组员认真细读任务单并完成以下几组练习。

其一，单一身体练习。练习一，原地体前变向换手运球。方法：不同距离侧身变向后空余手触碰低障碍物。练习二，分层任务。女生：行进间体前变向过十字标志杆。方法：学生分别站立与"十字"标志杆相距4米处，同时出发过杆交换位置。男生：两人一组，一人消极防守（两手放于后背），一人体前变向换手后运球过4米线。（男生）目的：让学生学会降重心、侧身压肩动作。

教法：引导小组长带领组员认真细读任务单并完成任务，当学生练习时，我巡回观察，并对小组或个别同学集中指导，我用"大拇指"贴及时评价完成任务质量好的学生，并追问降低重心有什么好处，侧身压肩的目的是什么，让优秀学生在小组内或其他弱小组内进行展示。

学法：小组根据任务单学习目标和要求进行练习并思考问题：人与标志杆或防守之间保持何种身体姿态护好球，同时快速变向突破？

评价：运动能力评价（自评：成功完成次数达到任务目标；小组评价：小组成功完成的次数达到任务目标），健康行为评价（互评：积极心态参与学练贴"大拇指"），体育品德评价（同伴间相互合作）。

其二，组合练习：进行间体前变向+投篮。方法：两名学生为一组，一位学生在做消极防守（两手放于后背）或积极防守，一位学生练习进行间体前变向运球突破上篮，两人互换角色。学生根据能力选择防守难度。目的：通过练习提升学生体前换手运球快速变向突破能力以及组合运用进攻能力。

教法：引导小组长带领组员认真细读任务单并完成任务，当学生练习时，我巡回观察并对个别同学进行指导，我语言激励，鼓励学生并用"大拇指"贴及时评价质量完成好的学生，让其在小组内或其他弱小组内进行展示。

学法：小组根据任务单要求边练习并思考问题："与防守人保持何种距离突破成功率高？"

评价：运动能力（自评：成功突破次数达到任务目标；小组评价：小组成功突破次数达到任务目标），健康行为（互评：积极心态参与学练贴"大拇指"），体育品德（敢于拼搏）。

其三，比赛，时间5分钟。每个小组分成两队，每队4人，进行4V4比赛，女生采用消极防守，男生采用积极防守。比赛中，运用体前变向突破防守投篮的学生可以加2分，同时投中4个篮筐中的任何一个再加2分，体前变向后把球传给同伴加1分。目的：把所学技术运用到比赛中，提高个人突破防守能力，培养学生合作意识和规则意识。

评价：运动能力（分数最高小组获胜）、健康行为（积极心态参与比赛）、体育品德（团结合作）。

其四，体能练习。本次体能练习结合篮球的核心力量，跟着Tabata音乐，20秒练习、10秒间歇，4分钟为1组。教法：我边示范边用语言提示每个动作、要求。学法：模仿练习。目的：一物多用，激发学生学习兴趣，有效增强学生力量，提高协调等身体素质。

③结束部分（5分钟）：用亚运歌曲《同爱同在》进行拉伸放松，时间安排3分钟，组织学生围成一个圈，随着音乐练习，提高趣味性，同时使学生的生理、心理都得到放松。总结：让学生回顾本节课的教学重难点，提出课后要求。回收器材：培养学生学会整理器材、爱护器材的好习惯，达到育人的目的。

（7）教学亮点

本节课体现了新课标理念下体育课堂教学内容结构化、组织小组化、教学问题化、评价精准化的新样态，语言启发激励，教态亲切自然，氛围平等和谐，课堂清晰流畅。①通过学练三个一，从单一到复杂，学生在真实情境中能够将单一的行进间体前变向运球迁移到复杂对抗的实战运用中，促进学生行进间体前变向运球的技术提升，实现知识技术的迁移和运用，为整体性学生篮球项目打下了基础。②通过异质分组，对有困难的小组进行个别化或集中讲解，邀请优秀学生在本组内或去其他组展示，其余小组则持续练习，缩短了讲解时间，保证课堂密度。③本节课中引入问题式教学，引导学生带着问题学练和思考，促进学生始终保持探究和求索的心态。培养学生分析问题、解决问题的能力。④本课中利用展板形式展示教学目标和任务的完成情况，自评和小组长评价采用结果性评价，我和同伴采用"大拇指"贴进行表现性评价，评价形式可视化、多元、多维。⑤本课采用不同远度、高度触碰障碍物，采用"十字"标志杆的新颖器材激发女生参与的积极性。通过分层任务，保证每位学生都能获得成就感。

（8）预计课的效果：

学生能在我的指导下、小组长的带领下认真参与各个练习，课堂气氛活跃，师生感情融洽。预计课的练习密度为55%以上，学生平均心率达到130~140次/分。学生既出汗又脸带微笑，身心健康全面发展。

场地与器材：场地包括篮球场一片；器材包括篮球33个、障碍物32个、"十字"标志杆16个、铁丝篮球筐8个。

我的说课到此结束，谢谢各位评委老师的聆听！

5. 说课案例二水平研判

（1）该说课稿充分体现了浙江中小学体育教学特色。围绕浙江省中小学体育课堂转型要求，根据浙江省提倡的"学练三个一"的结构化教学范式，该说课结合"学、练、赛、评"展开教与学活动。（2）说课内容全面、具体。在教学环节中，该说课不仅说明练习名称、练习方法、练习要求、练习目的、教法和学法，还说明该环节所要解决的问题和具体的评价方法。（3）教材分析和学情分析过于简单。教材分析中的单元分析，只指出是第2课时，没有具体分析课时前后的具体情况。学情分析中缺少对学生认知、身体素质、相应运动技能的具体分析。

6. 说课案例二水平提升建议

（1）建议结合学生的具体学情，结合体前变身换手运球的作用、特点、运用意义等进行具体的分析。（2）适当删除说课内容，特别是前后重复内容，保证在规定时间内完成说课任务。

二、模拟上课技能及其培养

（一）模拟上课技能

1. 模拟上课技能的概念

首先，模拟上课与说课不同，说课要说明教材的内容、地位、教学目标、重难点，不仅要说出"怎样教"，还要说清"为什么这样教"，而模拟上课是说课的延伸和补充，选取说课"教学流程"中的每一个环节，把它具体化，并通过模拟上课的形式表现出来。其次，模拟上课与真实上课有以下三个区别。（1）"模拟上课"与"真实上课"不同，没有学生的直接参与，也就是说，整个过程都是教师自导自演。（2）"模拟上课"选取了上课过程中的某个片段或某些环节，并不是整节课的全部。（3）"模拟上课"可以有针对性地精选片段，运用自身最擅长的特点来表现自己。理论课不是体育教学的重心，因此理论模拟上课在此处不再论述。

"模拟上课技能"是指体育教师在没有学生的场合下，在规定的时间内选择课中的某一环节或某些片段，运用模拟上课的方式在向评委展示的过程中表现出来的一种较为稳定的教学行为。

2. 模拟上课技能实施步骤与方法

（1）确定模拟上课内容

（2）准备"模拟上课"稿

①根据整节课的教学设计，根据自身的特长，有针对性地选择某个环节或某些片段进行细化设计，如教师口令较好，那么宜选择开始部分或准备活动部分进行模拟，如果教师讲解运动技术水平较高，那么宜选择课堂基本部分的运动技术讲解。②在考虑某些片段的同时，要兼顾体育教师的各种技能，如口令、队伍调动、讲解、示范、保护帮助、教师指导与表扬等。

（3）现场展示（10 分钟左右）

按照事先设计的流程进行现场演示。

3. 模拟上课技能的要求

（1）迅速进入角色，找准身份，自编自演

模拟上课与说课不同，说课主要是运用语言技巧，而模拟上课是没有学生的课。其实模拟上课与真正的上课有较大的差异，真实的上课由于存在众多的学生，教师上课期间在与学生的交流中可以缓解心理的紧张感，而模拟上课不同，下面坐着的是教师、专家、校长等，这在无形之中会为模拟上课者带来不小的压力。因此，这要求模拟上课者不受现场的影响与干扰，迅速进入角色，实现自编自导。当然，能否快速进入角色，这要看模拟上课者的基本素质，有的人善于"演戏"与"展示自我"，那么他/她就能很快进入模拟教师的角色中，进行自编自导，而有的人不擅长"展示自己"，平时性格较为内向，这就为模拟上课带来了不少的困难。以上现象都是非常正常的，关键在于要认清自己的水平、看准自己的能力，并力求更上一层楼，好上加好。

（2）快速调动情绪，富有激情，能感染评委

如前文所述，说课者要面对不同的条件与情况，模拟上课也是如此。面

对不同的情景，其压力各有不同，作为一名较为熟练的模拟上课者，需要面对不同的情景进行磨炼，快速调整好自己的情绪，无论是面对权威人士还是同事或学生，都要具备一颗平常心，当然要做到这样的心态，并非一朝一夕的事，需要不断地锻炼与积累。同时，一个自导自演的模拟上课者面对任何场景，都需要主动调动自己的情绪，使自己富有激情，这样才能感染周围的人，而不是被动应付，或者萎靡不振，让人一看就知道精神状态不佳，其结果也就可想而知了。另外，模拟上课时，模拟上课者的情绪要稳定，不要因为某些细化没有做好就影响自己的情绪，而要善于掩盖自己的某些过失或及时控制自己的情绪，把最好的一面展示出来。

（3）合理把握时间，在规定时间内完成模拟上课

模拟上课的时间与说课时间差不多，需要控制在 10 分钟左右，要控制在规定的时间内，需要演示者在平时多练习、多锻炼，这样才能收放自如，恰到好处。模拟上课时间过短，会影响模拟上课的效果，时间超时则不符合规定。最好的方法是对自己的模拟上课过程进行全程录像，事后通过观看录像进行指点，也可请他人进行指点，自己反思每一个环节及细节，从中总结经验与不足。

（4）体现充分自信，灵活运用语言、口令、手势、姿态

模拟上课与说课不同的是，说课主要运用语言，而模拟上课主要模仿上课的片段进行"实质性的上课"，所以模拟上课者需要运用口令、手势、动作示范、动作讲解等。在这个过程中，模拟上课者首先需要建立良好的自信心，充满热情。其次，在良好运用身体动作的情况下，辅助运用口令、手势、身体姿态等，这些辅助手段如果运用得好，则可以对模拟上课起到推波助澜的作用，如果运用不当，那么就会影响模拟上课的效果。

4. 说课技能范式

（1）常规课说课模板

各位老师，大家好！我叫林××，我说课的内容是……

我接下来从以下几方面分别阐述。①说教材。②说学情。③说目标。④说教法。⑤说学法。⑥说流程。⑦说学生身心状态预计。⑧说场地与器材设计。

（2）经过改造之后的简洁说课

各位老师，大家好！我叫蔡××，我说课的内容是……

我下面针对三方面逐个进行讲述：①结合学情"说"教学内容的重

难点；②结合教学内容"说"教学目标；③结合教学目标"说"教学设计与教学步骤。

（二）模拟上课技能的培养

1. 知识学习法

了解和学习说课与模拟上课的基本知识、过程与方法，为发展说课与模拟上课的技能打好基础。

2. 个人练习法

积极准备说课与模拟上课稿，找个教室或在空旷的室外进行说课与模拟上课锻炼。

3. 小组锻炼法

同伴或小组进行说课与模拟上课锻炼，请同学进行点评，提出改进意见，必要时请教师进行点评或在教师指导下进行说课与模拟上课。

4. 微格训练法

美国教育学博士德瓦特·爱伦（Dwight W. Allen）认为："微格教学是一个缩小了的、可控制的教学环境，它使准备成为或已经是教师的人有可能集中掌握某一特定的教学技能和教学内容。"微格教学在我国被译为"微型教学""微观教学""小型教学"等，它是一种利用现代化教学技术手段来培训学生教学技能的系统方法。微格教学是在微型教室中进行的，小教室安装了现场录像设备，可以录制学生说课或模拟上课过程中的每一个动作、表情、姿态、语言运用等。教师通过微格教学进行说课与模拟上课，对说课与模拟上课的全程录像，进行自我剖解或请同学观看录像找出问题，也可以请教师长，指出问题，提出建议。

5. 竞赛活动法

在师范教学技能比赛中，说课与模拟上课是一项必不可少的内容，因此要积极参加班级、学校、省市、全国举办的教学技能大赛，来不断提高说课与模拟上课的技能。

6. 招聘锻炼法

许多地市教育局招聘采用了说课与模拟上课的形式，因此应事先充分准备，主动积极参与各个地区、县市、学校的应聘，积累说课与模拟上课的经验，不断提高说课与模拟上课的技能。

（三）模拟上课技能案例与水平研判及建议

1. 模拟上课案例一：接力跑交接棒练习方法

　　各位评委老师上午好，我是 1 号选手，本节课我要试讲的题目是七年级接力跑交接棒练习方法 1：交接棒。本节课的目标是能说出正确的交接棒时机，在快速奔跑过程中交接棒时机准确，动作流畅，同时提高学生团结合作的意识和团队协作的能力。本节课的关键问题是交接棒稳定，时机准确。现在开始我的试讲。

　　集合，向右看齐，向前看，各排报数，全员到齐。

　　同学们，我们上节课学习了接力跑的交接棒手型并在慢跑中完成了交接棒，本节课我们继续深入学习接力跑，让同学们能在快速奔跑时完成交接棒，同学们想不想试试？

　　老师下面带大家玩个游戏，游戏名称是"锣鼓喧天"。我们以每路纵队为一组，最后一名同学手持接力棒，运用下压式传接棒向前传递，传递到第一名同学手中后，第一名同学拿棒向前跑，跑到鼓前完成一次敲击，然后返回到队尾再次重复，看看哪一小组率先完成交接。

　　通过刚刚的热身，大家已经微微出汗了，老师接下来给大家一点时间进行小组讨论，谈谈你认为两人之间应该怎么配合才更容易取得好成绩。讨论完毕后，小组实践一分钟，开始。

　　同学们，时间到。通过老师的观察，老师发现这一小组做得很好，我们请他们上来示范，同学们能不能说说他们是怎么顺畅交接的？（两人在交接棒的过程中有一段平跑距离，交棒同学在距离接棒人两臂距离时喊接，接棒人手臂稳定，掌心向上）回答得很好，下面看老师和体委做个示范。

　　现在开始第一个练习，行进间高抬腿跑+交接棒的练习。要求同学们在练习过程中保持手型的稳定，同伴之间相互指正，练习时间 5 分钟。开始练习（接棒时肘关节伸直，肩膀用力夹紧，保持手的稳定。这位交棒的同学喊完接后，等接棒同学手型稳定再下压给棒，不要太着急）。

　　通过刚刚的练习，大部分同学已经能做到手型稳定了，我们下面进行第二个练习：快速跑+交接棒。要求同学们在练习的过程中思考，怎样的交接时机才是最合适的？练习时间 5 分钟，开始（当后面同学比前面同学快的时候，可以适当减少平跑距离，保证交接顺利。小组：很多掉棒现象，是因为没有控制好平跑的距离，只要在 30 米接力区内完成交接棒就可以）。

通过老师的巡回观察，老师发现这一组做得很好，请他们做个示范，能否告诉我他们是怎么做到交接如此顺畅的？（接棒同学手型稳定，交棒同学距离 2~3 臂喊接，找准了接棒时机）回答得真不错。

我们接下来进行第三个练习：两人一组弯道跑+交接棒。要求同学们找到最佳的交接棒时机，做到交接动作流畅，练习 5 分钟（这位同学你的手臂保持得很稳定，但是注意掌心是向上而不是向后的，弯道跑时注意不要踩线，身体稍向内倾斜完成弯道跑）。

通过今天的几个练习，大家已经基本能找到最佳的平跑距离了，下面进行 4×100 米接力赛，看看哪组同学可以夺得第一名。同学们有没有信心？（各就位预备跑，第一小组交接棒非常顺利，第二组紧随其后，注意不要掉棒，最后一棒冲刺）

刚刚的比赛真的是太激烈了，恭喜第一小组率先冲过终点，获得我们今天的接力之王称号，掌声恭喜他们。

我的模拟上课到此结束，谢谢！

2. 模拟上课案例一的水平研判

（1）基本呈现出日常体育课堂教学样态。（2）学练步骤比较清晰，从易到难，逐步提高练习难度。（3）练习形式多样：高抬腿跑+交接棒、快速跑+交接棒、弯道跑+交接棒、接力比赛等，从而提高了学生练习的兴趣。（4）教学目标描述不太规范。例如，目标描述中的主体不清，"能说出正确的交接棒时机，……"中的主体是学生，"同时提高学生团结合作的意识和团队协作的能力"的主体是教师。（5）以"锣鼓喧天"游戏为热身是否妥当，值得商榷。（6）学练环节仅陈述学练名称和时间要求，无具体的教与学的内容。（7）4×100 米接力赛，参与比赛的人数少，耗时多。

3. 模拟上课案例一的水平提升建议

（1）教学设计需加强，教学设计是模拟上课高质量的基础。（2）每一学练步骤，需向学生讲清楚练习的名称、练习的目的和练习的要求。（3）强化讲解技能和示范技能。针对每一步骤的练习目的设计针对性的讲解语言。示范前须让学生明白观察什么、了解什么。

4. 模拟上课案例二：脚内侧传球

各位评委好，我是××，我今天模拟上课的题目是七年级足球脚内侧传球，本次课为足球脚内侧传球第 1 课时。现在开始我的试讲。

同学们集合，体委整队，很好，都到齐了！

同学们好！这节课我们将进行足球脚内侧传球的学习。

首先，大家跟着老师进行热身跑，在热身跑的过程中老师会加上各种动作练习，特别是听到哨声后，老师有特别的要求，要求同学们 2 人一组按老师的要求完成身体不同部位的停球游戏，大家听明白没？很好，那我们开始了，全体向右转，一路纵队，第一排排头跟着老师，跑步走！"一二一"，后面各排跟上，"一二一"，很好，都跟上了！排头继续跑，沿着老师布置好的长方形场地跑。很好，大家不要停，边跑边跟着老师做动作。高踢腿，"一二""一二"，哨声，"脚底"，很好，大家还记得老师的要求。队伍还原，继续跑，盘腿踢，"一二""一二"，哨声，"膝盖"，难度增加了，看大家还能不能做到，大家做得很不错，我们继续跑，侧滑步，"一二""一二"，哨声，"臀部"，很好，大家反应很快，接下来难度来了哦！队伍还原，后踢腿，"一二""一二"，哨声，"头"，很棒，大家的反应速度非常快。好，队伍还原，齐步走，"一二一"立定。大家看一下脚下，老师事先给安排了点位，请大家稍作调整，非常好。

我们开始足球脚内侧传球的学习。有没有同学知道哪里是脚内侧？有同学说"这里"，很好，我们用手去拍一下"这里"，老师现在拿出小贴纸贴到上面，我们今天就用"这里"传球。接下来，老师示范讲解动作要领：①助跑，我们踢球始终要保持一个跑动的状态；②上步支撑，左脚立于球的左侧 15 厘米处，脚尖指向出球方向，膝盖微屈，保持弹性；③摆动腿提膝，外展，勾脚尖，脚内侧下压，小腿主动发力配合大腿呈钟摆式摆动，脚底和地面平行，最后用脚内侧将球踢出，摆动腿上步缓冲。同学们看明白了吗？

我们进行第一个练习：无球练习。

首先，我们做支撑腿上步支撑练习，跑动，支撑，很好，每人练习 5 次。

接下来，我们加上摆动腿踢球，助跑，支撑，摆动踢球，上步缓冲，很好，每人练习 5 次。

　　注意了，红队和黄队不动，蓝队和绿队每人拿一球站到红、黄两队前面，2 人一组，听明白没，行动！很好，同学们很聪明。

　　我们进行第二个练习：踢固定球练习。看老师怎么做，体委出列，体委和我配合完成练习，一人用脚底将球踩住，另一人做上步踢球练习，力度要适中，重点注意贴纸部位触球，摆腿协调。体委归队，请同学们开始练习。

　　刚刚的练习，我发现了几个问题：第一个是左脚支撑位置不准；第二个是摆动腿，注意小腿主动发力，摆动要顺畅；第三个是没勾脚尖，脚内侧没下压，触球部位不准。请同学们在接下来的练习中注意，有问题举手，老师会过来指导，开始练习。

　　我们同学现在做得比刚才好多了，非常好！

　　哨声，注意红、黄两队不动，蓝、绿两队向后 3 步走，"一二三"，很好！

　　接下来，我们进行第三个练习：短距离传球。一个同学传球，另一个同学将球停住后传回，停球动作不做要求，如我们可以将球踩停。开始练习！

　　很好，同学们掌握得很快，红、黄两队同学再向后 2 步走，"一二"，我们增加距离继续练习，看看距离增加了准确度有无下降。开始练习。

　　接下来，我们进行组合练习："8" 字跑传球。

　　我们增加点跑动，相邻 2 组同学组成一组，传球同学将球传出后跑到对面同学身后再次准备，同样接球同学停球后将球回传并跑到对方身后准备，依次循环，明白了吗？很好，我们开始练习。加油！

　　同学们掌握的程度远远超过老师的预期，我们接下来要进行一个小比赛：攻破堡垒。

　　老师在场地里布置了 4 块区域，放置了 4 个球门，A 点同学接到 B 点同学的传球后将球用脚内侧传球的方法，将球传进球门，注意力度不宜过大，不管球进不进，都将球捡回，排到 B 点准备，下一个同学再出发。在规定时间内，进球多者获胜，请排头带队到指定地点准备，计时 3 分钟，预备，开始！哨声。最后，红队进球多获胜，大家掌声祝贺！

　　调动队伍收回器材：哨声，集合收球，将球放进球筐里，放完后还原成 4 列横队体操队形。两手侧平举。队形拉开，"一二一"，立定，手放下。

接下来，我们跟着音乐进行核心力量的练习，第一项平板撑，第二项仰卧两头起，第三项两点侧支撑，第四项波比跳，每队做一项，4 组各不同，一段音乐结束后按顺序变换。音乐起为开始，练习时间为 30 秒，休息 10 秒后换音乐同时换动作。

集体先进行平板撑练习，加油！

休息下，仰卧两头起开始。注意动作！别松懈！

好！大家都很努力，边放松边休息。我们接下来两点侧支撑！坚持！咬咬牙，好！

最后一个体能练习，是什么？对！波比跳！

哨声，我们做一下放松牵拉，跟着老师做。

哨声，全体起立，向右看齐，向前看，我们今天学习了足球脚内侧传球，大家学得很认真，也学得很快，但是要踢好足球，单靠课上的时间是远远不够的，所以请同学们课后多加练习，最后，给自己今天的表现一点掌声！

同学们再见！下课。

我的模拟上课到此结束，谢谢各位评委！敬请批评指正！

5. 模拟上课案例二的水平研判

（1）该案例详尽地描述了教师在课堂中的一系列言语，完整地呈现了课堂教学的全过程。（2）该案例反映了该教师扎实的基本功（讲解、示范等）和课堂的把控能力（队伍组织调动、语言激励等）。（3）教学设计合理，从单一身体练习（无球练习、踢固定球、短距离传球）到组合练习（"8"字跑传球），再到比赛（攻破堡垒），充分体现了教学内容的结构化。（4）每一个学练环节缺少相应的评价内容。

6. 模拟上课案例二的水平提升建议

（1）动作示范前，告知学生具体的观察内容和要求。（2）加强学生间的互动，特别是相互间的观察与纠错。（3）增加每一学练环节的问题设计，以问题为引导，通过师生、生生间的共同努力解决问题，使学生在掌握运动技能的同时知其所以然。（4）加强评价设计，使学生知道自己在每一环节中的学习成果。

第六章

课中实践性体育教学技能及其培养

调查结果发现，职前体育教师课堂语言的运用存在较多问题，如讲解的时间较长、语言不简练，废话、重复性的语言过多，艺术性较差，语言缺乏连贯性，语言口语化现象较严重等。因此，提高职前体育教师讲解技巧与能力是当前一个有关职前体育教师教学技能的重要问题。其他学科教学中也需要教师的讲解，但体育学科的讲解具有较大的特殊性，需要贯彻"精讲多练"的原则，即讲解要在不能耗费太多的时间的基础上，提高讲解的效果。因此，在体育课堂教学中，教师的讲解应遵循一般学科教师讲解的原则，还要符合体育学科教学中的一些基本要求，才能达成体育课堂教学教师讲解的目标与效果，这就是不断提升体育教师讲解水平与技能的过程。

一、运动技术讲解技能及其培养

（一）运动技术讲解技能

运动技术讲解属于体育教师语言运用的一种方法，教科书中有关讲解的概念是："教师给学生说明教学目标、动作（练习）名称、动作要领、动作方法、规则与要求等，指导学生进行运动技能的学习，掌握运动技能的方法。"因而，运动技术讲解的内涵是通过教师简洁有效地讲述动作结构、原理、要领、方法，使学生对运动技术的概念与表象有一个准确而清晰的认知和感性理解。

在体育课堂教学中，教师需要讲解的内容很多，包括与其他学科教学共性的内容，如课堂纪律方面的要求、管理方面的要求、师生交往方面的内容、交代任务与要求、提出目标、交换意见等。体育教学也有与其他学科教学不同的内容，如运动技术的要领、原理与方法，运动健康知识，安全卫生知识等等。本书重点谈论有关运动技术讲解的特殊性与运动技术讲解的技能，即主要是指体育教师讲述动作结构、原理、要领、方法、技巧、途径等与运动技术讲解有关的技能要求。

"运动技术讲解技能"是指体育教师在向学生讲解运动技术结构、原理、重难点等过程中所表现出来的一种较为熟练的教学行为方式。

（二）关注运动技术讲解技能的意义

1. 缩短讲解时间，提高讲解效率

体育教学必须遵守精讲多练的原则，否则短短 40 分钟左右的课堂教学就会造成极大的浪费，因此体育教师必须力争有效利用课堂教学的每一分钟，要把每一分钟都运用到发展学生体能与掌握运动技术上，这样才能提高体育课堂教学质量。在体育课堂教学各个环节中，讲解是一个必不可少的环节，它的主要作用在于让学生学懂运动技术原理、方法、技术细节等，但讲解也是最费时的环节，如果没有很好地利用，它则成为无效且无奈的不合理环节。青年教师不明白这个道理，总是把课本的一套搬到体育课堂中，喋喋不休，总担心学生听不懂，反反复复、不厌其烦地讲解技术原理，造成时间的浪费。关注体育课堂运动技术讲解技能，有助于教师讲解技能的发展，缩短讲解时间，提高讲解的效率。

2. 帮助学生更好地理解教材

学生在体育学习过程中，并不是教师讲得越多，学生就越能理解，因为运动技术讲解与其他学科知识的讲解不同，讲得再多也不如演示一遍更让学生明白，但是在演示完运动技术之后，讲解又是不可缺失的。因此，我们在讲解时就要注意讲解的内容、策略与方法，如讲解的内容要精当，符合专业化特点，讲解的时机要把握得当等，这样做的目的在于很好地把握讲解技能，最终让学生在最短的时间内更好地理解教材内容。

3. 提升体育教师讲解技能

教师的讲解技能并不是天生就会的，也不是一蹴而就的，而是需要一个渐进的过程。体育教师讲解技能的发展也是遵循这个规律，在体育教师入职前的科班学习过程中，如何讲解也是他们的必修课，他们通过初期的锻炼，学习课程教师们的讲解方法与技巧，学得了一些初步的知识与方法，加之一些实践类课程的磨炼，如演讲、微格教学、说课、模拟上课、2 个多月的实习等，使他们的技能有了一定程度的提高。

（三）运动技术讲解技能要求

如何对体育教师的运动技术讲解技能进行评定呢？目前，我们还没有一个统一的标准，当然这个标准需不需要构建也是一个问题，有的教师可能认为每一位教师的特点不同，讲解的特色应各有不同。基于目前没有较为统一的标准，本书论述其要求。

表6-1　运动技术讲解技能要求一览表

运动技术讲解要点	技能形成的标准或基本要求
讲解内容	正确、生动、形象、重点突出，具有启发性、逻辑性、层次性、条理性
讲解难度	符合学生年龄的特点和各层次学生的知识水平
讲解语言	普通话标准、口齿清晰、文字精练、语言口诀化
讲解速度、频率	抑扬顿挫、语速适中、富有节奏感，讲解语言力度适中、声音适中
讲解形式	灵活运用各种讲解的形式：口头讲解、结合图示讲解、结合教学模型讲解；全面讲述、片段讲解、集中讲解、语言提示、个别辅导
讲解时机	灵活选择各种讲解的时机：练习前讲解、练习过程讲解、练习后讲解
讲解的量	贯彻精讲多练原则，根据不同类型的课区别对待：新授课、复习课、考核课等
讲解的语气	和蔼可亲、循循善诱、态度和蔼，严格而不过分，活泼而不放任，温和而不做作
讲解的场合	背风、背光、背干扰，注意学生的队形、师生空间距离等
讲解与其他形式的结合	灵活运用讲解与各种形式的结合： ①与示范的结合：边示范边讲解、先讲解后示范、先示范后讲解等； ②与图示的结合：先看图示后讲解，边看图示边讲解，看完图示再讲解等； ③与示范模型的结合：先演示后讲解、边演示边讲解、先讲解后演示等

讲解是通过教师简洁有效地讲述动作结构、原理、要领、方法，使学生有一个准确的动作概念认知。讲解与示范同等重要，它也是体育教师在课堂教学中最为基本的能力之一，讲解法是一种体育教师语言法，而讲解动作要领又是讲解法中的一个内容，此外，还有讲解组织队形、讲解上课意图等。

（四）运动技术讲解技能的培养

1. 观察学习

体育专业的学生可以在各类术科教学中有意识地观察术科教师或网络视频中教师动作要领讲解的技巧，特别是名人、名师、优秀教师、特级教师的语言运用、词语准确性与合理性、语言表述技巧、语言抑扬顿挫等很值得模仿与学习。在职教师要经常钻研教材教法，领会运动技术的重难点，还可以针对自己讲解技能的薄弱环节，在各类教研活动中学习他人的经验与长处，不断提高自身的运动技术讲解水平。

2. 个人或小组练习

体育专业学生可以选择一个空旷的地方或面对镜子，大声讲解事先准备的运动技术要领，这个方法较简便，干扰因素较少，适合每一个人。除了个人练习法，还可以组成二人或多人小组进行动作要领的讲解练习，它主要是起到相互学习、相互提示、相互提高的作用。在有可能的情况下，我们还可以邀请老教师或专家进行点评。这些练习活动可以较为迅速地提高职前、职后教师的运动技术讲解水平。

3. 讲解口诀收集

运动技术讲解的口诀化是基于其语言简练、朗朗上口等特点，起到节省教师讲解时间、便于学生记忆、突出运动技术重点等方面的作用。据统计，目前在教科书上和网络上的口诀化运动技术已有很多，教师们可以把它们收集起来以作教学之用，有些没有口诀的运动技术，也可以自编，这样就可以在教学实践中具备丰富的讲解口诀资源，并可以在教学实践中经常运用，不断提升自己的讲解技能。

4. 体育基本功考核与竞赛

在各类体育基本功与竞赛考核中，运动技术讲解是重要的考核内容之一。所以，体育专业学生或在职教师都要积极做好前期的准备工作，以便在基本功考核与竞赛中取得好成绩。基本功考核与竞赛也可以对职前学生或在职教师的运动技术讲解技能做出一个较为准确的评判，对一些技能表现突出的教师，可以起到示范与榜样的作用，对一些达不到技能要求的教师，提出改进意见，来弥补其运动技术讲解技能的不足。

5. 师徒结对训练

体育专业学生可在微格教学、教育见习、教学实习等实践过程中，经常观察他人的讲解、学习他人的长处与经验，锻炼自己的讲解技术，发现自己的不足，并在指导教师的帮助下不断提高讲解的水平和技能。有条件的学生或教师可以采用师徒结对的方式，运用一对一、一对二、一对三的形式，进行师徒之间的训练与交流，提高讲解技能。

6. 网络交流法

网络是个重要的学习场所，随着人们生活水平的提高，网络交流已成为一种重要的交流方式。目前，体育教师网络交流的平台已逐渐增多，这些平台可为教师提供定期交流、咨询交流、自由交流的空间，为提高各类教学技能提供了便利和可能。对运动技术讲解技能而言，一方面可以通过网络寻找资料；另一方面，可以交流运动技术讲解方面的体会，咨询问题，交流讲解经验等，来提高体育教师的体育说课、运动技术讲解，甚至演讲水平。

（五）运动技术讲解技能案例与水平研判

1. 运动技术讲解案例一：远撑前滚翻

某教师的远撑前滚翻动作要领讲解记录：我们今天第二个游戏，俯卧擂台：以俯卧撑的姿势进行石头、剪刀、布，输的人做一个前滚翻。老师相信大家热身都做得非常充分了，那就进入第一个练习环节，站立前滚翻。同学们在做练习的时候注意低头含胸。同学们都完成得非常好，我们接下来进入30厘米远撑前滚翻的练习，两人一组开始讨论在前滚翻时如何做到腿充分蹬地？老师看到大部分同学的腿蹬、伸不够充分，那进入今天第一个组合练习：直腿蹬+远撑前滚翻。练习直腿蹬+前滚翻注意需要快速蹬地、双腿蹬直、低头含胸。老师看到大部分同学的动作都得到了改善，我们接下来进入远撑前滚翻完整动作的练习。有请体委给同学们展示一下，同学们继续练习。我们接下来进入比赛的环节，四人一组，每组派一名代表作为组长，一组开始比赛时，其他组组长给予打分。

该动作在教科书中的表述是："由蹲立开始，两手向前远方撑垫，接着两脚蹬地，同时提臀、屈臂、低头，后脑着地向前滚动，当头和背着地时，迅速团身滚动起立。"

2. 运动技术讲解案例一的水平研判

①教学设计动作学练环节循序渐进，由简到繁，在做好复习前滚翻后进阶到站立前滚翻再到远撑前滚翻，再到腿蹬直+后滚翻的动作要领。②语言表达清晰流畅。③语言讲解时对主要技术动作环节远撑前滚翻的动作要领讲解

较少。④在技术动作要领的讲解时对主要技术动作远撑前滚翻动作的关键问题引导比较简单。⑤在远撑前滚翻技术动作学练时，技术动作讲解方式单一。

3. 运动技术讲解案例一的水平提升建议

①技术动作的教学、语言讲解要紧紧围绕本节课远撑前滚翻的动作要领，不能省略技术动作的流程。②语言设计多以问题链引导学练进阶，围绕关键问题。例如，复习前滚翻时可以进行引导式提问：前滚翻时的动作流程是什么？进行站立式前滚翻时提问：站立式前滚翻的动作要点是什么？进行30厘米远撑前滚翻时提问：请总结远撑前滚翻的动作流程？远撑前滚翻与前面两种前滚翻的方式有什么不同？如何才能做出区别？腿蹬直+远撑前滚翻时提示动作关键"腿蹬直时腿的站位、角度、用力方向"等。③结合多媒体进行讲解：远撑前滚翻的技术动作因为完成过程中教师示范速度快而短暂，学生无法清晰理解，结合多媒体慢动作示范进行边观看边讲解有利于学生对动作流程、概念、关键点的掌握。

4. 运动技术讲解案例二：肩肘倒立前滚成蹲撑

某教师的肩肘倒立前滚成蹲撑动作要领讲解记录："刚刚同学们做了各种造型并进行了展示，在这个过程中，我看到其实很多的造型都用到了我们肩肘倒立前滚成蹲撑的技术动作。老师下面做一次示范，请同学们先观察我的手，然后观察我的髋，最后再看我的直立动作。""谢谢同学们的掌声，下面请果果同学回答我刚刚的问题。"果果："老师，我觉得你后倒后手压在了后背的位置，髋的动作没有看清楚，双脚翻上去后上下成直立的状态""是的，果果同学观察得很仔细，下面请果果同学帮助老师示范，肩肘倒立后倒时双手用力压垫，双脚同时上举，翻髋、立背，然后双手支撑后，上下成一条直线，翻不上去的同学，可以两人相互保护与帮助，一人练习，一手抓起脚踝，抓不上去用膝关节顶一下他/她的后背，注意控制力度，像老师帮助果果一样。谢谢果果同学的示范，掌声送给她。""果果你感受到髋的变化了吗？""老师，我感受到髋由屈位到直立的过程了，谢谢老师。"

该动作在教科书中的表述是由直角坐开始，向后倒肩、举腿、翻臀，当向后滚动至小腿超过头顶部时，向上伸腿、展髋、挺直身体，同时两手撑腰后侧，夹肘，成肘、颈、肩支撑的倒立姿势。前滚时，两手伸开，身体前倒，经肩、背、腰、臀依次滚动，当臀部将要着地时，迅速屈膝、团身、跟肩、抱膝成蹲立。

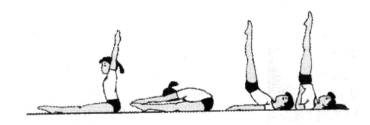

图 6-1　肩肘倒立前滚成蹲撑

保护与帮助的方法：保护者站在其背面，握其小腿上提，并用膝盖顶起背部。

图 6-2　肩肘倒立前滚成蹲撑保护方法

5. 运动技术讲解案例二的水平研判

①教师示范前给予明确的观察目标，示范结束后邀请同学回答问题，根据问题引导学生理解肩肘倒立前滚成蹲撑动作技术要领。②引导学生理解动作过程中，在学生有问题时能给予细致的解答，在学生没看清动作的情况下，帮助学生体会动作变化的过程，让其他学生能再看一次示范动作。③师生互动问答中引导学生深入思考。④语言清晰而精练、语速稳定而从容、语气温柔而坚定。⑤教师讲解动作技术的同时讲授了学生在技术动作不稳定的情况下如何保护与帮助的方法，提高学生自我技术动作判断及互助的能力。⑥教师在鼓励中肯定学生的表现，提高学生观察、展示、欣赏美的能力。

6. 运动技术讲解案例二的水平提升建议

①在学生没看清教师示范动作的时候，请学生再次示范并讲解，在第二

次讲解的时候可以提醒其他学生注意关键点，帮助学生进一步观察。②教师在讲解肩肘倒立前滚成蹲撑动作时，忽略了该体操前后的示意动作，体操类动作的教学要注重对动作完成的完整性、高质量、姿态美追求，建议在初始教学时就将前后示意动作加入。预备姿势：立正站好，单手臂上举向裁判示意。结束姿势：站立姿势面向裁判双臂上举示意，离开垫子。③学生示范，教师讲解时，建议给示范学生更多具体在动作示范上的肯定与鼓励，增强学生展示的自信心。

二、动作示范技能及其培养

（一）动作示范技能

1. 动作示范技能概念

示范是直观教学方法最重要的手段之一，是体育教师在授课时，向学生展示所授技术动作最经济、实用的简要方法。它可以给学生展示一个完整的技术，更可以把一项技术的细节，如动作方向、幅度、顺序、用力位置、动作环节间的配合等，部分或完整地反映出来，使学生对所学技术动作的形象、结构、要领和完成方法有比较清楚的认识。田径项目内容丰富，包括了跑、跳、投及它们的组合。技术动作有的简单，有的复杂；有的速度要求慢，有的速度要求快；有的在有支撑情况下进行，有的在无支撑情况下完成。因此对学生学习和掌握动作的要求也有很大的差别，在田径技术教学中，授课教师应审时度势，根据课堂具体情况，合理地运用示范教学方法，恰当地选择示范位置和示范面，灵活地运用完整或分解技术示范和慢速、常速示范手段，这对教师完成教学任务是十分必要的。

"动作示范技能"的概念可界定为体育教师在给学生演示正确动作过程中所表现出来的一种较为稳定的教学行为方式。

2. 关注动作示范技能的意义

（1）观察他人示范，学习他人经验

动作示范技能在体育教学中的作用与意义是众所周知的，也是体育学科特有的。作为一名合格的体育教师，我们首先应具备多能一专的熟练化的运动技能，但仅仅停留于此是不够的，需要具备良好的动作示范技能。通过课堂观摩活动，我们可以观察其他优秀教师的动作示范技能，并作为一面镜子反观自己的动作示范技能，并提升自身的示范水平与技巧。这正如学生观察教师的动作示范一样，我们可以通过观察他人的动作示范，学习他人的经验与技巧。动作示范不同于动作技能，它不仅要求教师具有熟练的运动技能，还要求体育教师关注动作示范的面、示范的时机、示范的次数、示范的角度等，这些技巧是在教学实践中不断积累起来的。因此，我们关注动作示范技能，有助于学习优秀教师的经验与技巧，为迅速提升自身的动作示范技能服务。

（2）发现他人的不足，帮助他人提升技能

在观察他人的动作示范过程中，观察者不仅可以学习他人的经验与技巧，还可以发现一些问题与错误。所谓当局者迷、旁观者清，每一个体育教师在展现自己的动作示范时，总是较为自信，这是做好动作示范的基础，但往往也会暴露出一些问题，如示范面错误、时机不正确、次数过少等，这就需要观察者给其课后提醒或提示，这也是通过观摩活动反思课堂教学、提升教学技能的一个机会。因此，授课者应尽力展示自己高超的动作示范技能，观摩者应仔细观察、详细记录，并客观地、实事求是地反馈意见，在达成共识的情况下，授课者也应认真听取他人的意见，努力提升自己的动作示范技能。

（3）提高职前体育教师动作示范效果

动作示范是体育课程教学中必不可少的环节，特别是对初学者而言，动作示范相当于一个标准展示，缺乏这个标准，学生将缺失目标、迷失方向，但在具体的教学过程中，由于班级人数较多，体育教师往往不够重视示范面，因此，站在前面的学生可能看得清晰，但站在后面的、两边的学生就可能看不见或看得不清楚，这就极大地影响了动作示范的效果。另外，有的教师动作示范次数较少，一节新授课，体育教师只做了两个动作示范。体育教师应根据学生的具体情况而定。面对年龄较小的学生，体育教师动作示范次数应多一些；新授课，体育教师动作示范次数应多一些；学生接受能力较差的，体育教师动作示范次数应多一些；学生错误动作多的，体育教师动作示范次数应多一些；等等。这就需要体育教师根据实际情况灵活变通，不仅要把示范做好，还要有助于学生学习。

3. 动作示范技能要求

（1）明确动作示范目的

示范的目的是使学生了解某种动作的形式，它告诉学生这种技能的结构是什么样子的。所以，在体育教学中，教师应根据教学任务以及学生的实际情况进行示范，如初学教材，为了使学生建立完整的动作概念，应先做完整的技术动作示范，再根据教学要求讲解示范动作，对关键技术动作要重复示范。示范前，教师必须向学生讲清观察示范的方向、部位和时间，使学生尽快明白如何根据自己完成动作的情况观察教师的示范，达到抓住重点、突出难点的目的。例如，在"单杠后摆下"动作教学时，教师应重点示范后摆、制动、推杠等动作要领，并要求学生注意观察教师示范时后摆制动、推离器械的动作，这有利于学生直观效仿，便于学生加深对动作的理解。另外，教师的示范动作务求规范、连贯、完整、优美。实践证明，教师准确、熟练、轻快优美的示范可消除学生的心理障碍，激发学生的兴趣，调动学生的学习积极性，这对促进学生掌握正确动作要领十分重要。

（2）动作正确、标准、优美

首先，动作示范力求正确与标准，这是基础。没有正确的动作示范，学生就会依样画葫芦，将错就错，因此正确与标准这是体育教师最低的要求。其次，在做正确示范的基础上，体育教师还要力求优美，一个正确且优美的动作示范课引起学生极大的关注，可激发学生学习的积极性，同时体育教师还可以给学生留下好的印象，让学生对其产生好感，更为重要的是给学生的大脑留下较为清晰的运动表象，有助于学生学习运动技术、掌握运动技能。

（3）示范位置与方向正确

示范的目的是要给学生作范例，这就得让全体学生都听得见、看得到。因此，教师的示范不仅要规范，还要特别注重示范的位置和方向。示范的位置要根据学生的队形、动作性质以及安全的要求来选择，如在武术教学中，教师教授基本动作时，采用横队队形，教师就应站在横队的等边三角顶点方位示范，如果是复习套路，采用横队集体练习，教师就应站在队伍的左前方带领学生练习；短跑的"起跑"教学，教师就应让学生站在起跑线的两侧观察教师示范，这能使学生的视线始终随教师的示范动作移动。实践证明，这几种位置最便于让学生观察教师的示范动作。

示范的方向应根据动作的结构和要求、学生观察动作的部位而定。教师应尽量把示范动作的方向、路线与学生跟做的方向、路线一致，可采用正面示范、背面示范、侧面示范和镜面示范等形式。教师示范的位置和方向如果选择不当，会影响部分学生因看不清完整、正确的动作而产生错觉，形成错误的技术概念，这样失去示范的作用，直接影响教学效果。

（4）动作示范稳定与熟练

一次成功的动作示范是基础，但动作示范并不是一次完成的，因为在学生的大脑里，完整、优美的动作需要经过多次反复的刺激，体育教师需要进行多次不同角度、不同层面的动作示范。这就对体育教师提出了较高的要求，体育教师需要在多次的动作示范中保持示范的稳定性与娴熟性，确保动作示范的成功率，而不是仅仅停留于一次的成功上。其需要在正面（左右线路）、侧面（前后线路）、背面（复杂线路）、镜面（用于学生的模仿）和示范的速度（正常速度、慢速等）等方面都取得成功。

（5）灵活运用示范形式

示范要根据学生的实际情况，做完整示范、分解示范以及正常速度和放慢速度的示范。例如，使用新教材，教师就应先用正常速度示范一次完整的技术动作，使学生初步了解教材的完整技术结构，后再根据该次课内容用慢速度分解示范，使学生了解动作的要领、要求等，使学生建立一个完整的动作表象。例如，在初学武术少年拳第一套的教学中，体育教师应先用正常速度把整套动作示范一次给学生看，使学生初步了解少年拳第一套的技术动作结构，再根据该次课的任务，体育教师进行分解示范教学。另外，体育教师也可用直观教具进行示范，如录像、图解等，来弥补示范不足和增强讲解的实效性。在练习的过程中，教师应针对学生存在问题的具体情况，让掌握技术动作较好的同学进行示范练习，然后教师加以分析，必要时教师可模仿学生的错误动作加以对比，这样正确的技术动作会在学生的脑海中产生更深刻的印象，从而提高了教学效果。

在体育课堂上，教师的示范是学生感知动作外部形象的基础，讲解则是让学生了解动作内在规律的重要工具，两者结合运用能够缩短学生对技术动作的认识过程。现代体育技术还可以运用多媒体教学，部分难以进行慢动作演示的动作利用现代技术可以展示，这样会有事半功倍的效果，并激发学生的积极性。在教学过程中，体育教师只有把讲解与示范结合起来运用，才能让学生对技术动作建立完整、正确的概念，形成正确的表象，提高练习效果。

在体育教学的过程中，体育教师可根据具体情况采用重复示范，并指出动作的重点、难点，或先讲解后示范，也可边讲解边示范。总之，在体育课堂上，讲解和示范必须密切配合，互相依存、互相补充。因此，教师在教学中，要始终贯彻"精讲多练"的原则，使学生将直观感觉与思维活动有机结合起来，产生良好的效果，提高体育教学质量。

（6）善于把握动作示范时机

第一，新授内容切入时的动作示范。当新授内容开始时，教师通过正确的动作示范，给学生一个正确的动作表象，让学生知道将要学习的内容，并初步了解动作过程，同时激发学生的学习欲望。第二，在重难点突破时进行动作示范。每节课都有重点和难点，如何突出重点、化解难点是课堂教学的关键，正确的动作示范，可以有效地突破学习中的重点和难点，来提高学生练习的目的性和实效性。第三，在困难出现时进行动作示范，即在大部分学生的学习出现明显的困难时或出现普遍的共性问题时进行动作示范。新授教学时，学生往往会因为初学而表现出困难，对动作的掌握出现明显的困难情况，这时就需要教师或学生重复的示范和教师（师生）的点评。第四，在学习遇到"瓶颈"现象时进行动作示范。我们经常发现，学生对动作基本掌握后，会进入一个难以提升或难以更优化动作的阶段，这个现象我们称之为"瓶颈"现象。学生一旦出现这个现象，就需要教师（或学生）的重复动作示范和更细致的、有针对性的讲解（师生点评），使学生明白"颈瓶"所在点和提升优化的手段，使他们有效突破"瓶颈"现象。第五，在个性问题出现时进行动作示范。一个班级的学生在学习同一内容时，因接受能力、理解程度、基本能力等的个体差异，经常出现不同的个性问题，教师可以采用个别辅导或者分层辅导的方法，针对学生的个性问题，进行动作示范，来解决其个性问题。

（7）动作示范体现个性化

①年龄差异：众所周知，每一门学科的教师，年龄都存在着很大的差异，其年龄通常在 20~60 岁之间。然而在体育教学中，教师在很多时候都不能够采用口头描述的方式进行教学，而是结合教师示范进行直观的教学，这种示范法相对于口头描述法要简单、直观得多，也更能够提高学生的学习兴趣。在教学过程中，由于有些教师的资历比较老，年龄较大，他们在教学过程中很难通过示范来进行教学，这就不利于学生兴趣的培养，他们无法充分发挥学生的自主学习能力。例如，三级跳远、跳高等动作，对年龄较大的教师而言，他们很难通过示范来进行教学，这就直接影响了教学效果。

②性别差异：在体育教学过程中，由于性别的差异，有些示范并不适合女教师，这就降低了教学的质量。例如，单双杠动作或者力量较大的动作直

接影响了女教师的示范。另外，还有一些示范要求动作优美，男教师也同样不能够做到位。所以，有些动作直接因教师的性别而受限，影响体育教学的效果。

③专项差异：在体育教学中，教师与学生都一样，有其擅长的运动技能。针对某一项运动技能，各个教师的理解以及经验有所差异，在教学过程中，他们往往会将自己所擅长的运动技能示范到位，而对普通或者弱项的运动技能，不能够起到较好的示范作用，无法保证体育教学的质量，最终影响教学效果。

④个体差异：所谓的个体差异就是在体育教学过程中，各个教师的身体素质、文化涵养都有一定的差异。作为一名优秀的体育教师，较高的职业道德和文化涵养、良好的身体素质、认真负责的态度是每一位教师必须拥有的。然而在实际生活中，每一位教师的性格会有所差异，其往往影响体育教学，不利于培养学生的学习兴趣，无法提高学生的学习能力。

（二）动作示范技能的培养

1. 规范学习

运动技能是动作示范技能的基础，如果没有娴熟的运动技能作为基础，完善动作示范技能将成为一句空话。目前，职前教育中所学的运动技能与职后教学需求不能完全一一对应，但从要求看，体育教师需要掌握"多专多能"的运动技能。在这高标准的前提下，不同学段的体育教师可以根据体育教学的实际情况灵活应变，对已掌握的运动技能，要继续发挥它们的功用，新开发的或有待开发的运动项目技术，他们则可以通过外出进修、网络视频学习、同行指导等途径实现。

2. 观察学习

体育专业学生可在认真观看术科教师或网络视频的示范动作的同时，注重观察教师示范的位置、距离、方向、速度、节奏等，主要的参考依据是"教师的动作示范是否能让所有的学生看清楚"。职后教师可通过看优秀课例，学习他人的经验，提高动作示范的技能。

3. 自我模仿

"镜子"是一种很好的自我观察的工具，因此有条件的体育专业学生或职后教师可在体操馆中面对镜子做各种动作示范，来达到自我观看、自我修正的目的。

4. 活动竞赛

体育专业学生可积极参加由班级、学院、学校、省市举办的各类师范教学技能比赛和每三年举办一次的全国高师院校体育基本功大赛。其中，动作示范技能是一项重要的比赛技能之一，比赛前期的锻炼与比赛过程对发展学生示范技能具有很好的促进作用。职后教师也可积极参与学校、地区、省市乃至全国的体育教师基本功、示范技能等方面的单项或综合性的竞争，来不断提高自己的动作示范技能。

（三）动作示范技能案例与水平研判及建议

1. 动作示范技能案例一：2022 年杭州市初中体育与健康优质课评比

教学内容：行进间篮球体前变向运球

教学对象：八年级

【第一环节】

（1）动作示范情境：基础部分——原地障碍下 V 字运球

（2）动作示范方式：教师示范视频 30 秒（正面+侧面，放在同一页面进行播放）。

图 6-3 正面+侧面示范

教师示范视频播放时的提示内容包括以下注意事项：

①两膝微屈，重心下降；

②注意落球点，在两脚外侧（在该视频中放慢了视频动作并用圆圈标注了球的落地点）；

③变向时角度尽量加大（用箭头标注了球的运行路径）。

图 6-4 用箭头标注了球运行路径的示范

教师示范视频播放时出现的提示内容包括以下练习分层要求：

①熟练后运球一次+换手；

②完成前一个要求后，直接换手。

【第二环节】

（1）动作示范情境：热身部分——球性练习（3 分 10 秒）。

（2）动作示范方式：教师全程示范，教师示范时用语言引导学生跟练，教师边示范边转换站位，让学生跟着教师的走位变换面向。

【第三环节】

（1）动作示范情境：基础部分——原地跨步换手运球。

（2）动作示范方式：

①教师示范视频 14 秒。

教师示范视频播放时出现的提示内容包括以下注意事项：

注意转体、探肩（用不同箭头标注转体的方向、探肩的部位）。

图 6-5 原地跨步换手运球示范

②教师对集体指导示范3次，共20+15+8秒（针对关键的转体、探肩进行讲解）。

③教师对单人指导示范3次，共10+4+4秒（针对还不理解动作技术要求的同学，进行单独指导示范）。

图6-6 学生练习

【第四环节】

（1）动作示范情境：基础部分——行进间体前变向换手运球练习。

（2）动作示范方式：

图6-7 学生行进间体前变向换手运球练习示范

教师示范视频 19 秒。

教师示范视频播放时出现的提示内容包括以下练习要求：

①跑至障碍物前；

②体前变向换手（名词标注+箭头指示+慢动作，体现变向换手的时机）；

③逆时针（跑动路线循环标注）；

④降重心、启动快（提示要点）。

【第五环节】

（1）动作示范情境：基础部分——行进间体前变向换手组合技术练习。

（2）动作示范方式：

①学生合作示范视频 29 秒。学生合作示范视频播放时出现的提示内容包括以下练习要求：三威胁动作（慢动作）；变向换手时机（用箭头指示球的运行轨迹）；要快速运球，默契配合。②优秀小组示范（优秀队伍展示，给予表扬）。

图 6-8 学生合作示范

【第六环节】

（1）动作示范情境：体能部分——抱球体能训练。

（2）动作示范方式：

①学生示范视频 44 秒（抱球俄罗斯转体、抱球双脚左右跳、抱球蹲起、直臂支撑拨球，四个动作分四个板块一个页面内展示，并标注了对应开始的小组，根据音乐轮换练习）。②教师指导纠错示范 8 秒（对动作错误的同学进行示范指导）。

图 6-9   抱球体能训练示范

2. 动作示范技能案例一的水平研判

①提供明确的任务和要求。本节课教师主要采用了教师做示范、教师技术动作视频示范、学生合作视频示范、教师个别指导示范、教师纠错示范等丰富的示范方式，向学生展示了正确的技术要领和姿势，学生通过观察教师的动作，了解运动技能的正确执行方式以及相关的注意事项。教师主要运用的视频示范通过重复演示、细节渐进式示范、特别标注等方式，帮助学生逐渐掌握和理解关键技术要领，使学生很好地运用多媒体学习行进间篮球体前变向运球的技术动作。②教师技术动作示范视频和学生合作示范视频在技术动作讲解时明确了动作名称、动作方法、动作注意事项、动作要求等，并在关键动作展示时采用了各种圆圈、箭头、大拇指等标识，标注动作的部位、动作的路线、动作的方向等，让学生在学习不同动作时都能清楚看清动作要领，明白动作方法，抓住关键点。③教师在不同的情境下合理运用了不同的示范方式，让示范渗透每个环节，如本课教师请优秀生做动作示范激发了其他学生的兴趣和学习动力。学生通过观察优秀同学的动作示范，更好地理解和感受到组合动作练习的巧妙之处，更有动力去模仿并追求自己的进步，这样激发了学生学习的热情。④从示范方式对比用时来看，教师线下面对学生进行热身和拉伸环节的示范时间最长，在基本部分的学练环节都采用了视频示范，节省时间，清晰要点，个人指导环节示范简洁、明确、效率高。⑤教师示范视频中颜色不清晰、时间短的标注容易被学生忽略。⑥教师在示范过程中多以任务的形式要求学生完成某项练习，虽然学练的过程有一定的递进性，但是能引发学生主动思考学练的内容几乎是没有的。

3. 动作示范技能案例一的水平提升建议

①教师在做示范视频时尽量采用颜色清晰的标识，延长关键技术的播放时间，有助于学生快速捕捉到学练的重要信息。②教师在示范过程中多采用问题引导式教学，使学生思考动作的要领。③在不同情境下，教师要科学合理地运用不同的示范方式来丰富学生的学习体验，使每一次示范都能发挥最大的作用。④有目的的示范可以使学生在头脑中建立正确的动作概念，提高学生掌握动作要领的效率。合理安排示范的时机，课堂上的情况瞬息万变，教师要敏锐抓住示范的时机，用示范帮助学生发现问题、解决问题，提高学生的学习效率。

4. 案例二：浙江教研网——天天公开课——初中体育与健康

教学内容：排球垫传技术及综合运用方法一：垫球+传球

教学对象：八年级

授课教师：桂玲

【第一环节】

（1）动作示范情境：热身部分——垫球+拉伸；（2）动作示范方式：教师示范4次，5秒+3秒+4秒+3秒；（3）动作示范对象：个人；（4）动作示范目的：针对个人动作不规范，强调动作要点，提出要求，如垫击面向队友。

图 6-10　传球示范

【第二环节】

（1）动作示范情境：基本部分——单一练习。

（2）动作示范方式：

①教师加入队伍练习示范，8秒（因学生突然身体不适）；②学生练习示范：教师对8个队伍依次分队指导，集合1、2队提出相应问题，检验学生练习效果，学生回答正确后，提升练习难度，在传、垫球基础上增加扣球环节。然后集合3~6队队长，请队长观察1、2队的练习方式，提出相应问题，队长根据自己的观察去队伍里检验。

（3）动作示范对象：个人、队长。

（4）动作示范目的：第一种示范方式是学生突然身体不适，教师加入队伍顶替该生位置。第二种示范方式是让水平较高的组练习，其他队伍的队长观察他们的练习方法，并提出相关问题，让队长组织队伍针对问题进行检验练习。

图 6-11　师生交流

【第三环节】

（1）动作示范情境：放松拉伸部分——拉伸。

图 6-12　放松拉伸示范

（2）动作示范方式：教师示范两次，3 秒+10 秒。

（3）动作示范对象：小队。

（4）动作示范目的：第一次与学生共同拉伸，是为了提出动作要求，让学生的学练更规范；第二次与学生共同拉伸，是为了加入学生，交流感受。

5. 动作示范技能案例二的水平研判

（1）本节课是一节排球垫球+传球技术综合运用课，教师主要采用了教师加入队伍共同学练、纠错示范、学生学练示范的示范方式。（2）本节课的示范方式与本节课的教材相符，教师与学生公学学练示范，不仅提出了动作要求、动作重点，进行动作纠错等，而且也让学生在学练中根据教师的示范有效调整自己的动作姿势，学习正确的动作要领，大大地缩减了学生在一起观看的时间，给予学生更多学练的时间。（3）教学通过分层指导，在优秀队伍中的学生练习的过程中，教师集合其他队伍队长来观察优秀队伍的练习方式，提问引导，最大限度地让队长发挥小组的核心作用，发展队长的组织、协调、指挥能力。（4）从本节课的示范用时来看，教师所有的示范用时共 42 秒，时间简短，示范目的明确，示范对象根据示范时机进行合理的示范指导。（5）教师示范时注重与学生的情感交流，与学生共情。

6. 动作示范技能案例二的水平提升建议

（1）教师通过在优秀学生学练过程中的示范，节省时间，提高课堂效率。因为这些优秀学生已经掌握了技能，他们可以立即开始练习，而不需要教师重复演示。小队长观察并模仿优秀学生的示范，这样可以培养队长的团队协作和领导能力。通过观察，小队长要思考如何依据小组队员的能力安排其站位及进攻策略，这样能更好地激发小队长带领队伍比赛的动力，有效提升体育课堂的教学效果。（2）综合运用课，教师示范较少是课程类型所决定的。教师示范少增强了学生的自主探究能力，学生更多地依靠团队的探索和实践来探索真实比赛中的策略和战术，教师示范少激发他们的创新思维和创造力，使他们更加主动地参与学习。同时，这样使教师有更多的时间和精力来关注学生的个体差异和需求，更好地指导个别学生的学练。然而，需要注意的是，这些好处并不一定会在所有的情况下都出现。根据课程的类型，教师要采用多样的示范帮助学生掌握动作和提高学习效果。因此，教师在体育教学中应该根据实际情况和学生的需求来选择是否进行示范。③教师示范在体育课堂上不仅能起到传授技能的作用，还能与学生建立深厚的感情基础，促进师生之间的交流。教师的示范是一种与学生互动的方式，当教师在课堂上进行示范时，教师的每一个动作、每一个表情都会吸引学生的注意力。这不仅使学生能够更好地理解动作要领，而且拉近了师生之间的距离。教师通过与学生一起练习和示范展示对学生的关心和支持，让学生感受到教师的关怀和鼓励。教师的示范动作要标准、规范，这样既展现了教师的个人魅力和专业能力，也让学生对教师产生了敬仰和敬佩之情。这些示范有助于情感交流，建立良好的师生关系。

三、口令与队伍调动技能及其培养

（一）口令与队伍调动技能

1. 口令与队伍调动技能概念

"口令与队伍调动技能"是体育课堂教学有别于其他课程教学的一种特殊教学技能，也是体育教师有效组织学生进行练习、实施课堂常规的一项必备技能。体育教师的专业水平参差不齐，如很多中小学体育教师毕业于中等师范学校、少体校，没有进行专门化的课程学习与培训；有的教师是来代课、兼职的，他们没有接触过口令与队伍调动这方面的专业术语，只是模仿他人上课的方法，简单使用这些专业化术语而已。因此，体育教师在体育课教学中正确使用口令与队伍调动专业术语方面，情况并不十分理想。这种现象在近年较大规模的公开课等教研活动中经常可以见到，这进一步说明了体育教师的口令与队伍调动技能还有待提高与发展，而且这方面技能的缺失在年轻教师中更为常见。教学技能的培养并不是一蹴而就的，需要一个有规划的、有步骤的长期培训过程，因此本书对口令与队伍调动技能的概念、标准、作用、技巧、路径等若干问题进行阐述，以便让广大教师更清晰地了解口令与队伍调动技能的相关知识与培养途径，使教师针对自身的优势与薄弱环节，加强训练，促进口令与队伍调动技能的快速发展。

"口令与队伍调动技能"是指体育教师在运用简洁的口头命令进行队列队形操练与队伍调动过程中表现出来的一种较为熟练的教学行为方式。

2. 关注口令与队伍调动技能的意义

（1）展示教师基本功

实施口令与队伍调动技能并不是展示体育教师的本领，而是在体育课堂教学过程中体育教师基本功的自然流露，从观摩者角度而言，授课者的一言一行都是公开的，因此体育教师的基本功、基本教学能力都会一览无余或完全表现出来。对口令与队伍调动技能较好的教师而言，他们可以好好利用展示的机会，把自己良好的技能充分展示出来，而那些相对来说技能并不十分熟练的教师，可以借此机会，聆听观摩者的评语，发现自身能力的不足，以便找到今后提升自己能力的切入点。

（2）口令术语专业化

体育教师都是经过专业化教育与训练的专门人才。经过专业化培训的体育教师，理应具有各种运动技能与专业教学技能，其中包括口令与队伍调动技能。在职前的教育与培养过程中，大学生没有教学经验与人生阅历，缺乏足够的学习动力，没有充分认识到专业技术与技能培训的重要性，从而导致他们"学而不知、练而不会"的现象出现。所以，在初期的教学实践中，他们常常会暴露出有关口令与队伍调动的种种，这就需要广大的体育教师十分重视与关注教学术语的专业化问题，特别是口令与队伍调动技能的实施，要符合专业特点，否则就会闹出各种笑话。

（3）组织管理规范化

体育课教学基本在室外场地进行，受外界的干扰因素较多，因此体育教师实施口令与队伍调动是进行课堂组织与管理的必要手段之一，特别是在课前与课后教学常规中，如果缺失了体育教师的口令与队伍调动，教学课堂将会杂乱无章。因此，在课堂教学中，体育教师的口令与队伍调动使用的频率很高，特别是课的开始部分，学生整队、教师整队、报数、运用口令集中注意力、组织学生做好准备活动，口令与队伍调动为运动技术教学打好了基础。之后，教师在课的基本部分也大量使用口令与队伍调动，来确保学生练习的有效性。最后，课的结束部分更需要教师的口令与队伍安排，否则学生的注意力会因学习的疲劳而出现"分散"现象，因此教师需要运用果断、响亮的口令与队伍调动组织学生放松身心、交代课后任务、回收器材等，把好课堂教学的最后一关。

（4）课堂教学有序化

在体育课堂教学过程中，准备活动的目的是使学生克服身心惰性，调动学生机体的应激状态，提高学生的兴趣与注意力，使学生以最好的身心投入运动技术的学习之中。因此，运动技术教学是课堂教学的重点，其中包括教师的讲解、教师示范，教师运用直观法演示教具、模型，组织学生练习等，而这些重点环节的落实离不开教师的口令与队伍调动，如教师实施教法需要关注学生队列队形的方位、距离、角度，才能产生最好的效果；在组织学生练习时，教师要合理分组、布置队列、安排次序等。这样既能节约队伍调动时间，又能更好、更有效地组织学生练习，实现教学各个环节的有序化。

（5）组织纪律严格化

班级授课制是我国学科教学中常见的教学形式，这一教学制度能够解决上课人数众多的问题，缓解教学压力。正因为体育课堂具有班级学生人数众多、受外界干扰大等特点，体育教师运用口令与队伍调整技术更显得重要与必要。如果没有严明的组织与管理，教师的教学意图就不能很好地贯彻，教学效果也会大打折扣。受苏式教学模式的影响，我们传统的体育教学十分重视运用队列队形练习来加强学生的组织纪律性。自体育课程改革以来，队列队形练习虽然相对减少了，但不应绝对化，队列队形练习对新组成班级的学生或新生还是有一定必要的。教学活动是有组织的，并不是学生个体的行为，教师要充分发挥作用/利用有效资源，合理组织学生学习与练习，在这过程中依靠教师严格的组织与管理，而口令与队伍调动、队列队形练习正是确保班级学生良好组织纪律的有效手段。

3. 口令与队伍调动技能要求

（1）灵活运用不同形式的口令

表6-1　不同形式的口令一览表

种类	短促口令	断续口令	连续口令	复合口令
特点	只有动令，发音短促有力，中间不拖音、不停顿，有时最后一个字拖音稍长	预令和动令之间有停顿（微歇）	预令和动令相连，预令拖音稍长，动令短促有力	兼有断续口令和连续口令的特点
例析	"立正""稍息""报数"	"第 x 名，出列""1、3、5，报数"	"向后——转…""立——定"	"以 xx 为基准，向中看——齐""右后转弯，齐步——走"

（2）熟练掌握队列队形方位与练习的基本术语

表6-2　队列队形方位与练习的基本术语一览表

术语	含义
横队	左右并排在一条直线上的队形

续表

术语	含义
列	横队的量词。例如，一列横队、二列横队等
纵队	前后重叠在一条直线上的队形
路	纵队的量词。例如，一路纵队、二路纵队等
间隔	相邻两人左右的间隙（以肘为准，横队约10厘米，纵队约两步）
距离	相邻两人前后的间隙（纵队约一步，横队约两步）
翼	队形的两端或两侧。左端为左翼，右端为右翼。横队方向变换时，处在转弯内侧的为轴翼，另一侧为外翼
排头	纵队之首或横队右翼者
排尾	纵队最后一名或横队左翼者
基准	指定作为整齐的目标
伍	二列及二列以上横队中，各列同数的队列人员组成为一"伍"。若各列人数相等，各伍人数等于列数，则称"满伍"，若不相等，则称"缺伍"，缺伍应缺最后一伍
步幅	一步的长度（两脚跟间的距离）
步速	单位时间（通常以每分钟计）行进的步数

（3）熟练掌握原地队形变化与行进间队形与变化

表6-3 原地队形变化与行进间队形与变化一览表

原地队形变化	定位基本动作	立正：口令为立正
		稍息：口令为稍息
		看齐：口令为向左（右）看齐
		报数：口令为报数
		踏步：口令为踏步——走
		集合：成某列（某路纵队）——集合
	定位转法与变化	正方向转法：口令为向左（右）转
		斜方向转法：口令为半面向左（右）转
		一列变二列（三列）横队及还原：口令为成二列横队（三列）——走、成一列横队——走
		一路变二路（三路）纵队及还原：口令为成二路纵队（三列）——走、成一路纵队——走

行进间队形与变化	步法移动	齐步走：口令为齐步——走
		正步走：口令为正步——走
		便步走：口令为便步——走
		跑步走：口令为跑步——走
		立定：口令为立——定。动令落在右脚
		前后移动：口令为向前（后）某步——走
		左右移动：口令为左（右）跨某步——走
	行进间转法	左（右）转法：口令为向左（右）转——走。动令落在左（右）脚。
		向后转走：口令为向后转——走。动令落在右脚

（4）熟悉口令下达的技巧

下达的口令准确、清楚、洪亮、果断。口令发音部位正确：合理运用胸音（下达短口令）和腹音（下达带拖音的口令）进行口令发音。口令体现预令和动令的区别明显：预令清楚，音量稍低，并稍拖长音调，提前让学生知道要做什么动作并做好准备；动令短促、果断、有力，音量最大、最强。有的口令无预令、动令之分，只有动令，如"立正""稍息"等口令突出主音。口令中有主音，也有辅音，在发令时要突出主音，提示学生并吸引学生的注意力。熟练合理选择喊口令的位置，体育教师与学生之间要保持一定的距离，距离太远了，学生难以听到教师的口令，无法明确教师的意图；距离太近了，影响教师与学生之间的交流。灵活运用不同形式的口令，口令有短促口令、断续口令、连续口令、复合口令，这些口令要根据课堂不同的情境来合理使用，如在整队时要用"复合口令"："以 xx 为基准，向中看——齐"。报数时要用"断续口令"。四面转法用"连续口令"："向后——转"。

（5）符合口令的专业术语

体育教师要很好地掌握口令与队伍调动的技能，首先就要了解与熟悉体操教材中有关口令与队伍调动的专业术语与基本知识，这是培养技能的前提与基础，如果缺失这些基础，那么熟练技能的培养将成为一句空话。这些专业术语与知识，在大学专业教育中必定有所涉及，只是并不被特别留意与关注。基于这种普遍的现象，体育教师可以温故而知新，翻阅封存已久的书籍或查阅各种搜索引擎等弥补前期教育的不足，明确各种专业术语的准确含义，纠正各种专业术语的错误理解等，这样才能为更好地掌握口令与队伍调动的技能。

（6）正确使用口令专业术语

在理论引领下，体育教师还要经常深入教学实践中，正确使用口令与队伍调动的各种专业术语，特别是在平时上课时，更要认真对待，将各种专业术语的使用与操作运用于课堂教学中，把一些错误的口令方式与队伍调动方法纠正过来，也可以让同事、同行、朋友在观看体育课的同时，指出有关口令与队伍调动方法的错误，并及时进行改正。

（7）明确口令术语使用的目的

使用口令与队伍调动专业术语的主要目的是尽量减少队伍调动，通过口令更好地组织学生运动与练习，而不是为了训练技能而训练。在课堂教学中，体育教师使用口令与队伍调动的机会很多，但不要过分依赖口令，动不动就进行队伍调动，这样虽然看起来可以"井井有条"，但为了搞好队伍调动而牺牲学生的练习时间，是非常不值得的。有的教师在课堂教学中经常变换练习手段，这就造成了教师要经常调动队伍，采用不同的队形进行练习，这种属于低效教学。因此，口令与队伍调动还与教师的课堂教学设计相关。当进行课堂教学设计时，教师一定要考虑课堂教学组织形式，尽量减少不必要的队伍调动。

（8）熟练掌握队列队形方位与练习的基本术语及其变化

队列队形方位的术语主要有横队、列、纵队、路、间隔、距离、翼、排头、排尾、基准、伍、步幅、步速等。我们在教学实践中经常混淆的是"排"与"列"、"排"与"路"、"间隔"与"距离"等。原地队形变化有定位基本动作（立正、稍息、看齐、报数、踏步、集合）、定位转法与变化（正方向转法、斜方向转法、一列变二列（三列）横队及还原、一路变二路（三路）纵队及还原）等。行进间队形与变化主要有步法移动（齐步走、正步走、便步走、跑步走、立定、前后移动、左右移动）与行进间转法（左（右）转法、向后转走）等。一般情况下，原地队形变化与步法移动比较简单、容易掌握，而定位转法和变化与行进间转法要难一些，其主要的难点是"动令"的落脚点。

（9）队伍调动娴熟，运用自然、沉着冷静

职前体育教师了解与熟悉基本术语还是停留在理论学习阶段，关键是要经常实践与运用，才能达到娴熟的程度；队伍调动有序高效，省时、省事。队伍调动的主要目的并不在于表演，而是注重教学实效，使教学组织更省时、省事，节约更多的时间用于学生的练习。

（二）口令与队伍调动技能的培养

1. 理论学习

体育专业基本功包括口令、哨声、手势、划场地、教学示范等。不管是在课堂教学、优质课比赛、录像课比赛还是在全国的教学比赛中，规范使用口令都是考评的基本指标之一。只有学习才能提高，才能规避"错误口令"；只有学习才能更好地理解每个口令的深层意义，才能更好地运用到体育课堂中。当然，学习是要有方法的，不同阶段发展的教师要有不同的侧重点。比如，准教师（体育专业学生）要在理论中学，边学边练；新任教师（年轻教师）要在应用中学，边练边学；中青年教师要在反思中学，边听边学；中老年教师要在指导中学，边教边学。口令是相对不变的，但学习是永恒的，正确的口令无论任何时候运用都是正确的。

2. 模仿练习

在专业术科教学中，当体育专业学生开始学习口令与队列队形变化时，可以在他们基本了解动作要领之后，教师先喊口令，学生重复口令，再做动作。这样做的主要目的是让大学生模仿教师的口令，也可以在熟记口令与队伍调动常识的基础上，经常现场观看、录像观看，并模仿优秀体育教师在口令与队伍调动方面的特殊方法、策略与技巧。

3. 单独或小组练习

体育专业学生或在职教师可以选择一块空地，一边喊口令一边做动作进行实践操作，这样既练习了口令，又复习了动作要领。他们也可采用双人或小组练习法，一人喊口令，指挥多人做队形队列变化练习，同时轮流变换口令指挥人，提高个人与小组的口令与队伍调动的技能。有条件的学生还可以邀请教师或专家进行点评，这样的效果会更好。

4. 基本功考核

口令与队伍调动是各类体育教师基本功考核中的一个重要内容，因此大学生或在职教师在考核前强化口令与队伍调动技能的训练，做好竞赛前的各项准备工作，做到有的放矢，加强前期训练，更好地提升口令与队伍调动的技能。

5. 实习锻炼

体育院校实习过程是锻炼大学生口令与队伍调动技能的有效途径，也是职前教师的必经途径。对这个环节，带队指导教师应好好策划与规划，采用师徒结对、同学互帮、课后反思等方式，加强口令与队伍调动技能训练，而对在上课过程中出现的口令与队伍调动错误要及时做好记录和反馈，促进口令与队伍调动的技能不断提高。

6. 录像反思

有条件的学校或教师可以把体育课教学整个过程录制下来，然后针对每一个环节进行逐步分析，提炼出自己或他人在口令与队伍调动方面的亮点，发现问题与不足，以便及时纠正，发挥优势。这种方法比较直观，不会遗漏每一个细节，既有利于个人分析与反思，也有助于集体观摩与反馈，对提高口令与队伍调动的技能不失为一个很客观的路径。

(三) 口令与队伍调动技能案例与水平研判

1. 口令与队伍调动技能案例一：接力跑（四年级）

全体立正！向右看齐，向前看！

同学们，今天我们学习的内容是接力跑。

首先，进行队列队形的练习。听口令：全体立正，蹲下，"一、二"，非常好，起立，"一、二"，同学们做得非常棒。好，全体向右转，我们一共有五组对不对？接下来由组长带领我们的组员在这个场地慢跑，清楚了没有？好，准备，跑步走，哨音控制……好，小步跑、高抬腿跑。好，绕圈再来一次。

好，全体踏步走，哨音控制……立定。同学们看到场地上的红蓝标志点了吗？好，接下来由组长带领在自己的区域内进行 8 字跑。好，准备好了吗？音乐响起，开始。好，同学们，我们调整一下，原地踏步，"一二一"……把腿抬高，"一二一"……立定。向左转，好，1、2、3 组的同学蹲下。接下来，我请出 6 位同学，这边这个点 3 位同学，这边这个点 3 位同学。接下来，你们是一组在这边练习，第五组你们在这边，第一组你们在这边，先开始练习。好，停，原地蹲下，好，先尝试 30 秒，准备，开始。好，全体五路纵队集合，哨音控制……好，各组进行接力比赛，你们准备好了吗？准备，开始。第一轮是 V 字形，第二轮我们换一换，变成 U 字形了，各组准备，开始。最后最难的 M 形，好，组内先讨论30秒，准备开始。

好，同学们集合，5、4、3、2、1。好，全体立正，原地蹲下，起立。同学们接下来以组为单位，脚尖对着脚尖，手拉手围成一圈。好，集合，音乐控制……立定，坐下，全体起立，全体立正，同学们再见。

2. 口令与队伍调动技能案例一的水平研判

①教师口令下达声音洪亮、清晰、不拖沓，动、预令节奏明显。②口令研判：口令下达声音洪亮、有节奏，部分口令运用规范性不足，如"全体立正，原地蹲下"，在规范的口令中没有"全体"，也没有"原地"而是直接为"立正，蹲下"。"全体向右转、全体踏步走"，口令应为"向右——转，原地踏步——走"；"全体五路纵队集合"应为"成五路纵队——集合"。③案例中有一个"好，全体踏步走，哨音控制……立定"，这个口令是不规范的，如果学生是原地进行踏步走，口令应为"原地踏步——走"，如果是行进间的或是前面是跑步状态下变成行进间的走，口令应为"齐步——走"。④口令下达前，口头禅较多（"好"说了17个，"接下来"说了5个）。⑤小组组织形式提高队伍调动效率：在调动队伍时通过小组的形式，充分利用小组长的职责，通过教师—小组长—组员的形式进行队伍调动，大大提高了队伍调动的效率，增加学生练习的时间。⑥场地布置提高队伍调动效率：教师巧用字母的形状让学生在自己所在组内的队伍迅速做出调整，实现精讲多练的效果。⑦口令不规范，指令不清晰：在部分队伍调动时出现了口令不到位、指令不清晰的现象，如"你们组去那边、你们组去这边""这边这个点、那边那个点"等这样的随意性口令和不清晰的指令，导致学生不能及时了解教师的意图和练习内容安排，浪费时间。"接下来由组长带领在自己的区域内进行8字跑"这个队伍调动的口令也不是很规范，应为"组长带队，成8字形——跑步——走"。⑧借助哨音有效调控：哨音调控队形，声音响亮节奏强，易调控学生队形变化。

3. 口令与队伍调动技能案例一的水平提升建议

①有效利用场地器材的区分度：教师可以通过一些标识物或参照物来迅速调整队伍，如每组到红色的标志桶集合，每一组在蓝色的地垫上等待等。②口令形式多样化：教师口令调动要做到目的明确，简洁明了，还可以采用儿歌形式、口诀形式或是师生互对式，让学生一听就明白。同时，教师还可以多增加哨音或手势指引等，提升课堂效率。③常练习、常实践：口令不规

范，队伍调动性指令不清晰的现象多半是平时教学中对口令这一部分内容比较不在意，久而久之，规范性的口令就变成了口语化指令。所以，教师平时可以多看自己的课堂教学录像，找到自己的问题，对不规范的口令多进行练习，在课堂上要用规范性口令，多模仿、学习别人的好做法，多看看经典课例，并在自己的课堂中常实践、多创新。

4. 口令与队伍调动技能案例二：跨越式跳高（五年级）

教师宣布课的内容后，口令如下。口令一："全体立正，向右转，各小组第一位同学带领，绕着自己活动的场地慢跑，跑步走。"随后，四位领跑的同学带领全组，向四条边的方向跑去，中间两组出现了两支队伍"打架"的现象。跑步结束，教师组织各小组到各自的练习位置，发出口令二："请所有同学站到最后一块垫子后面！"此时，每小组都有 4 块垫子，有两个小组排到了"最前"垫子后面，有一个小组一路纵队排到"最后"一块垫子后面，另一个小组一列横队排在"最后"一块垫子后面。口令三："同学们站到垫子侧面，每组第一位同学依次跨过每张垫子之后，向前跑，跨过皮筋，第二位、第三位同学再依次出发，同学们开始活动。"老师话音落下之后，各小组同学都没有动静，现场一片沉默……口令四："同学们集合，我们一起拉伸放松，第一排向前跨两大步，第二排向前跨一大步，第四排向后退两大步，第三排向后退一大步，第一排和第二排向后转，左右位置分开一点。"

该案例的场地活动图如图 6-13 所示：

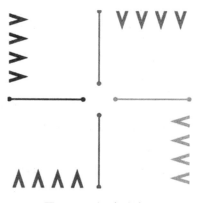

图 6-13　场地活动图

5. 口令与队伍调动技能案例二的水平研判

①教师口令声音洪亮，语速适中，口令有节奏，预令、动令清晰，节拍

准确。②教师指挥精神饱满，跑步时能够根据学生位置调整指挥位置和身体朝向，能关注到全体学生，但是部分指令性用语欠规范，导致队伍调动出现困难，如"请所有同学站到最后一块垫子后面！"。如何站？横队还是纵队？哪一块是属于最后一块垫子，指令不清晰，所以导致4组同学的站位都不一样。再如，"同学们站到垫子侧面，每组第一位同学依次跨过每张垫子之后，向前跑，跨过皮筋，第二位、第三位同学再依次出发，同学们开始活动"。这里学生不明确站垫子的哪一侧，怎么做，完成后怎么回，这样都没有清晰的指令，导致学生不知如何开始。③口令运用规范性欠佳，如"第一排向前跨两大步，第二排向前跨一大步，第四排向后退两大步，第三排向后退一大步，第一排和第二排向后转，左右位置分开一点"，应为"一排——向前两（一般为单数）步——走，二排——向前一步——走，四排——后退两（一般为单数）步——走，三排——后退一步——走，一、二两排向后转，前排以中间同学为基准两臂侧平举，后排两臂前平举，向前看——齐，向前——看"。

6. 口令与队伍调动技能案例二的水平提升建议

①口令结合变化进行调动：口令的使用需结构完整，简明易懂，既要严格要求，也要活泼巧妙。特别是对小学生，教师应避免刻板模式的调动，如在口令一中，可以采用一、二排向右转，四个组向四个方向跑的方式，提高队伍调动的实际效果和效率，让课堂组织更巧妙。教师也可以在跑进的转弯路线放置标志桶，明确跑进路线。教师可以以儿歌形式的口令组织调动学生的练习积极性，如"一路纵队跑步走，注意间距不相撞，保持节奏抬高腿，绕过标志继续跑"等。教师通过儿歌形式的口令提醒学生跑步的动作以及跑进路线要求，也可以跟学生进行儿歌互动，教师说上一句，学生说下一句，不仅能活跃课堂气氛，还进一步加深学生完成练习要求的意识。②口令结合站位进行调动：指挥者的位置一般站在队形最长一面的等腰三角形的顶点，纵队练习也在排头。跨越式跳高的教学常采用十字组织队形，当队伍调动时，教师可以站在十字交叉点观察各组调动与练习情况，以便观察全队的活动情况，改变指挥或观察位置时需要改为跑步，并可在任意跳高架前做多方位示范。③口令结合示范进行调动：结合示范，教师对比较复杂的队伍调动可以先示范再喊，或者边示范边喊，提高直观性。在口令二、三中，教师可以先做示范，再喊口令调动，避免学生因听不懂而难以完成队形变换。同时，在口令二中，学生出现位置找不清楚的现象，学生是从跑步位调整到固定位，

教师同样可以采用儿歌化的口令进行队伍的调动，如"所有同学请注意，一路纵队齐步——走，第一组一路纵队走这里，二、三、四组相应走，走到位置原地踏步走，'一二一''一二一'，立定"。在队伍调动中位置容易产生混淆的情况下，教师可以边口令指挥边行动跟进，进一步提高课堂推进的有序和有效性。④加强口令与队伍调动规范性：教师在平时的教学中需加强口令与队伍调动的规范性，通过学习和课堂实践，做到用规范的口令让队伍调动省时、合理，有效提高课堂效率。

四、运动技术诊断与纠错技能及其培养

（一）运动技术诊断与纠错技能

1. 运动技术诊断与纠正技能概念

动作诊断与错误动作纠正技能可由三个部分构成。一是观察发现。教学活动是双边的，体育教师的主要作用在于教会学生运动技能，而这个过程不是一蹴而就的，需要教师不断地给予学生指导，但有效指导的前提是仔细观察。有的教师善于观察，很快就能发现学生在学习过程中的错误动作，而有的教师却视而不见，应付了事。所以，仔细观察是诊断与纠正错误的基础，只有进行观察，才能发现学生在运动技能学习过程中存在的问题。二是分析成因。从整个过程来看，观察学生学习行为与发现问题虽是一个重要过程，但我们不能停留在这个阶段，它只是提供了一个问题意识，接下来就需要教师对问题进行分析。教师要找到问题出现的根源，只有这样，教师才能有的放矢，真正解决问题，正如医生一样，病人出现的问题只是一个病症，关键的是要能快速确诊。有的医生检查了很多，却始终说不出病根，而高明的医生能准确、及时地说出病因。三是反馈指导。发现问题、找到成因已经为解决问题做好了前期准备，最后的一个阶段就是寻找方法有效地解决问题。由于方法很多，不同的方法有不同的作用，同一个方法对不同的学生，其效果也各有不同。因此，教师选择适合学生的方法是纠正错误动作的关键所在，方法不到位，效果就难以体现。

"动作诊断与错误动作纠正技能"主要是指体育教师对学生学练运动技术的过程进行细致观察、发现错误、准确判断，并选择适宜的教学方法与手段，纠正学生的错误动作而表现出的一种较为熟练的教学行为方式。

2. 关注运动技术诊断与纠正技能的意义

（1）可以快速诊断出学生错误动作的根源

每一个体育教师诊断学生错误动作的水平是不同的，正如医生诊断病情一样，疾病的症状相同，但其病因是不同的，所谓庸医就是"头痛医头、脚痛医脚"，高明的医生则是辩证施药，寻找病根，药到病除。与医疗行业不同的是，教师承担的责任较小，而医生的优劣直接与人的生命相关，因此教师的优劣在一般情况下较难区分，加之如今对体育教师水平的评价体系缺乏，进一步导致体育教师不求上进、得过且过的情况出现。当然，这也是暂时的现象，当前一个正式的体育教师职位几十人竞争，这就提高了体育教师的要求。其中体育教师对学生错误动作的诊断与纠正技能是一个很重要的专业能力，因此关注运动技术诊断与纠正技能，对提升体育教师的能力与水平具有重要的意义。

造成学生错误动作的原因有很多，学生的身体素质、运动技术本身、学习方法、运动习惯干扰等等。优秀的教师对学生的错误动作一看便知是什么问题，而平庸的教师却看不出"病根"，只是围绕现象找问题，结果也是徒劳的。

（2）有利于快速寻找纠正错误动作的方法

快速寻找错误动作的原因是一个方面，合理选择方法与手段解决问题、纠正错误动作又是另一个重要的内容。有的教师善于运用合理方法与手段，顺利有效地解决问题，而有的教师视而不见或运用了错误的方法与手段，其结果就可想而知了。纠正错误的方法很多，如强化概念法、转移练习法、降低难度法、自我暗示法、阻力助力法等，其手段也是多种多样的，如利用器械、模型、图示等，对不同的学生产生的错误动作可以采用不同形式的纠正方式，如集中纠错、小组纠错、个别纠错等。总之，体育教师发现与纠正错误动作的方法是否正确，要看其实际的效果，实践是检验真理的唯一标准，效果好的，教师寻找学生错误动作的病根是对的，其纠正错误动作的方法与手段也是正确的，反之，则是错的。

（3）提升运动技术诊断与纠正技能水平

教师通过相互观摩与学习，观察他人诊断错误动作的原因与纠正策略，学习他人的经验，提升自己的能力。诊断学生错误动作的原因是体育教师内在的思维方式，是不可见的，运用方法与手段纠正错误动作并判断其有效性则是可见的、可观察的，我们可以从可观察的现象中去倒推某教师诊断错误动作病根的水平，这种反推法是体育教学实践中运用较多的方法。另外，这种方法的使用可以帮助观察者提高对运动技术的理解程度，因为运动技术是一个复杂的操作程序，如果体育教师对运动技术的了解不够深入、理解浅表化，那么他/她一定发现不了学生产生错误动作的根源，同时也不可能运用一定的方法与手段解决问题、纠正错误。

（4）提高运动技术教学效率

运动技术教学是体育教学本质特征之一，让学生掌握运动技能也是体育教学的重要目标，这是众所周知的事实，但是在长期的体育教学过程中，我们经常发现学生学而不会、低水平重复学习等现象。这些现象的产生当然与运动技术学时不足、运动技术难度较大、教学方法不够科学等密切相关，也与体育教师的诊断与纠正错误动作技能水平有较大的关联。因为，运动学习是一种特殊的操作学习，与一般知识的学习不同，需要体育教师手把手地教学，体育教师如果自己的运动技能水平较低、教学缺乏经验等，他/她就发现不了学生错误动作的根源，运用再花哨的方法与手段，也是解决不了问题的，反而会使"病情加剧"。学生的运动学习也是如此，他们总是把动作做错，且在教师的指导下没有任何起色，那么他们就会产生运动学习的"习得性无助感"，轻者不愿进行深入的运动学习，重者逃避所有的运动学习。

3. 运动技术诊断与纠正技能要求

（1）根据情况，预计可能

教学预设性是教学的基本特质之一，体育教学也不例外，因此体育教师在课堂教学之前要充分做好课前的各项准备工作，其中备课是一项必须要做的任务。在备课过程中，为了提高运动技能教学的有效性，体育教师应针对所授课程运动技能的特点，做好学生可能出现错误动作的预计工作，这样就能有的放矢，做好解决问题的多种预备方案。预计学生可能出现的错误动作的前提应该包含两个方面：一是教材的性质与特点，如教材的难易程度、个人项目还是集体项目、力量型的还是技巧型的等等；二是学生的特点，如学生的年龄、爱好、学习基础、身体素质等。

（2）通过手段，仔细诊断

"望闻问切"是中医诊断病情的常见手段，体育教学不同于中医诊断，但道理是一样的。首先，由于体育教学的特殊性，学生的运动动作具有外显性、直观性，因此体育教师要学会仔细观察，了解每一个学生在运动过程中的每一个细节。其次，体育教师还可以通过询问的方式与学生进行交流，了解学生的实际情况，这些交流得到的信息有助于教师诊断问题。教师还可以结合技术测量法、要素分析法等进行综合诊断，来提高运动技术诊断的有效性。

（3）把握重点，切脉根源

学生出现错误动作的原因有很多，可能是没有看清教师正确的示范动作，在大脑里没有建立较为清晰的运动表象；可能对动作理解不到位，导致重点不清晰；可能是身体素质不好；可能是动作难度太大；等等。这些原因不一定适合每一个人，这就需要体育教师进行综合分析，抓住主要矛盾，把握错误原因的重点，这样才能击中要害，找到根源，以便"对症下药"。例如，学生在前滚翻动作时出现了"侧倒"的现象，原因可能是多方面的，双脚蹬地用力不均衡或者两手臂撑垫屈臂有先后、身体素质不高、心理紧张等，但产生侧倒的原因有二：一是双脚蹬地力量小，提不起臀部，所产生的反作用力不足以推动身体前滚；二是当双脚蹬地后身体重心移至双臂时，手臂软弱无力，无瞬间撑直过程，导致上体低头含胸时没有足够的时间和空间，只能使头顶触垫而导致侧倒。二者兼具，才是侧倒的主要原因。蹬地用力而臂无力会导致面部擦伤或颈部扭伤，臂撑直而蹬地无力只能产生头顶触垫、跪垫现象。因此，能否抓住问题产生的关键，在一定程度上体现了一个教师水平的高低，有的教师只是发现了问题，却始终找不到错误动作的根源，而有的教师就能一针见血，快速诊断。

（4）针对阶段，捕捉时机

纠正的时机很重要，时机晚了，很难纠正；时机早了，错误连连，无法着手。因此，我们应根据学生掌握运动技能的不同阶段捕捉纠正的时机。运动学习之初，学生学习的主要目的是体验运动的感觉，此时由于学生对运动技术的了解不够、理解不深，他们出现的错误动作、多余动作必定很多，因此此阶段对学生运动技术的要求不要过高。在班级教学中，教师对学生共同出现的错误动作可以集中纠正，对个别学生的个别问题，可以采用个别指导的方式进行。在运动技能掌握的第二阶段，即改进与提高阶段，学生神经系统与肌肉系统开始协调起来，出现的错误开始减少，这时教师对学生的要求逐渐提高，特别是运动技术的关键环节与重点环节，要求学生做好、做对、做准确。到了运动技能巩固阶段，教师重点要关注运动技术的细节，提高运动技术的质量。

（5）妙用手法，讲究实效

纠正学生错误动作的方法很多，如教师示范法、语言提示法、正误对比法、声音刺激法、条件变换法、图表演示法、动作分解法、模仿练习法、助力阻力法、条件限制法等。这些方法并不一定适合每一个学生，因此我们在选择方法时主要从纠正错误动作的实效性出发，根据学生的不同情况、出现的不同错误动作区别对待、有的放矢。教师示范法可以帮助学生建立正确的运动表象；语言提示法、声音刺激法等可以提示学生在运动练习过程中的注意点；正误对比法可以让学生通过对比的方式区别正确的动作与错误的动作；条件变换法可以在降低难度条件下改进运动技术；助力阻力法可以通过教师的"手把手"式指导让学生体会肌肉用力的时机与空间位置等。学生在立定跳中出现"膝关节不屈，重心降不下去，直膝跳的纠正方法有触胸跳、向上跳、障碍跳、台阶跳、跳皮筋"等情况，其中的"台阶跳""障碍跳""向上跳""跳皮筋"就适用于条件限制法，"触胸跳"则适用于模仿练习法。

（二）运动技术诊断与纠正技能的培养

1. 教学观念更新

作为一名合格的体育教师，我们应加强专业素养，提高体育教学质量意识。运动技能是体育教学的本质特征，体育教师在传授运动知识的同时，要让学生积极学习运动技术、熟练掌握运动技能。因此，教师要改变"只管教，不管会"的想法，要贯彻面向全体学生、人人平等的原则，照顾好班级教学中的每一位学生，同时还要实施差异化教学，因为在班级教学中，必然会有部分学生运动素质较好，学习速度较快，也有部分学生学习基础较差，学习速度缓慢，而这些学习速度缓慢的学生往往出现的错误动作多，如果没有实施差异化教学，体育教师就有可能会马马虎虎地对待这些体育学习困难的学生。因此，体育教师要转变教学理念、强化专业意识，公平对待每一个学生。

2. 图书资料收集

知识是掌握教学技能的基础，体育教师有必要了解有关"错误动作"的产生原因、诊断方法、纠正的方法与手段等相关的知识。这些知识很多，体育教师可通过书本、教材、网络、其他教师、同学等多途径收集各种运动技术易犯的错误动作、相关的纠正方法与手段、各项运动技术的重难点、关键技术、技术细节等方面的资料，以备在教学实践中随时提取，为该方面教学技能的发展提供基础。

3. 自我经验积累

知识只是基础，教学实践才能把"知识"转变为一种"经验"，体育教师可在深入钻研体育教材教法的基础上，认真积累体育教学经验，这样可以积少成多。体育教师本身就是实践者，在每一节课堂教学的实践过程中，可以有意识地做好课后反思工作，专题性地记录与总结每一节课学生出现的错误动作、实施的方法、纠正的效果等等。这些总结可为之后的教学积累很好的经验，并提供帮助。若没有课后认真反思这个环节，我们的教学工作是被动的，虽有一些经验的积累，但还是缺乏系统性与计划性。

4. 自我体验借用

体育教师是经过职前专门训练与职业培训的教师，他们在专业运动培训的过程中，必然要进行各种运动项目的学习与训练，自身的运动经历就是一个很好的经验。因此，体育教师可结合自身的运动经验，感受在什么情况下可能出现怎样的错误动作，学生产生错误动作的根源在哪，正确动作的用力时机在哪，纠正错误动作的方法是什么，等等。这样，体育教师就可以利用自身的经验与体会来处理当下的教学工作，起到迁移与借鉴自身运动经验的作用。

5. 学习他人经验

体育教师有意识地观察其他教师、网络视频、经验丰富的教师在诊断学生动作、分析原因与纠正错误动作等方面的做法，积累可贵的经验，并结合自己的课堂教学，认真观察自己上课过程中学生的动作行为，分析正确动作和错误动作，如果是错误动作，要深入分析错误动作产生的原因，并试图结合他人的经验与做法，寻找有效解决学生错误动作的最佳方法。

（三）运动技术诊断与纠正技能案例与水平研判

1. 运动技术诊断与纠正技能案例一：篮球双手胸前传球

（1）错误动作分析：肘关节外展。一般情况下，年龄越小的学生，越容易出现这样的动作。这个错误动作的出现并不只是班级教学中的个别现象，而是有一定的普遍性。（2）教师对错误技术原因的分析：首先，学生出现这个动作的原因是多方面的，主要有篮球持球的位置、持球的手形、手臂的力量、两臂出手的方向、传球的远度、重心的位移不正确等，其中必有一些是主要因素，一些是次要因素。我们在教学过程中，一定要根据学生的实际情况抓住主要矛盾，否则就会徒劳无功，笔者认为这个问题主要就是"双手持球位置过高"。篮球持球位置过高，就容易造成两臂肘关节外展。其次，还可能是两人对面传球距离太远等，这要根据现场的情景而定。（3）教师对错误技术的纠正方法有很多，如可采用限制法（传球学生的背后站一个学生，手举双臂限制前面学生肘关节外展），也可在确保其他环节正确的情况下，降低双手持球的高度，同时还可以缩短两人面对面传球的距离，在传球过程中身体重心前移等，这样可以有效纠正传球过程中肘关节外展的错误动作。

2. 运动技术诊断与纠正技能案例一的水平研判

首先，该教师运动技术诊断十分准确，能从诸多的因素中找出主要矛盾，说明该教师的运动技术诊断技能已经达到了一个很高的境界，该教师是一名善于思考、认真负责、兢兢业业的好教师。其次，从错误动作纠正方法与实效角度分析，该教师的方法与手段十分有效，效果显著，因此进一步说明该教师已经具备高超的"错误动作纠正技能"，值得他人学习与推广。

3. 运动技术诊断与纠正技能案例二：乒乓球正手攻球

（1）错误通常发生为初学乒乓球时手臂部分的动作。其主要表现在腰部带动大臂时，会不自觉地将手肘一并抬起，小臂因手肘抬起无法被大臂带动，如果不能及时纠正过来，便会养成一种习惯，每当击球时就会出现"抬肘"。对乒乓球的教授来说，这属于一种错误动作，不但不易矫正，而且会给我们打球造成许多不利的因素。（2）教师对错误技术原因分析：首先，因无人指导或指导者水平欠佳，初学者在学习正手攻球时容易去模仿，形成"打到球动作即对"的错误概念，这些都会影响动作的标准性，再加上思想上总喜欢倾向简单的动作，这样一来整套动作就不易被正确地分解（具体的分解是指腰部带动大臂，大臂再带动小臂），实际上就是放弃对"小臂"的使用，击球时也无意间从主要"靠小臂"变成了主要"靠大臂"。其次，小臂动作是帮助我们制造弧线的，教练在教授动作时通常会让我们正手动作要"向前向上"，指的就是小臂的运动轨迹。如果击球动作的终端被大臂取代，击球时制造弧线的概念会被减少，取而代之的是一种"向前推球"的击球概念（在实际中发现多数爱好者此刻会形成一种"向前推球"的击球概念），而在这种概念下形成的击球动作很容易造成"抬肘"。引拍阶段，初学者们为留出足够的击球空间，动作必定会往后，没有小臂动作，作用力完全源于大臂，大臂只能借着向后引拍来蓄力，此时手肘就会被无意间抬到一定的高度，再加上来球的高度时高时低，初学者还未熟练掌握用手指控制拍形的情况，为了压住某些高低度的来球，手肘就会被再一次抬起，高度也会继续上场，在短短几秒钟内，"抬肘"的动作就会被贯穿在整个正手攻球动作中，如不能及时更正，就会养成一种习惯，久而久之就成了一种不易矫正的错误动作。

4. 运动技术诊断与纠正技能案例二的水平研判

首先，该教师对初学乒乓球的学生手臂部分动作的技术、大臂与小臂之间的关系分析还是比较到位的，说明该教师对乒乓球专项技术水平较高，对乒乓球技术的理解水平较高。其次，该教师提出了切实有效地纠正学生乒乓球手臂错误动作的三个方面的方法：引拍方面、概念方面、行为习惯方面。这具有一定的针对性，说明该教师纠正技能水平较高。

5. 运动技术诊断与纠正技能案例二的水平提升建议

（1）教师应增加对错误技术的纠正方法：引拍动作本身就是正手攻球动作的一部分，直接会对动作造成结构性的影响，"做对"意味着为正确动作起到塑形的作用，"做错"意味着为不正确的动作起到塑形的作用，因此"抬肘"错误动作在引拍阶段就应该得到纠正。当我们在做引拍动作时，我们务必对动作进行分解，具体指的是大臂先拉开，带动小臂运动后（存在先后以及加速度递增的关系），小臂迅速打开（为小臂后续发挥作用做好铺垫），准备迎前击球。保持一个正确的引拍动作，会在很大程度上摆脱"抬肘"，从而避免"抬肘"错误动作造成的不良影响。（2）加强学生对概念方面的理解。我们要多体会小臂的作用——制造弧线，再从小臂击球中学会正确的击球点、击球时间。在一个正确击球的概念上，我们要摆脱"抬肘"这种错误的击球行为。（3）在行为习惯方面注重学生平时的养成。运用"好习惯去改掉坏习惯"的方法，当坏习惯等于抬肘错误动作来说，好习惯就等于一个标准的正手击球动作，并且通过对错误动作正确意义上的干扰，最终剔除它。

五、运动技术教法与手段运用技能及其培养

（一）运动技术教法与手段运用技能

1. 运动技术教法与手段运用技能的概念

体育课堂运动技术教法实施技能是体育教师教学技能中最重要的技能之一，也是一项综合性的教学技能，其中包含了教师教法安排与实施技能、学生学练法安排与实施技能。

　　另外，体育教学手段是满足运动技术教学目标在物质方面要求的做法，体育教学手段运用的特殊性也是衡量一个教师教学水平、经验、教学效果的很重要的评价因素。一些有经验的教师会根据现有的场地与器材、自制的简单器械来设计别心裁的教学手段，使人感到耳目一新，所产生的教学效果也很好。在前滚翻的练习中，有些教师为了解决低头含胸的难点，运用了下颚夹红领巾、纸片的教学手段；为了解决双腿并拢的难点，教师运用了双膝夹纸片的教学手段。这些教学手段对解决学生在练习过程中的特殊问题起到了独特作用。

　　2. 运动技术教法与手段运用技能要求

　　（1）明确教法、手段运用与教学重难点、教学目标的关系

　　运动技术教法与手段安排与实施存在着一个如何处理体育课堂重要因素之间的逻辑关系问题，为什么要安排与实施教法与手段，其主要的目的是解决"课堂教学问题"，从而有效达成课堂教学目标。因此，不同的课堂教学问题、不同的课堂教学目标，安排的教法与手段是各异的。从理论层面分析，课堂教学问题就是教学重点，而教学重点应根据教材的性质、教材的重点、课次、学生前期基础等因素综合考虑而定。以蹲踞式跳远教学内容为例，它来自田径教材，主要培养学生的跳跃能力，从单元教学角度来看，蹲踞式跳远由助跑、起跳、腾空、落地四个环节组成，这四个环节各有其主要的目的。助跑技术的主要目的是使学生获得最快的速度；起跳技术的主要目的是把水平速度转化为垂直速度，最后合成一个前上方的速度，这个速度决定了跳跃的远度；腾空技术的主要目的是采用合理的方式使学生的身体尽量前伸，来达到最远；落地技术的主要目的是使学生的身体得到一定的缓冲，防止身体受伤、防止身体后倒影响远度。在这四个环节中，起跳技术是蹲踞式跳远单元教学的重点。这只是单元教学层面的重点，并不是课堂教学的重点。课堂教学也有其教学重点，这个教学重点与单元教学重点可能是一致的，但大多数情况下是不一致的，因为不同的课次有不同的教学重点。根据该课堂教学重点，我们可以相对容易地把运动技能目标确定下来，即加上"条件""程度"与"范围"：条件——"在踏跳板的协助下"；程度——"获得较为明显的腾空时间与高度"；范围——学生成功的比例达?%。把这几个内容集合起来，运动技能目标就是使 15% 的学生获得腾空步明显的腾空时间与高度、70% 的学生获得腾空步较为明显的腾空时间与高度、15% 的学生初步体验腾空

步的腾空时间与高度。

在寻找课堂教学重点、制定课堂教学目标之后，接下来的问题就是安排合理的教法与手段，即安排什么样的方法来解决教学重难点、实现教学目标。总之，运动技术教法与课堂教学重难点、课堂教学目标是息息相关的，可以说，没有课堂教学重点与课堂教学目标，教学方法与手段就失去了意义。

（2）关注教法（教与学法）安排的合理性

从教育学理论分析，教学方法包括了教师的教与学生的学，即通常所指的"教法"与"学法"，但在教学实践中，单独的"教法"与"学法"是不存在的，因为教学活动本身就是双边活动，教师在教的同时，学生必然在学，如教师在讲解课堂内容时，学生一定是在听讲，没有学生的听讲，教师的讲解也就失去了意义。同样，学生的学法也与教师的教息息相关，如学生在合作学习过程中，如果没有教师的指导与参与，那么就会变成"放羊式"教学。因此，教法与学法是相对应的。从学理上分析，教法主要有讲解法、动作示范法、直观演示法、完整与分解法、游戏与竞赛法等，而学法应有观察法、练习法、提问法、合作学习法、探究学习法、自主学习法等。

（二）运动技术教法与手段运用技能培养

1. 理论知识学习

知识是掌握教学技能的基础，我们有必要了解有关"方法与手段"等相关的知识。这些知识很多，体育教师可通过书本、教材、网络、其他教师、同学等多途径收集运动技术"方法与手段"的资料，以备在教学实践中随时提取，为该方面教学技能的发展提供基础。

2. 自我经验积累

知识只是基础，只有教学实践才能把"知识"转变为一种"经验"，体育教师可在深入钻研体育教材教法的基础上，认真积累体育教学经验，这样可积少成多。体育教师是教学实践者，在每一节课堂教学的实践过程中，可以有意识地做好课后反思工作，专题性地记录与总结"方法与手段"的实施效果。这些总结可为之后的教学积累很好的经验，并提供帮助。

3. 他人经验学习

体育教师要有意识地观察其他教师、网络视频、经验丰富的教师在"方法与手段"方面的经验，并结合自己的课堂教学，认真观察自己上课过程中学生的动作行为，结合他人的经验与做法，寻找有效提高体育教学效果的最佳方法。

（三）运动技术教法与手段运用技能案例与水平研判及建议

1. 运动技术教法与手段运用技能案例一：以浙江师范大学实习生为例

（1）教学内容：篮球 2V2 掩护配合。（2）教学对象：高三篮球提高班。教学目标：①在挡拆掩护配合的学习后，学生已经能够说出掩护跑位的时机和路线，以及 2V2 挡拆配合的具体方法，并能够准确描述在实战中攻防价值。②在 2V2 有防守的挡拆掩护配合中，学生能够沿着正确的跑位路线、选择正确的掩护时机和做出正确的"挡"的动作，把握"拆"的时机以及下顺路线，从而成功完成挡拆掩护配合并能有效地得分。③学生在 2V2 挡拆配合的对抗中具有积极思考、团结协作、随机应变的能力，有灵活变化的思维意识，在学练中养成良好的合作精神和体育道德。（3）教学方法：讲解示范法、纠错法、观察法、图示法。（4）教学组织形式：分组教学法。（5）教学流程：一般准备活动—专项准备活动—2V1 多变挡拆基础配合—两人半场传接球—2V2 掩护配合练习—2V1 有防守的横向掩护配合—2V1 纵向挡拆掩护配合—放松整理。

2. 运动技术教法与手段运用技能案例一的水平研判

（1）优点：①教学理念先进。从单元教学内容和课时教学内容的设计来看，教师具有结构化教学意识，能将篮球掩护配合技术融入篮球整体化战术之中，突破了以往"碎片化""纯技术"教学的局限性，能紧扣《普通高中体育与健康课程标准》指出的学以致用的思想，并积极与《浙江省义务教育体育与健康课程指导纲要》接轨，将"技术、体能、运用"三维度单元设计和"一节课三个一"指导思路融入课堂中。②教学目标明确。从教案书写和教学过程中，我们发现，教师紧扣教学内容的核心技术环节，围绕技术展开教学内容深度剖析，从点到面，将挡拆技术融合在篮球配合所设计的认知、技术、能力、习惯、品质中。其可贵之处在于教师始终站在学生的角度去考虑"学什么""怎么学""学多少"来进行目标设计，让教学目标更明确，更具有可执行性。③教学过程完整。初为人师的实习生能够从课的开始部分、中间部分、结束部分比较完整流畅地完成教学任务实属不易。教师始终围绕教学目标，从准备部分开始从易到难地"搭建阶梯"，让学生不断跨越难度，最终登上"目标阶段"，整个过程体现了教学高度的完整性。④专业技能较扎实。在教学过程中，教师表现出较为扎实的篮球专业技能、良好的教态和流畅的语言表达能力，并初步具备了课堂教学驾驭能力。

（2）不足：①组织能力有待提升。在教学过程中，组织口语化严重，口令调动随意，缺乏规范性组织调动。队伍调动时没有最基本的"基准、间距、路线、方向"等内容。学生拿球、放球没有统一组织，让球在球场"遍地开花"，这样存在严重的安全隐患。②教学方法有待改进。在讲解示范法时，教师缺乏对动作技术清晰、简单、明确的表达，对挡拆教学内容进行讲解时，仅通过语言表达挡拆技术的要点，未能通过直观示范让学生建立清晰的动作表象。③课堂观察能力不足。在教学流程中发现其在内容实施时，许多学生跑动、挡拆、传球的路线、时机存在明显的问题，教师未能发现或发现后不知该如何解决。④课堂教学效果欠佳。整堂课从教学效果来看，学生在挡拆技术中未能有效地把握挡拆的跑动路线、传球时机、挡拆要点和时机，实践运用能力未能有效提高。

3. 运动技术教法与手段运用技能案例—期待水平提升建议

（1）强化课前准备。教师在上课之前要明确教学目标，围绕教学目标去"突出重点、突破难点"，要根据教学内容核心技术去提炼关键技术要点。例如，挡拆掩护配合是什么，由哪些核心要素组成，从哪一个开始切入教学等，这些问题都要弄清楚。教师要明确这些问题是什么原理，教师怎么教，为什么这样教。教师从中理出挡拆配合要点，就是无球人的"挡""拆"，持球人的选择（传球、投篮、突破），防守人的选择（后撤、绕前、互换）。教师理清楚这些内容之后，确定好课程的目标，梳理出学生"学什么""怎么学""学到什么程度"，从而就能有效地落实教学意图。（2）深度剖析学情。教学内容的选择和实施是基于学情的前提下展开的。基于学情的实际，教师应该对学生技术起点、基础特点、认知能力、兴趣爱好进行充分的了解。只有准确把握学生在学习过程中可能遇到的问题和困难，指定和选择合理的教学内容，教师才具备解决问题的能力。因此，对学生学习过程中可能遇见的关键问题的把握和问题预设，成了教学突破的关键。例如，"挡"的动作要求、挡的时机、挡的方向、路线的跑位，挡的时机中学生可能会出现的各种问题。（3）优化教学细节。教学内容应该注意优化教学细节。教学过程中，教师应该让学生有意识、有目的地做与挡拆相关的动作。比如，持球人在等待无球队员的挡拆时，需要提示等待，或者假动作晃骗防守队员，而不是挡拆队员还没来，就开始做动作。为了让持球人不着急，在热身的时候就可以有针对

性地加入热身内容，持球人等无球人到位了，再处理球。两组分别在两个45°
角时，距离太长，无球队员还没能及时跑到位，持球队员就开始突破了，导
致挡拆失败，可以缩短距离来提高学习效率。（4）注重启发引导教学。高中
学生已经具备较高的认知能力和扎实的专业技能基础，在教学过程中，教师
不要过于禁锢学生的思维，应该充分启发学生的思维，激发学生的学习积极
性。教师不要把"活"的球教"死"了。在教学过程中，教师充分激发学生
对球的感觉和灵性。教师要启发学生明白每一个动作背后的逻辑，让学生明
白"为什么要这么做"，是不是还可以有另外的变化，将单一技术在篮球大技
术的框架中进行融合，设置不同融合的情景，启发学生思考，将学生置入篮
球运用的情景中，给学生出些难题，提高其解决问题的能力，从而高效提升
其学习运用的能力。篮球运动无非就是人与人的关系，人与球的关系，人、
球和人的关系，教师让学生在每个情景去体会这三种关系，一步步地让学习
变得有效、有趣。

六、身体练习的保护与帮助技能及其培养

（一）身体练习的保护与帮助技能

1. 身体练习的保护与帮助技能的概念

体育教师的保护与帮助技能应包含两个方面的内容：一是体育教师的保
护技能，在这个技能中又包含三个具体内容，即体育教师本人的保护技能、
学生之间的保护技能、学生自我的保护技能；二是体育教师的帮助技能和学
生之间的帮助技能。因此，"保护与帮助技能"是指体育教师在传授学生利用
外力或外物对自我和他人进行保护时，教师利用各种手段为学生提供帮助，
在确保安全的情况下顺利完成动作过程所表现出来的一种较为熟练的教学行
为方式。

2. 身体练习的保护与帮助技能的意义

（1）提高体育教师的教学安全意识

在体育教学过程中，学生从学习到掌握运动技能是一个渐进的过程，对
有一定难度的运动技能，学生在学习过程中特别需要教师的保护与帮助。教
师保护的目的在于确保学生在练习过程中的安全，帮助的目的是为学生的练
习助力。学生在运动技能练习的初期，若能得到教师的保护，他们就会消除
由困难带来的紧张感，若能得到教师的帮助，可以顺利完成各个练习。当然，

学生不能对教师的保护与帮助产生依赖感，否则就不能进行自主练习。这就说明，体育教师的保护与帮助是十分必要的，也是提高学生练习安全性的重要保障。

（2）增强学生的自我防范意识，提高学生的自我保护能力

学生在练习初期较多地依赖教师的保护与帮助，但随着练习的继续，学生最后必须摆脱教师的保护与帮助，才能独立地完成运动练习。因此，在学生学会运动技能并独立完成运动技术的过程中，学生要把教师的外在保护转变成内在的自我保护，且通过加强对运动技能的理解能与练习的熟练性实现自我帮助的效果。因此，加强学生在运动过程中的安全意识是非常重要的，把教师的保护与帮助转变为自我的保护与依靠是强化与实施学生运动安全的重要途径。

（3）提高学生练习的有效性

学生在运动学习的初期，因对运动技能理解不足，对练习方式与用力次序不了解，势必会产生各种多余的、不协调的，甚至是错误的动作。此时若得不到教师的指点与帮助，其练习的效果就会下降，如果学生在练习相对困难的情况下得到教师及时的保护与帮助，那么他们就会提高练习的效果。以跳箱分腿腾越为例，在教师的保护下，学生相对消除了跳箱的恐惧与紧张心理，在教师的帮助下，学生可以按照动作的要求顺利完成跳箱练习。其他的技术动作也是如此，"保护"可以消除学生的紧张心理，"帮助"可以带给学生技术的力量，使学生顺利完成动作，提高学生练习的有效性。

3. 身体练习的保护与帮助技能要求

（1）熟练掌握各种保护与帮助方法

每一个运动项目都有其自身的技术重点、难点与关键点，因此每一个运动项目的保护与帮助方法各有不同。作为体育教师，我们不仅要熟悉某些运动项目的保护与帮助方法，而且要掌握各种不同的方法，这样才能有备无患，满足各个运动项目教学所需。体操类保护与帮助的方法较多，也很全面，体育教师可把体操教学中的保护与帮助方法举一反三，应用到其他项目的教学之中。

（2）合理选择保护与帮助的站位与部位

"站位"对实施保护与帮助方法来说很重要，不同的站位会直接影响保护与帮助的效果，若站位不对，不仅起不到保护与帮助的作用，反而会影响学

生的练习。在不同运动项目教学中，学生身体运行的线路不同，教师的站位应有所不同，其保护与帮助的手法、力度、部位等各有不同。例如，双杠项目中的支撑摆动，其帮助的部位是腰部，鱼跃前滚翻保护的部位是头部等，只有体育教师选好保护与帮助的正确站位，才能更好地促进学生的学习。

（3）合理选择保护与帮助的时机

体育教师在实施保护与帮助的过程中，要把握时机，快了没有效果，慢了起不到作用，只有恰到好处，才能产生理想的效果。例如，在单杠骑撑前回环教学中，教师帮助的时机是在学生的上体运动超过杠下垂直面后，教师用手托住学生的背部，帮助他完成动作，而保护的时机则是在学生完成动作之后，教师用手保护学生身体以免其因身体转动的惯性而继续产生滚动。

（4）合理的保护与帮助方法

表6-4　身体练习的保护与帮助技能例析一览表

跳箱分腿腾越	选择合理的站位	充分掌握时机	选择保护的部位
帮助	踏跳板与跳箱之间	当学生双脚起跳、双臂前撑时	托练习者两腿或髋
帮助	跳箱的前侧方	当学生双脚越过跳箱的两侧，准备推手时	握住练习者单侧手臂
保护	站在练习者的侧方	当学生做完动作准备落地时	扶住练习者身体

（二）身体练习的保护与帮助技能的培养

1. 意识强化

体育教师要加强自己与学生在体育教学中的保护意识、帮助意识与安全意识，特别是学生之间相互保护与帮助的意识。因此要确保学生的运动安全，学生之间的相互保护与帮助非常重要，这也是体育教师的一个重要任务。体育教师只有安全地实施各项教学活动，才能促进学生身体的健康发展。同时，强化保护与帮助意识也是教师保护与帮助技能发展的一个基础，有些安全系数较小的运动项目，教师要做好各种安全防范措施，一些安全系数较大的运动项目，更要加强安全意识。

2. 知识学习

体育教师除了有安全意识、保护意识与帮助意识，还需要有关知识的辅助，这样才能为提高保护与帮助技能打好基础、做好准备。因此，体育教师要学会从各种途径（书本、网络、资料等）获取有关保护与帮助的知识、方法与策略。

3. 观察学习

体育专业学生可在各项术科的学习中，有意识地关注术科教师保护与帮助学生的各种方法与策略；在职教师可以通过看课或网络录像，学习老教师保护与帮助学生的技巧与经验，并做好记录，以备今后教学之用。

4. 同伴交流

体育专业学生在学习各项运动技术的同时，经常与同学、同伴开展互相保护与帮助的活动，学习与探讨各种安全措施的方法与技巧；在职教师可以通过看课、磨课、评课等方式进行交流，达到相互提高的目的。

5. 实习锻炼

体育专业学生在实习过程中，向实习基地老教师学习各种保护与帮助的方法与技巧，并在教学实践的每节课中安排好各种保护与帮助的措施，不断锻炼与摸索各种方法，使自己的保护与帮助技能与水平得到较快的提升。在职教师则在不断的实践教学过程中重点关注保护与帮助技能，总结经验，不断提升技能，来达到熟练掌握的目的。

（三）身体练习的保护与帮助技能案例与水平研判及建议

1. 身体练习的保护与帮助技能案例一：手倒立练习保护与帮助

在中小学体育课堂教学中，部分教师对动作教学或保护、帮助方法缺乏了解，担心发生意外，往往回避手倒立等教学内容，或由于教学组织不合理以及保护与帮助实施方法不当，导致教学效果不佳，甚至造成练习者运动损伤或出现安全隐患。有的教师在教学中，以站立抓小腿的方法使练习者呈靠墙倒立姿势；有的教师在教学中，没有经过靠墙倒立学习过渡，直接进行手倒立练习。例如，将全班的学生分成 3~4 人一组，学生在相互保护与帮助下进行动作练习，练习中经常出现两个同学作为保护、帮助者站在练习者侧方，同时将练习者双腿抬至倒立位的情况。

2. 身体练习的保护与帮助技能案例一的水平研判

（1）体育教师不了解动作技术与教学方法，特别是对保护与帮助方法不熟悉，是其不敢教、教不好的重要原因。因此，体育教师首先要了解动作技术要领及保护与帮助的方法。（2）教师不注意区分学生基础能力，采用千篇一律的教学方法，或机械照搬教材介绍的方法，整体教学成效难以提升。（3）教师在保护与帮助中不能结合学生动作技能学习规律，学生尽管在保护与帮助中能完成动作，但对动作技术环节往往把握不到位。（4）保护与帮助方法如不注意细节，反而容易发生伤害事故，如同时将练习者双腿抬至倒立位，练习者如果双臂支撑不住则会造成危险现象。

3. 身体练习的保护与帮助技能案例一的水平提升建议

部分教科书仅仅简单介绍手倒立的保护与帮助方法，而对靠墙倒立的保护与帮助方法没有介绍或仅是提及。手倒立的保护与帮助方法是站在练习者的侧前方或正面，用腿顶住练习者肩部防止其冲肩，并用两手主动扶住其腿帮助控制平衡，结合练习情况进行动作纠正，并通过语言提示给予间接帮助。靠墙倒立是学习手倒立的重要过渡练习。在靠墙倒立教学中，保护与帮助者应站在练习者的侧方，以单腿跪立姿势，一手（靠墙侧）托肩，一手托大腿前侧，协助练习者摆腿顶肩，并将其身体置于倒立位，同时通过语言提示，间接帮助练习者更好地完成动作。

针对手倒立练习的保护与帮助，我们提出以下建议：（1）对保护与帮助的运用，需要考虑不同教学对象的差异，以及不同学习阶段的差异。在动作学习初级阶段，练习者在不能独立保障其自身安全的情况下，应采取保护与帮助措施，使练习者体验动作技术要领和动作过程。手倒立的学习首先要掌握摆腿蹬地技术，可先靠墙练习摆腿蹬地动作。在靠墙倒立的保护与帮助中，保护与帮助者应在练习者的侧方，以单腿跪立姿势，一手（靠墙侧）托肩，一手托大腿前侧，协助练习者做摆腿蹬地和直臂顶肩动作练习，并可辅助将其身体置于倒立位，进而调整好姿态。同时，保护与帮助者可通过语言提示，间接帮助练习者完成动作，如"抬头""用力摆腿""蹬地""直臂顶肩""并腿"等。（2）考虑学生能力基础差异和练习进展，可将学生按能力水平分为不同等级，进行分组教学。（3）针对身体控制能力弱的同学，教师要保护与帮助其完成动作，或经过培训的两名教学骨干保护与帮助其完成。（4）针对有一定身体控制能力的同学，教师要以保护为主，帮助为辅，结合其练习情况适时进行语言提示，帮助练习者更好地完成动作，如"收腹""紧臀""夹腿""绷脚"等。（5）针对在靠墙倒立中有塌腰、冲肩错误动作的同学，教师应以一手托肩，一手推髋的动作协助其将身体挺直。在学生手倒立练习时，教师也可以膝顶肩，并在一手推髋，一手推腿的协同作用下，协助其挺直身体。（6）合理利用海绵垫或海绵包来加强保护，这也是消除练习者害怕心理的必要手段。学生可在海绵垫上进行练习，教师也可将海绵包置于练习者前方或贴于墙面。

4. 身体练习的保护与帮助技能案例二：双杠前滚翻练习保护与帮助

在中学体育教学中，双杠前滚翻练习是较难的动作教学内容，对保护与帮助的要求也较高，如果不能很好地运用保护与帮助，教学效果难以体现，学生的安全也缺乏保障。某教师在双杠前滚翻教学时，直接在双杠上教授完整动作，并开展 3~4 人一组的分组练习。学生在相互保护与帮助的过程中，由于保护与帮助的方法不到位，练习者经常从双杠上掉下来，当然双杠下的海绵包会起到良好的保护作用。同时，保护与帮助者站位和手法的错误，导致他们的手被练习者压住，以及他们被练习者的腿或手打到头部等情况时有发生。

5. 身体练习的保护与帮助技能案例二的水平研判

（1）双杠前滚翻动作技术要领有一定的复杂性，因此不应该在第一次课就进行完整的动作教学。（2）双杠前滚翻动作的保护与帮助也有一定的难度，因此不应该在初学阶段组织学生进行相互间的完整动作的保护与帮助，这对练习者和保护与帮助者来说都有可能存在风险。（3）保护与帮助方法运用不到位容易发生伤害事故，同时也容易造成保护与帮助者自身的风险。（4）将海绵垫或海绵包置于杠下能起到很好的保护作用，这也是消除练习者害怕心理的必要手段。

6. 身体练习的保护与帮助技能案例二的水平提升建议

一些教材中对双杠前滚翻的保护与帮助是这样描述的：保护与帮助者站在杠侧，一手托练习者大腿，另一手从杠下托其肩，并随其前滚而换手至托其背、腰帮助完成，可两人分别站于两侧一起帮助。

针对双杠前滚翻练习的保护与帮助，我们提出以下建议：（1）在双杠前滚翻动作教学中，教师应分阶段、分多次课进行教学，同时根据练习者基础学习水平，合理设计辅助性或诱导性练习，帮助练习者把握动作关键技术，体验身体运动感知。学生可先在垫子上做分腿撑地开始的前滚翻，学生两腿经并腿后分开，同时两肘撑地，也可在低双杠或体操垫搭建的平台上练习，待学生基本掌握动作关键环节后，学生再过渡到双杠上练习。（2）在进行学生间的相互保护与帮助之前，教师应对学生进行专门的教学骨干培训。采用分组教学时，教师将教学骨干分配到各组，强调保护与帮助的动作规范，组织落实好练习流程。（3）双杠前滚翻动作的保护与帮助一定要强调近杠侧的手从杠下托肩，外侧手托大腿前侧，同时在练习者翻转和换握时，保护与帮助者一定要避开练习者的腿和手的动作。（4）保护与帮助者应善于观察练习者并进行动作技术诊断，同时结合练习过程适时采用语言提示，间接帮助练习者完成动作，如"低头""夹肘推杠""收腹提臀""展肩开肘""换握"等。

七、体育课堂突发事件处理技能及其培养

（一）体育课堂突发事件处理技能

1. 体育课堂教学突发事件处理技能概念

课堂教学是一个师生双边互动的过程，意外情况和偶然事件的发生在所难免，体育课教学更是如此。室外体育课给学生提供了一个广阔的活动空间，学生在室外环境中身体可以自由活动，这为调节学生学习节奏、放松学生身心、减缓学习压力具有很好的作用，但同时室外环境为体育教学带来了一些麻烦，教学过程会受到外界因素干扰，学生的注意力难以集中，学生的外在行为难以控制。体育教师尽管在课前做好课堂教学各个过程的预设，但是教学本质的生成，并不一定按照课前预设丝毫不差，而是会因外界环境的不断改变而变化，因此在室外体育课堂教学中经常会出现一些意想不到的突发事件。例如，教师口令错误、示范失误、被学生问倒、保护与帮助失误；学生违反课堂规定、迟到、未换好运动服、擅自离课、练习失误，甚至造成身体的伤害；环境突变造成学生一时之间注意力涣散等。这些突发事件必然会使体育教师尴尬，这就需要体育教师及时应变、调整思路、改变教法，这样才能适应不断变化的外部环境。这也就涉及体育教师处理突发事件的能力。

"体育课堂教学突发事件处理技能"是指体育教师在快速处理课堂意外事件、突发事件过程中表现出来的一种较为熟练的教学行为方式。它是体育教师应具备的、有别于其他学科教师的一种特殊技能。

2. 关注体育课堂教学突发事件处理技能的意义

（1）提高体育教师应变能力

首先，体育教学主要在室外进行，而室外环境干扰因素很多，学生的注意力容易分散；其次，学生之间活动的空间较大，并允许身体之间的合理接

触，这些特点给体育教学带来了较大的困难，这也造成体育课程突发事件频繁的现象。体育教师必须根据体育课室外教学的特点，提高教学的应变能力，这样才能把被动变为主动。课堂教学突发事件的种类是较多的，主要可分为两类：一类是外界干扰因素引起的课堂骚乱事件，如飞机起飞声、牛叫声等各种声音引起的一时性的课堂混乱；某同学不遵守纪律与另一同学产生摩擦而形成的混乱。另一类是课堂教学事故，如某同学在练习时出现了身体受伤，导致的混乱等。这些突发事件都是课堂教学预设中无法预料的，是在现场即时发生的，因此需要提高体育教师处理突发事件的能力，这样才能以不变应万变。

（2）降低伤害事故发生概率

安全是体育课最重要的因素，也是广大体育教师、校长们"谈伤色变"的主题，因此搞好课堂教学安全工作是体育教师必须认真对待的问题。关于这个问题，我们应该有一个辩证的态度：一方面，我们必须认真对待安全问题，有效落实各项安全措施，杜绝或尽力减少体育课发生安全事故。这就需要体育教师认真研究教材特点，根据教材性质安排各项保护措施，同时还必须教会学生相互保护、自我保护的各种措施，因为面对众多的学生，教师只有一个。因此，课堂教学需要全体学生学习与具备安全意识与基本能力，这样才能通过全体师生的共同努力，实现体育课堂安全有保障的目标。另一方面，我们也不能"谈伤色变"，因为体育活动有自身的规律与特点，运动项目本身就具有一定的难度，这是其固有的特点，我们不能因为过于担心学生受伤，就取消一些具有一定难度、但健身效果较好的教学项目，如跳跃等，这是违背体育教学原则与规律的一种逃避主义的作风。

（3）确保体育课堂教学有效时间

体育课堂教学时间非常有限，课堂教学中身体练习时间更为有限，因为课堂中还有一部分时间是必需的课堂常规安排，如集合、整队、宣布课堂教学任务、队伍调动、教师讲解与指导、准备活动、放松活动、休息等。这些都是无利于身体练习但又是课堂必须的要素，如果再增加一些课堂教学突发事件，则需要花费大量的时间，那么学生身体练习的时间将大大缩减。身体练习是确保运动技能学习与掌握的重要因素，可以说没有足够的身体练习是不可能掌握运动技能的，因此我们需要提高体育教师处理突发事件的能力，这样才能以最快速度处理课堂教学突发事件，节约时间来确保学生身体练习。

关于这方面的技能，基层教师们所表现出的能力是不同的，有的教师以课堂为重，迅速处理课堂突发事件，把学生的注意力尽快转移到课堂教学任务中去，较好地解决作为"小插曲"的教学混乱，而一些能力较差的教师不仅不能快速处理，反而把事件扩大化或使自己不知所措，导致课堂教学的停顿或失控现象。

（4）有效提高体育教学质量

体育教学质量影响因素很多，有的来自教材、学生、教师、环境等方面，有的是因为室外环境对学生的心理因素、课堂气氛干扰较大。因此，教师如果不能很好地处理课堂教学各类突发事件，那么正常的教学就会受到干扰，学生的学习就会受到影响。作为一名合格的体育教师，我们必须结合体育课堂教学的特点，在处理好教材、教学方法、教学手段、教学策略、教学评价等各个方面的同时，需要重点关注课堂教学的生态环境，这样才能有效利用体育课堂教学时间，提高体育教学质量。

3. 体育课堂教学突发事件处理技能的要求

（1）对课堂中出现的各类突发事件能够始终保持冷静与镇定

对体育课堂教学中发生的各种意外，体育教师应该保持冷静的头脑和镇定的神情，这样才能处理好各种突发事件。当然，体育教师要做到这个要求也不是一朝一夕的事，特别是年轻教师，遇到一些课堂意外经常会神情慌乱、无所适从，不知如何是好，从而造成课堂的混乱。因此，体育教师在室外上课时，在心理上要有一个预期的准备，做好随时迎接变化的准备，但同时也不要造成过分紧张的心理，不要草木皆兵、战战兢兢，只要保持适度紧张、冷静镇定的心理状态，就可应付随时而来的突发事件。

（2）善于掌握"处理突发事件不影响课堂教学"的原则

突发事件往往不可预期，有时会直接影响正常的教学次序，缺乏经验的教师经常会顾此失彼，急于处理突然而至的突发事件，但因这些突发事件往往不能急速处理，所以就影响了整节课的教学。当然，若遇重大的事件，如学生发生重大的伤害事故，在这种情况下，体育教师必须立刻停止上课，并采取有效快速的手段与方法解决当下的问题，如进行急救、拨打120或送往医院等。并不是所有的突发事件都是重大的，大部分都是微小的，对这些细微的事件，体育教师要小范围化处理，尽量"大事化小、小事化了"，并采取"当场搁置、事后处理"的方式，不要影响正常的教学活动。

处理突发事件的方法很多，但并不是所有方法都是快捷有效的，很多青年教师由于缺乏这方面的经验，所以在处理体育课堂教学突发事件时，往往会花很多的时间，有时还产生一些负面影响。有的突发事件来得突然，来不及长时间的思考，体育教师必须做出快速的判断与应对，因此作为刚入职的体育教师要很好地掌控课堂，需要向老教师多学习课堂管理的各种方法，最后形成自己独特的管理方法和教学风格，这样才能应对自如。

（3）处理突发事件时不要伤害师生感情、不体罚学生

体育教师要有一个基本的认识，那就是体育课堂教学出现一些突发事件是一个正常的现象，因为教学环境是不可控的。同时，突发事件也是一个异常的现象，因为它毕竟直接干扰了体育课堂教学的正常秩序。体育教师在处理异常的突发事件时，一定要控制好自己的情绪，万不可感情用事，动不动就呵斥、谩骂、讽刺学生，这样做的结果不但对维护正常的教学秩序无益，相反，会极大地伤害师生之间的感情，使学生产生逆反情绪。即便是学生做出了一些违规行为，教师也要耐心处理，并在事后做好学生的思想工作，只有这样，才能以理服人。体罚学生更不允许，那是违反教学原则、教育原理的，体育教师应该特别注意。

（4）处理突发事件做到公正、客观、公平

在课堂教学的竞赛活动环节中，突发事件可能直接影响竞赛双方的"利益"，因此体育教师要妥善处理，尽量运用竞赛的规则与原理进行判别，不要感情化处理，否则必然会使学生产生对抗的情绪，如在竞赛活动中，学生出现了抢跑、犯规、违规行为时，不能视而不见，要采取果断的措施，纠正这些违背体育比赛道德的行为，这也是对学生的思想品行的一种教育，可以把这种"事件"好好利用起来，借此实施体育教学的教育功能。这是一种变不利为有利的举措，而维持这个举措的标准就是体育竞赛的规则，这样才能做到公正、客观、公平。如果在处理过程中，教师带入个人感情色彩，对学生有所偏好，那么就会对事件处理不公平，其副作用就是学生对教师产生发自内心的不尊重。

（5）经常反思与总结处理突发事件的经验教训

突发事件的发生，表面上属于偶发性事件，但实质上具有必然性的一面，并且带有一定的规律性。所以，体育教师要认真总结突发事件的经验教训，尤其要课后认真剖析导致事件发生的深层次原因，找出教学中存在的失误和

不足。特别是对教法设计、组织管理、安全措施、环境预设等方面找出原因，体育教师要认真总结经验教训，提高防范意识与能力，减少一些不必要的、有碍学生身心发展的意外突发事故。

（二）体育课堂突发事件处理技能的培养

1. 知识学习

体育专业学生了解体育课堂突发事件的各种类型和相关的知识，钻研业务，博览群书，要经常查阅书籍、杂志、报刊、网络，学习各种处理方法，并进行分类积累，以备将来之用。

2. 模拟锻炼

学生曾经经历过无数大大小小的课堂，这些课堂都是一个个范例，有的课堂比较平静，有的课堂突发事件不断，这些都为我们提供了很多的素材。学生和教师都可以从中有所观察、感悟，教师在这些机会中锻炼和提高处理突发事件的能力。同时，在日常生活中，教师也要培养随机应变的能力。

3. 实践锻炼

体育专业学生在实习或观摩过程中，课堂上会发生各类突发事件，这样可以通过实践锻炼的方法来不断提高处理突发事件的能力，并在实习期间认真做好备课工作，详细分析学情，预计各类突发事件的产生及准备好各种预案。

4. 经验交流

任何技能的发展都需要长期经验的积累，老教师的教学经验比较丰富，年轻教师可以多向老教师虚心学习，不断积累各种经验，同时职前体育教师可通过现代化的网络交流提高课堂教学处理突发事件的能力。

（三）体育课堂突发事件处理技能案例与水平研判及建议

1. 体育课堂突发事件处理技能案例一

在一节水平四（七年级）《篮球：行进间单手肩上投篮》课上，学生在系统学练行进间单手肩上投篮动作技术后，教师安排了10分钟的4V4实战教学比赛，检验学生的学习效果。比赛中，A同学在队友的挡拆下三步上篮成功得分后，脚却在落地时踩在B同学的脚上，A同学瞬间痛苦倒地。场上和场下的同学见状纷纷围了上来，询问该同学的伤势。任课教师也暂停了比赛，快步上前检查A同学的伤势，发现A同学表情痛苦，脚已无法正常活动，随即安排两位同学将A同学搀扶至医务室做进一步的检查，任课教师则继续留在教学场地上开展教学活动，直至下课。

2. 体育课堂突发事件处理技能案例一的水平研判

体育课是以身体练习为主要手段，以运动技能为主要学习内容且是室外组织的课程，这意味着体育课是一门安全事故相对高发的课程。在本节篮球课上，任课教师面对学生在教学比赛中出现受伤的突发事件，先是初步观察学生的受伤情况，发现并不是特别严重，便安排两位学生搀扶着受伤的同学前往医务室，自己则留下来继续上课。在处理本次突发事件时，教师在考虑问题和处理方式上都不够全面。首先，在教学比赛开始前，教师并未事先提醒学生要注意安全，避免在比赛活动中受伤。其次，学生在比赛中脚部受伤后，教师也未第一时间组织好队伍，造成教学秩序混乱，容易对受伤同学造成二次伤害。最后，教师只是简单地观察和询问该同学的伤势，并让班级同学搀扶受伤的同学前往医务室治疗，未及时追踪该同学的伤情，也未通知班主任和学生家长。

3. 体育课堂突发事件处理技能案例一的水平提升建议

（1）体育课堂要组织有序，重视各个环节的实施。教师在备课时，要了解班级学生的身体和心理状况，关注特殊体质的学生，提前预设本节课的安全隐患及防护措施，做到防患于未然。教师在课前应做好准备活动，多强调安全问题，规定上课活动范围，帮助学生养成良好的保护、帮助的习惯。课堂教学活动要有序开展，避免"放羊式"教学，教学比赛中要时刻强调注意安全，避免冲撞和过度拼抢，减少意外伤害风险。（2）准确判断伤情，采取相应的处理措施。体育课上，教师在面对学生受伤的突发事件时，首先要判断学生的伤情，划分伤害等级，并采取相应的处理措施。例如，当学生轻微受伤（磕碰擦伤、鼻出血、运动性腹痛等）时，教师要及时采取有效手段止血、冷敷消肿等，安排学生见习休息。对中等及以上损伤（运动性昏厥、关节扭伤、骨折、脑震荡等），教师需紧急联系校医及时救治，并送往医院做进一步检查，同时与班主任和学生家长取得联系，报告校领导，并时刻追踪学生的伤情。

4. 体育课堂突发事件处理技能案例二

在一节水平四（八年级）跨越式跳高常态课上，班级里有位身材肥胖的女生在学习"过杆"技术动作时，她的助跑动作较为滑稽，且在起跳、过杆过程中险些摔倒，遭到同班几个调皮学生的嘲笑、起哄，这就出现对该女生

"言语欺凌"的现象。被嘲笑的学生满面羞愧,脸瞬间红了起来,自卑地低下头往队伍里走去,心情较为失落。任课教师见状,走到被嘲笑的女生面前,轻声地说了句"没事儿,继续加油",并继续投入教学活动中去。然而,该女生的情绪明显受到言语欺凌的影响,整节课都显得无精打采,也不大愿意继续参与体育学习活动了。

5. 体育课堂突发事件处理技能案例二的水平研判

在体育课堂教学中,存在部分学生因体格特殊、肢体不协调、动作不好看或运动成绩差遭到班级同学的嘲笑、贬低等"言语欺凌"的现象,尤其是班级里的体育学习困难生更易成为调侃的"笑料"。嘲笑、贬低别人本身就是错误的行为,嘲笑一旦发生,既影响同学之间的情谊,又会对被嘲笑的同学造成心理伤害。在本节课中,任课教师在面对学生被嘲笑的突发事件,虽然第一时间对被嘲笑的女生进行语言安慰,但却对此事件不够重视,略显敷衍了事。一方面,教师并未深入与该女生进行深入的沟通与交流,未采取相应的心理疏导;另一方面,教师也未对欺凌者有任何批评引导之意,似乎没有将此事当回事。之后,倘若课堂上再发生类似"言语欺凌"的事件,班级内调皮的学生将会更有恃无恐,甚至愈演愈烈,出现"身体欺凌""关系欺凌"等更为严重的校园霸凌事件。

6. 体育课堂突发事件处理技能案例二的水平提升建议

(1)教师应立即介入,制止"言语欺凌"行为。首先,教师应第一时间制止"言语欺凌"行为,为被欺凌的女生提供情感支持,耐心倾听她的内心感受,让她知道自己是被理解和支持的,同时应给予必要的心理疏导,帮助她纾解负面情绪。同时,教师应对实施欺凌的学生进行批评教育,培养他们换位思考、团结友爱、尊重他人等良好品质,必要时,可按学校规定对其进行适当惩戒,以示警诫。(2)采用合作学习法,营造相互尊重、互帮互助的学习氛围。单纯的说教式的品德教育难以引发教育对象的共鸣,德育的效果也较为有限。小组合作学习强调小组成员间团结合作,相互尊重、互帮互助的重要性。通过合作学习和团队游戏的方式,教师让学生明白每个人都有独特的优点和面临的挑战,同学之间要互帮互助才能共同完成学习任务。(3)关注学习困难学生,制订个性化的学习计划。教师要关注学生的个体差异,针对其不同的身体条件、运动基础因材施教。在本节课中,跨越式跳高教学内容对部分身材肥胖的学生有一定的难度,教师可采取差异化的教学方式,设置适合学生能力范围的小目标，让其在达成这些目标时感到成就感。例如，教师可适当降低难度，将横杆换成橡皮筋以及降低试跳的高度，增强学生学习的自信心。（4）协助班主任实施反欺凌教育。体育教师应及时将被欺凌学生的情况反馈给班主任，协助并配合班主任开展反欺凌教育，通过主题教育让学生了解欺凌的危害和不容忍欺凌的学校政策，持续关注、监督该事件，确保欺凌行为不再发生。

八、以体育人技能及其培养

（一）以体育人技能

1. 以体育人技能概念

"育人"作为教育的根本出发点和最终归宿，其最终目的是促进人的全面发展。"育人"的核心要义是塑造学生的人格，这也是学校课程教学的使命。体育作为学校课程的重要组成部分，对学生发展为"完整的人"具有独特价值。对职前体育教师而言，他们要实现以体育人的目标，育人技能的培养非常重要。

"以体育人技能"是指体育教师运用一系列运动的方法和手段，在促进学生身心全面发展的过程中表现出来的较为稳定的技能。其主要涉及体育教师的观察、辅导、沟通、表扬、激励、监督与评估等方面。其核心是帮助学生树立体育健康意识，养成自主锻炼习惯，在各类体育活动中强化责任意识，形成积极进取、勇敢顽强、遵守规则等良好品德。

2. 关注以体育人技能的意义

（1）有助于明晰以体育人的价值

在体育课堂教学中，体育教师往往专注于运动技能的学习和运动能力的提高，如为了提高学生的运动成绩而不停地训练，容易忽视对学生健康的行为方式和积极的人生态度等方面的培养。其重要原因在于职前体育教师未能充分认识到体育教育不仅限于传授运动技巧，还对学生全面成长具有重要作用。职前教师需要认真学习运动技能的同时，还要明晰体育课程不仅是对运动技能的学习，还是对学生人格的塑造，学生在体育活动中获得的不仅仅是对运动技能的体验，还有对团队合作、顽强拼搏的亲身感知。这样有助于学生树立健康的行为和正确的价值观，促进学生的全面发展。

（2）有助于以体育人水平的提升

体育学科以身体练习为主要手段，其特殊之处在于学生通过身体认识，感受和体验人生，因此体育的"育人"具有明显的身体参与性与情绪体验感。通过体育活动，学生亲身体验团队合作、勇敢不屈等良好品德，树立正确的价值观念，养成健康的生活方式，并全面发展。职前教师需要学习、掌握与运用适宜的教学方法与手段，以运动学习为载体，在各种身体练习的合理育人环节中，培养学生诚实、公正、尊重对手、坚持不懈等良好品德，实现学生的全面发展。

3. 以体育人技能的要求

（1）具备高尚的师德素养，为学生树立正面榜样

师德师风是指教师在具体教育实践活动中形成的道德品质、行为规范以及思想观念的总和。体育教师作为教育工作者，不仅在体育课堂上传授运动技能，其师德素养和行为规范还直接影响学生的道德品质和行为习惯，对学生有着深远的影响。因此，一方面，职前体育教师应培养高尚的个人品质，以身作则，为学生树立正面榜样；另一方面，职前体育教师应培养良好的师德素养，尊重学生、关爱学生，引导学生树立正确的价值观、人生观和世界观，促进学生的全面发展。

（2）把握以体育人的本质，明晰体育课堂育人目标

传统体育教学以运动知识与技能的传授为重点，在一定程度上忽略了对青少年品德的培养。随着教育改革的深入和体育教育理念的更新，职前体育教师只有摆脱传统观念的束缚，进一步把握体育教学的本质，明晰体育教学促进人全面发展的目标，深化对体育育人的认识，方能在体育课堂中巧妙融入德育教育内容，让学生在体育活动中感受和学习到正确的价值观和道德观念，进而促进学生的全面发展。

（3）掌握以体育人的技能，灵活运用以体育人的方法

为确保以体育人的有效性和针对性，一方面，职前体育教师应熟练掌握以体育人的技能，具备相应的能力，如观察能力、沟通能力、组织能力、评价能力等。另一方面，职前体育教师应灵活运用以体育人的方法，根据学生的认知特点和行为表现，合理设计以体育人的目标，善于培养学生体育品德，实现以体育人的目标。

（二）以体育人技能的培养

1. 育人理论培训

职前体育教师的以体育人技能的培养应注重育人理论的学习。在理论学

习中，职前体育教师一要学习德育学和体育伦理学的基本理论，理解体育品德的核心内容，如公平竞争、团队合作、尊重对手和自我约束等。二要掌握德育原则与方法，在学习体育教学中贯彻德育原则，掌握具体的德育方法，如通过分析成功的体育德育案例，了解在不同情境下如何有效地进行体育品德教育。

2. 实践活动训练

职前体育教师的以体育人技能培养应注重实践训练。在实践活动中，职前教师可通过情景剧和角色扮演，模拟体育课堂中的道德情境，培养应对和处理学生行为问题的能力。同时，学校还应组织模拟课堂和微格教学活动，让准教师在模拟的教学环境中运用所学理论，设计和实施体育品德教育。此外，实习活动是以体育人技能最重要的实践训练，它提供了真实的教学环境，让职前教师在实践中磨炼育人技能，并观察和学习经验丰富教师的德育实践。

3. 教学反思提升

学校应组织职前教师经常到附近的中小学看课，并进行评课与教学反思活动，提升他们在体育品德教育方面的育人技能，如在每次看课后，职前体育教师需要反思，总结成功经验和不足，特别关注体育品德教育的效果和改进措施。此外，指导教师应给予及时的反馈和建议，帮助职前教师不断提升以体育人的技能。

（三）以体育人技能案例与水平研判及建议

1. 以体育人案例一

在某校初一新生的排球双手正面传接球的课中，体育教师以身高排序，通过"一、二"报数的形式将全班同学分为两排，然后随机安排前后两个同学为一组展开练习。这样帮助学生感受自身的传球发力以及接队友传球时的受力情况。然而在实际练习中，有几位同学在场地上动作表现消极，甚至出现"自娱自乐""自传自接"等现象。经教师询问后发现，这几位同学由于彼此之间互不熟悉，传球力度和方向经常出现较大的偏差，导致来来回回捡球影响他人的正常练习节奏，因此让彼此之间失去搭档练习的兴趣和乐趣。此外，一些同学还去寻找熟悉的同学进行练习，而将自身的搭档晾在一旁。在得知这一情况后，教师迅速将学生集合起来，首先对同学为他人着想的行为进行表扬。其次，教师将不同秉性同学为一组学练的好处和作用讲解给同学们听。最后，提出"以球会友，广交好友"的口号，让第一排同学向后转，进行"认识搭档、握手言和、请多指教"的活动，在欢声笑语当中，同学们缓解了紧张尴尬的气氛，教师有效控制学生更换、放弃搭档的行为。

2. 以体育育人技能的水平研判

分组练习、合作练习是体育课堂中常见的练习方式，尤其在球类配合项目中经常使用，这也是职前体育教师经常采用的教学方式。学生间存在较大的个体差异，同时运动技能水平参差不齐，经常会导致体育教师在开展分组练习时困难重重。中小学生认知水平尚未成熟，处于以自我为中心的阶段，对外来的人或事物存在排斥性，缺乏适应能力，由此出现与不熟悉同学难以配合、适应的情况。针对上述问题，案例中的教师迅速组织同学，阐明分组学习的利害关系，并提出"以球会友"的口号，具有一定的教育意义。然而，该教师在体育育人过程中还有提升的空间：（1）育人时机存在欠缺：针对排球课堂中学生抛弃搭档的情况，是否可以借此机会引申出"同甘共苦、团结战斗"的女排精神？（2）育人方法较为单一，仅仅采用说教方法难以取得最佳的育人效果，应针对不同学生的身心特点，探索多元化的教学方法方能事半功倍。（3）育人意识尚有不足：同样针对学生抛弃不熟悉搭档这一问题，该教师的育人意识可能仅停留在表层现象，而没有深入意识到问题本质，即学生所展现出的屈服于困难与挫折、害怕人际交往等心理问题。

3. 以体育育人技能的水平提升建议

（1）针对学生身心特点，采用多样化的育人方法。职前教师在开展新班级授课前，需要尽早了解每一位学生的行为和心理特点，以便在育人时采用多样化的教学方法。例如，针对班级中的"小胖墩"，教师要照顾其怯弱的心理情绪，多用鼓舞、激励的育人方法激发其体育学习热情；针对班级中的"特长生"，枯燥的语言说教并非良策，通过分组竞赛，强强对抗的方法，让其领悟团队协作的重要性。（2）丰富评价内容，全方位展现体育育人价值。体育教师在评价内容上，除反映学生身体素质与运动技能等显性指标外，还应加入对学生的政治、品德、人格、价值观等隐形指标的考核，最大限度地反映学生的综合能力，凸显体育育人功能的全面性和价值性。

4. 以体育育人案例二

在某节水平二，三年级的《篮球：行进间运球》课堂上，教师在指导学生系统学练行进间运球技术后，安排了一场行进间运球接力赛。然而，在比赛过程中，A同学为了缩短完成时间，直接抱着篮球进行接力。其他学生见状，纷纷效仿这一行为，同时场上也有学生大声指责这些违反规则的同学，导致场面一度混乱，比赛无法顺利进行。教师发现情况后，及时叫停比赛，重新说明比赛规则后继续进行。

5. 以体育人案例二的水平研判

团队游戏或比赛能够有效激发学生的学练兴趣，提高学生的课堂参与度。然而，中小学生的认知水平尚不成熟，常常会在比赛中为了获胜而忽视规则，这样会出现争执甚至打闹等课堂混乱现象。在本案例中，教师通过叫停比赛并重申比赛规则及时处理这一问题，虽有一定的教育效果，但在处理方式上仍存在不足之处：（1）教师未及时制止初始违规行为。当第一名学生违反规则时，教师未能立即制止，导致其他学生纷纷效仿，从而加剧比赛的失控。（2）教师未及时干预学生间的争执。当学生开始相互指责时，教师没有及时出面干预，导致场面更加混乱，影响了正常的课堂教学秩序。（3）处理方式缺乏惩戒措施。在叫停比赛后，教师仅重新强调了比赛规则，并未对违反规则的学生进行告诫或实施惩戒措施，缺乏对学生行为的进一步规范和引导。

6. 以体育人案例二的水平提升建议

（1）制定详细的比赛规则及奖惩措施。职前教师应明确在开展游戏或比赛前详细讲解比赛规则，并明确违反规则的奖惩措施。这样不仅能够规范学生的行为，还能增强规则的约束力。在比赛中，教师可以指派几名学生充当裁判员，负责监督比赛过程，帮助学生养成遵守规则的良好习惯。针对违反规则的学生，教师应实施适当的惩戒措施，如扣分、暂时取消比赛资格等，来强化学生对规则的尊重和遵守意识。（2）把握育人时机，提高教学行为预见性。职前教师应在组织团队比赛的过程中，具备敏锐的观察力和预见性，及时发现并制止学生的违规行为。在该案例中，教师应在第一名学生抱球接力时立即制止，并对其行为进行教育，而非等到场面混乱后进行干预。同时，当学生发生争执时，教师应迅速出面调解，防止事态进一步恶化。此外，职前教师应学会在日常教学中，渗透规则教育，通过讲解规则的意义和重要性，增强学生的规则意识和自律精神。

第七章

课中课后衔接性体育教学技能及其培养

看课（听课）是一种对课堂进行仔细观察的活动，它对了解和认识课堂有着极其重要的作用，看课（听课）是教师自我检验的法宝，是教师成长的阶梯。教师通过多听课既可以完善自己的教学，又可以为其他教师提供反思的样板，不管是职前教师、青年教师还是有资历的教师，听课都可以有所收获。高质量地看课（听课）首先要学会筛选。不管多么优秀的教师，课堂同样存在一些问题，要用辩证的头脑看待课堂，而且在看课（听课）过程中要多思考、多鉴别，不能照搬照抄，也不能全盘否定，应该做到扬弃式地吸收、有选择地学习。看课（听课）时，职前教师应多学习有经验的老教师的长处与闪光点，使之为己所用。

一、体育看课技能及其培养

（一）体育看课技能

1. 体育看课技能的概念

"看课"是指观课者观察上课教师是如何讲解、示范、组织、管理、指导、反馈学生，观察与记录学生在课中的言语、行为、交流与身心收获等活动，它是评课的基础与前提。体育看课属于看课，是一种特殊形式的看课，因为体育课与其他课程不同，它是在室外组织的、以身体活动为主的、干扰因素较多的课程，需要看课者认真贯彻、仔细记录教师与学生在不同时间的各类身心活动情况。

"体育看课技能"是指观课者记录授课体育教师在课中的大众讲解、动作示范、活动组织、学生管理、指导学生等言行方面的情况，观察与记录学生在体育课中的言语表现、运动行为、身体交流与身心收获等，在过程中表现出来的一种较为熟练的教学行为方式。

2. 体育看课技能的意义

（1）提高体育教师素质和体育教学质量的需要。对授课体育教师而言，上课是展示自己体育专业素养和体育教学能力的主要方式，而看课是提升自身体育专业素养和体育教学能力的重要途径。通过观察其他教师的上课与教学，观看者可以学习到新的体育课程教学理念、体育教学方法、教学智慧与技巧，从而通过模仿达到提高与改进自己的教学能力的目的，以及提高体育教学质量。所以，对初学者和职前体育教师而言，看课特别重要。

（2）促进体育教学改革与专业发展的需要。体育教师看课、听课有助于了解授课教师展示的教育理念、教学思路和教学策略、教学要求，以及他们的授课水平与质量。通过看课，体育教师有助于学习、领会与培养自己的教学理念、教学思路、教学风格、教学技巧，进而促进教学改革的深入，同时也有利于青年职前教师的成长与发展。

（3）为评课提供基础。看课不是目的，评课是主要目的，但看课环节不可缺失，缺少了这个环节，评课就变成了空中楼阁。因此，观课者必须认真观课，并做好详细的记录，分类整理看法，这样才能为后续的评课提供坚实的基础与必要的准备。

（4）有助于观点交流与提高。众多的观课者可以通过看不同教师的课或者同一教师不同内容的课，组织起来交流与研讨，这对观察者的观点交流、学习提高起到重要作用。因为，观察者及其观察视角不同，他们观点各异，需要大家各抒己见，才能推进观点交流，共同发展。

（5）提高学生的运动学习效率和专注度。对学生而言，有无旁观者看课，对他们的影响较大。有观摩者看课，他们会在一定程度上提高课上的关注度与表现力，这是正向的作用，应好好利用。这样外力可在无形之中迫使学生在课堂上认真听讲、集中注意力、提高表现力，来吸引观摩者的注意力。

3. 体育看课技能的要求

（1）明确体育看课的目的

课堂观察是有目的的研究活动，观察者只有清楚观察的目的，才能收集到更确切有效的资料，才能确保观察的有效性。因为，课堂情境包含着众多的要素，如果没有观察的目的，观察的行动便是低效的。

（2）选择体育看课的角度

观察课堂教学的教师，应选择合适的位置，主要的原则是不影响课堂教学，如在观察与测量"学生运动心率"时，应选择一个中等的学生进行测量，但不要过于频繁等。

（3）运用相应的观察工具及使用技巧

体育课堂观察常用的工具有定量观察量化表、定性观察分析提纲，有必要时还可以运用摄像机进行拍摄等。

（4）正确处理观察者与被观察者之间的关系

被观察者（教师和学生）会对观察者抱有戒备心理，这种心理可能会导致被观察的课堂不同于平日的课堂。也就是说，当有人来观察课堂时，课堂情形或多或少会失真。为了减少这种戒备心理，被观察者要树立这样一种意识：他是来帮助我的，我非常感谢他能在百忙中抽出时间来听我的课，有别人的帮助我这次肯定能提高。观察者要意识到：帮别人就是帮自己，观察别人的课堂能让我发现问题并引以为戒，发现优点以长进自己，谢谢你为我提供了这样好的发展资源。

被观察者做到放松和自在，自我意识得到加强。他们要认为这是对自己工作的支持，自己受到鼓舞；他们要认为其对自己是积极的、有帮助的，能改善教学方法使自己的自信心得到加强。

观察者做到提高听课、评课的专业水准，搜集和积累微观资料，可使研究更深入细致，获得教和学的第一手资料，提供实际讨论中心，获得实践知识，汲取经验改进自己教学的方法技能。

4. 体育看课主要内容

（1）授课教师课堂教学问题的设计与处理

观察内容：体育课堂教学问题设计的科学性、提问的有效性、讨论的价值性、生成问题处理的艺术性及即时性评价等，观察量表如表7-1所示。

表 7-1 教学问题的设计与处理的评价一览表

观察视角	体育课堂教学问题的设计与处理		
维度	观察点	课堂现象描述	观察结果分析（定量、定性）
问题设计的科学性	问题设计的目的性与价值性		
	问题设计的准确性与严谨性		
	问题的思维容量		
	问题设计与学生的匹配度		
	问题的呈现方式		
提问的有效性	提问的方式		
	提问的适切性		
	思考时间与回答方式		
	即时性评价		
讨论的实效性	讨论问题的价值性		
	教师对讨论的调控		
	讨论的时间及效果		
生成问题处理的艺术性	问题的生成与捕捉		
	生成问题的处理方式		
	生成问题的处理结果		

（2）体育课教材的利用与课程资源的开发

观察内容：教师对体育教材的理解与把握、运用与整合、挖掘与拓展、课程资源的开发与运用，观察量表如表 7-2 所示。

表 7-2 体育教材的利用与课程资源的开发评价一览表

观察视角	体育教材的利用与课程资源的开发		
维度	观察点	课堂现象描述	观察结果分析（定量、定性）
教材的利用	教材的理解与把握		
	教材的挖掘与拓展		
	教材的加工与整合		

续表

观察视角	体育教材的利用与课程资源的开发		
维度	观察点	课堂现象描述	观察结果分析（定量、定性）
课程资源开发	社会、生活等相关资源的开发利用		
	教师、学生等校本资源的开发利用		
	跨学科课程资源的整合与运用		
	课程资源的形式		

（3）体育课堂教学教法的选择使用与学法的指导

观察内容：体育课堂教学教师教法选择的合理性、使用的有效性及学法指导的科学性等，观察量表如表 7-3 所示。

表 7-3　教师教法选择的合理性、使用的有效性及学法指导的科学性评价一览表

观察视角	教法的选择使用与学法的指		
维度	观察点	课堂现象描述	观察结果分析（定量、定性）
教法的选择与使用	选择的主要教学方法		
	教法选择的合理性		
	教法使用的有效性		
	最有效的教学方法		
学法的设计与指导	设计的主要学习方法		
	学法设计的合理性		
	学法指导的有效性		
	最有效的学法指导		

（4）学生体育学习方式与学习方法

观察内容：学生体育学习的组织形式、自主合作探究学习方式的运用、信息的搜集与处理以及获取知识方法的途径等，观察量表如表 7-4 所示。

表7-4 学生体育学习方式与学习方法评价一览表

观察视角	学习方式与学习方法		
维度	观察点	课堂现象描述	观察结果分析（定量、定性）
学习方式	学习的主要组织形式		
	合作学习方式的合理性与实效性		
	探究学习方式的合理性与实效性		
	自主学习方式的合理性与实效性		
学习方法	课堂呈现的主要学习方法		
	学习方法的交流与借鉴		
	各种学习方法的有效性		

（5）学生体育学习状态与学习效果

观察内容：学生体育学习的主动性与积极性、参与的深度与广度、规范与习惯、反思与评价、能力与发展及三维目标的达成度等，观察量表如表7-5所示。

表7-5 学生体育学习状态与学习效果评价一览表

观察视角	学生体育学习状态与学习效果		
维度	观察点	课堂现象描述	观察结果分析（定量、定性）
学习状态	学习兴趣		
	学习习惯		
	学习主动性		
	学习积极性		
学习效果	知识技能的理解与掌握		
	知识技能的应用与深化		
	能力发展与提高		
	方法的获得与运用		
	情感体验与感悟		

5. 体育看课的步骤与方法

（1）观看者仔细观察由授课教师提供的教案，并在自己本子上记录课堂教学基本信息：上课年月日、地点、天气情况、授课教师姓名、上课班级、单元课次等（有些内容在教案中有显示，也可能没有显示）。

（2）观看者按教学顺序记录整个教学过程。看课是按课堂教学流程进行的，因此记录也按教学的过程进行，这样不会遗漏过程中的每一个细小的环节。观看者可事先准备一份看课表或带好纸、笔临时画图，把看课的过程较为详细地记录下来。

表7-6　体育看课记录表

课堂教学过程	优点	不足
课前准备（教案、目标、重难点分析、场地布置等）		
课的开始部分		
慢跑（或游戏）		
徒手操		
队伍调动		
讲解		
示范		
学生练习之一		

（3）把值得学习的和值得探讨的内容进行分类整理。

（二）体育看课技能的培养

1. 观察学习

体育专业学生了解看课程序、有关知识与方法，经常观看网络资源提供的各类课。在上各学科课程的过程中，他们要经常从观察者的角度来审视和记录授课者的优缺点。

2. 实习、实践锻炼

体育专业学生经常参与各类见习和组织观摩活动，并做好看课记录，在实习过程中，向实习指导教师讨教看课的经验与方法，并身体力行。在上好自己课的同时，他们经常看同学的课、教师的课，多做记录，多积累些经验，为提高自己的看课水平和能力打好坚实的基础。

3. 教研活动

目前，各个层次的教研活动比较频繁，体育教师应积极参与各种教研活动，通过看课来锻炼和提高自己看课的技能。同时，看课也是一面镜子，它可以使教师不断反观自己、提升自己的上课水平。

（三）体育看课技能案例与水平研判及建议

通过看课活动，职前教师可达到向有丰富经验教师学习和相互学习的目的。职前教师、新上岗的青年教师或教学能力稍差的教师通过看课还可以尽快缩小与优秀教师的差距，提高水平，胜任教学。

1. 体育看课案例一：原地双手头上掷实心球

表7-7　看课记录一览表

授课教师		学　科	体育	学校班级	
课题		原地双手头上掷实心球		课型	
教师教学过程记录： 一、课前常规 1. 体育委员整队，报告人数。　2. 师生问好。 3. 宣布本课内容、教学目标及要求。4. 强调安全。 二、徒手操 1. 伸展运动　　　　　　2. 下蹲运动 3. 体转运动　　　　　　4. 体侧运动 5. 全身运动　　　　　　6. 跳跃运动 三、掷实心球的专项练习 1. 腰的反弓　　　　　　2. 双人拉肩 3. 初步学习形成满弓 四、教师讲解动作要领，学生积极模仿练习 1. 集体投掷练习 五、身体素质练习 1. 俯卧撑　　　　　　　2. 两头起 六、小结 1. 讲评，总结。　　　　2. 师生告别，下课。 3. 归还器材					教学点评： 教学方法恰当。在教学中，教师为每一个学生创造机会，让他们主动参与，主动发展，并进行学法指导，营造氛围，为学生提供机会，培养他们的创造力和竞争力。对学生来说，这一节课是第一课时，所以第一次接触，他们都比较兴奋，学习氛围融洽，积极性高

续表

听课随感：

在基本部分示范、讲解、学生练习的过程较好，在热身部分的慢跑、徒手体操可以采用游戏的方式进行热身，以游戏的方式可使学生对课堂感兴趣，也活跃了课堂气氛，学生带着愉悦的心情进入课堂的学习中效果会更好

2. 体育看课技能案例一的水平判定

（1）该看课者在看课过程中没有对课堂的基本信息进行记录，如授课者姓名、授课时间、授课学校、班级人数、学生情况、授课场地等。（2）该看课者在看课过程中没有记录课堂教学目标、教学重难点等。（3）该看课者没有按教学流程较为详细地记录教学过程中的优缺点，只是针对教学过程的某些方面进行简要的记录。（4）"听课随感"也是泛泛而谈，缺乏一定的深度。

综上，该看课者的技能还未形成，因为他还不具备看课看什么、记什么、如何记等方面的能力，只是简单记录了课的流程，而这个流程，在教案中已经很清晰了，无需再重复。以上环节的缺失，必然会对之后的评课造成较大的困难。

3. 体育看课技能案例一的水平提升建议

（1）熟悉看课的目的、流程、教案等。（2）做好看课的各种准备工作。（3）做好详细记录（包括优缺点），做好看课资料的整理工作。（4）积累看课的次数与经验，不断提高自身的看课水平。

二、负荷和密度统计与分析技能及其培养

（一）负荷和密度统计与分析技能

运动负荷与练习密度是有效促进学生体能发展与运动技能掌握的衡量指标，也是体育课堂教学质量评价的指标之一，这是职前教科书中必然涉及的内容，但是其掌握程度不好评价。因此，体育课的运动负荷与练习密度，对提高职前教师的技能水平、体育课堂教学质量具有重要的意义。

1. 运动负荷和练习密度预计与调控技能的概念

体育课运动负荷是指学生在课中从事身体练习时所承受的运动的量与强度的总称，是身体练习对机体刺激程度的反应。运动负荷包括运动量和运动强度两个方面，影响负荷量的主要因素是练习的次数、总时间、总重量等。运动强度是指在单位时间内完成练习所用的力量和机体的紧张程度，影响负

荷强度的主要物理数据是练习时的速度、时间、次数、距离、重量等。由于体育课程的特殊性，我们通常运用"心率"这个生理指标来测量体育课学生的运动负荷。

练习密度是指学生在体育课中所有的练习时间与课的总时间之比，其主要体现学生在整节课教学中所有练习时间的总量。调节练习密度的方法有很多，如增加练习次数、组数、练习时间等。

"运动负荷和练习密度预计与调控技能"主要是指体育教师在体育课堂教学设计过程中较为准确地预计课堂教学的练习密度与运动负荷，并在课堂教学实施过程中能根据课堂教学的不同状态灵活调控练习密度与运动负荷而表现出的一种较为熟练的教学行为方式。

2. 关注体育课运动负荷与练习密度的预计与调控技能的意义

（1）运动负荷与练习密度是身体练习需要考虑的因素

体育教学是以身体练习为形式的一种教学活动，这是众所周知的事实。从生理学指标来看，身体练习需要承受一定的运动负荷，它直接对人的机体产生刺激与作用，如呼吸频率加快、心率加快、肺活量提高、血流量加快等，之后还可以产生血乳酸等。运动负荷的大小不同，对有机体的刺激程度是不同的。如果运动负荷过小，机体产生的刺激量不够，那么这样的运动形式对学生的身体没有起到太大的作用；如果运动负荷过大，学生身体产生了过度疲劳现象，那么这样的运动形式对学生的健康也是不利的。因此，我们在体育教学过程中，需要考虑运动负荷这个重要指标，这也是一个教学效果的定量化指标。练习密度与运动负荷虽然没有直接的因果关联，但是通过改变练习密度可以调节运动负荷，如果运动负荷过小，则可以通过提高练习密度的方式进行调整，如果运动负荷过大，则可以通过降低练习密度或增加休息时间的方式进行调节。

（2）适宜的运动负荷与练习密度是运动技术学习的基本要求

众所周知，运动技能的掌握没有什么秘密，只是熟能生巧罢了。也就是说，练习者需要不断、经常、重复地练习，待练习到了一定的程度，自然就掌握它了，这是学生运动技能学习"从不会到会"的一个过程。在这个过程中，学生如果没有充足的练习时间、练习次数等，就不可能掌握运动技能。因此，在体育课堂教学中，我们务必要贯彻"精讲多练"的教学原则，尽可能地"挤出"更多的时间让学生参与更多的练习。当然，一节课也不可能让学生不停地练，还应有教师讲解、队伍调动、学生休息等。因此，练习密度需要控制在一定的范围之内。

（3）运动负荷与练习密度是评价体育课堂教学健身效果的一个参考指标

如上所述，运动技能目标、体能目标的达成都与运动负荷、练习密度有一定的关联，而目标的达成是体育课堂教学质量评价的一个重要指标。因此，研究体育课运动负荷的主要目的是调控运动强度与运动量，有效促进学生体能的发展；研究体育课密度的主要目的是有效和合理地运用体育课的时间，提高体育课的教学效率。因此，我们在体育课教案中总是有一个栏目——运动负荷与练习密度的预计，这说明了运动负荷与练习密度指标在体育教学中的重要性。

3. 运动负荷和练习密度预计与调控技能的要求

（1）了解中小学生体育课运动负荷与练习密度的健身范围

衡量运动负荷的生理学指标有很多，如心率、肺活量、血输出量、血乳酸含量等，因运动心率指标测量比较容易，在通常情况下，比较简便的方法就是运用心率指标来衡量运动负荷。根据运动生理学原理，心率如果超过 180 次/分，则对身体不利。因此，人们把 180 次/分限定为运动心率的上限。由于体育课面对的是中小学生群体，他们的发育状况显然没有成年人完善，因此中小学生体育课运动负荷的上限要比 180 次/分低一些。

体育课生理负担量等级评定的 K% 值计算：K% =（体育课平均心率-课前安静心率）×100%/（180-课前安静心率）。评价等级如表 7-8 所示。

表 7-8　体育课生理负担量等级一览表

K	生理负担量等级
1%~20%	最小
20%~40%	小
40%~60%	中
60%~70%	大
70%~80%	最大

假设某学生的安静心率是 60 次/分，那么该学生中等运动心率指标的参考值为 108 次/分，它还应根据年龄的大小进行上下浮动。这是一个平均心

率，也就是说，即时心率可能超过或低于这个指标。教科书中的提示，"不同学段体育课的平均心率参照标准一般为小学 125±5 次/分、初中 130±10 次/分、高中女生 135±5 次/分、高中男生 140±10 次/分"。

练习密度过小，不利于运动技术的学习；练习密度过大，则会引起运动负荷的过量。因此，在体育课教学中，体育教师也应了解练习密度的控制范围。在一般情况下，体育课各个部分密度的分配是教师指导占 15%~20%，学生身体练习占 30%~50%，学生分折、帮助与保护占 5%~15%，组织措施占 10%~15%，休息占 12%~25%。其中，身体练习密度控制在 30%~50%。2022 年义务教育阶段新课标中有关学生的练习密度要明显高于这个比例，这说明了练习密度的重要性。

（2）根据不同的教学条件预计运动负荷与练习密度

不同的教材、不同课的目标、学生年龄、课的类型、性别、气候等，运动负荷在正常的健身范围内会有所变动，如速度类、耐力类教材，它的运动负荷会相对大一些，而体操、技巧类教材，它的运动负荷会相对小一些，这是由教材本身的性质决定的。例如，新授课由于教师的讲解多一些，运动负荷会小一些；复习课的身体练习多一些，运动负荷就会大一些；水平低、学生年龄小一些，负荷要求就小一些；冬天天冷，运动负荷可以大一些，夏天天热，运动负荷可以小一些等。

不同教材的难易程度对练习密度的要求也是不同的，对难度较大的教材内容，则应增加练习密度，即通过增加练习的次数、组数、时间等来增强运动技术。

（3）熟练掌握对学生运动负荷与练习密度外部体征的观察能力

在常态课的教学中，我们不可能在每一节课中都进行运动负荷与练习密度的测量，这是不现实的。因此，体育教师对运动负荷与练习密度外部体征的观察显得尤为重要。这是体育教师实施教学手段与方法过程中来自学生方面的真实反应，也是体育教师作为及时调节教学节奏与策略的重要依据。我们可以通过如表 7-9 所示指标来观察学生对身体练习的反应情况。

表7-9　学生运动负荷与练习密度外部体征的观察一览表

指标	运动负荷、练习密度适中	运动负荷、练习密度偏大	运动负荷、练习密度过大
呼吸	中度加快	显著加快	呼吸急促、节律混乱
神情	平和	过度紧张	恐慌、不知所措
面色	红润	满脸通红	苍白
出汗量	有汗但不多	较多	过多，尤其是整个躯干部分
注意力	较好、听从指挥	执行口令不准确	执行口令缓慢、身不由己
自我感觉	无任何不适感	疲劳、腿酸、心悸	头痛、胸闷、恶心甚至呕吐等
完成动作技术	完成的质量较高，动作灵活、轻松	完成的动作质量较差，动作生硬、变形	完成的动作质量很差
行动动作	步态轻稳	步态摇摆不定	摇摆现象显著、有不自主现象

（二）负荷和密度统计与分析技能的培养

1. 知识学习

了解体育课堂教学练习密度与运动负荷测量的知识与方法是发展该技能的前提与基础，因此体育专业学生要认真学习《学校体育学》《体育教学论》《中学体育教材教法》等相关课程，努力学会其中测量的方法。职后教师也需要经常查阅书籍、杂志、报刊、网络，复习测量方法，使知识与方法熟练化。

2. 实践锻炼

体育专业学生在学习运动负荷与练习密度测量过程中，需要一定的实践锻炼，否则这种操作技能是无法掌握的。因此，在课程学习阶段，体育专业学生要结合实践进行多次具体的测量与操作，这样他们才能学会与掌握该方面的技能。职后教师则可利用教研活动的各种机会，主动参与体育课堂教学运动负荷与练习密度的测量工作，以便熟练掌握，使之自动化。

3. 经验交流

任何技能的发展都需要长期经验的积累，经常参与测量的体育教师，他们的经验比较丰富，年轻教师可以多向老教师虚心学习，不断积累各种经验。同时，广大的体育教师可在现代化的网络交流平台中相互交流问题、经验、看法等，来达到共同提高运动负荷和练习密度预计与调控技能的目的。

4. 实践评价

测量运动负荷和练习密度是一项基础性工作，它并不是衡量体育课好坏、成败的唯一标准，只是为体育课堂教学的评价提供一个参考。因此，体育教师根据一项体育课堂教学效果评价指标，可将已测的练习密度与运动负荷进行呈现，并结合体育课的教材、学生特点进行评价。体育教师经常参与这样的活动，有助于提高他们运动负荷和练习密度的测量技能与评价技能，这对提高体育教师运动负荷和练习密度预计与调控技能具有重要的意义。

（三）运动负荷和练习密度统计与分析技能案例与水平研判

1. 运动负荷和练习密度案例一：水平四（七年级）（《体操：横箱分腿腾越》）

准备部分：采用慢跑、热身操以及跳山羊的游戏作为准备部分的热身活动。

基本部分：（1）学生分为四个小组进行了提臀、支撑提臀分腿以及支撑提臀上箱的复习内容，两位小组长进行保护并辅助完成提臀练习，一人练习3~4次，其余同学观摩等待。（2）教师集合队伍对横箱分腿腾越动作进行完整的讲解与示范，并详细介绍在练习过程中保护与帮助的注意事项，再次进行分组练习。每组设置了高低不同的横箱，其中一人在横箱前保护，三人等待，两人互相完成一次跳山羊练习后完成5个俯卧撑练习，接下来进行一次横箱分腿腾跃技术动作练习后进入下一小组等待，不断完成组内与组间循环。（3）为了使学生体会直臂支撑推手发力的感觉，教师采用两人一组互相站立推掌、跳起推掌、跳山羊的练习。同时，为了加大手臂负荷，学生又进行了俯卧支撑推掌分腿站立的练习。为将以上辅助练习运用于器械中，教师示范助跑一步后的直臂支撑顶肩练习，并再次进行分组练习，一人保护一人练习，其余同学等待。完成一定辅助练习后，学生进行长距离助跑的完整横箱分腿腾跃练习。（4）最后，教师集合队伍进行各组优秀学员展示。

结束部分：教师采用抖动肩膀、轻捶小腿以及两人互相放松肩膀的方式进行课堂放松。

授课教师预计的练习密度为40%，平均心率为120次/分。

2. 运动负荷和练习密度案例一的水平研判

（1）本节课的热身活动较为传统，未能针对本次课堂设置专项性或者针对性的热身活动。（2）本节课预计练习密度为 40%，平均心率为 120 次/分。根据《义务教育体育与健康课程标准（2022 年版）》的要求，每节课群体运动密度不低于 75%，个体运动密度不低于 50%，班级所有学生的平均心率原则上是 140~160 次/分，因此本堂课无论是预期设计还是实际的运动负荷都处于较低水平。（3）《义务教育体育与健康课程标准（2022 年版）》要求循序渐进，逐步提高运动负荷，在保证安全的基础上增强教学效果。然而，本课在经过循环练习后，又花费了较多的时间用于体会直臂支撑推手发力的感觉，使原本提高的负荷又逐步减低。（4）教师在基本部分共进行了 4 次集合整队，运动时间破碎，使本节课运动密度未能达到理想效果。（5）《义务教育体育与健康课程标准（2022 年版）》指导下的课堂应尽可能围绕"学、练、赛"进行开展，必要时可以加入恰当的"评"。然而，本课最后仅进行了各组优秀生的展示，由于反复的跳跃本就枯燥，优秀生的展示也不能让所有同学获得一定的参与感，趣味性较低。《义务教育体育与健康课程标准（2022 年版）》还要求，每节课都应有 10 分钟体现多样性、补偿性、趣味性和整合性的体能练习。本次课在练习后仅进行优秀生展示，未进行一定强度的比赛、游戏或体能练习，这也是本节体操类课程运动负荷未能达到理想效果的原因之一。（6）本节课通过关注学生差异以及运动区别对待原则的方式，使每位学生都能在原有基础上获得相应的提高。⑦教师在教学中有意识地穿插安排了一些发展专项的素质练习，来减少学生观察等待的时间。

3. 运动负荷和练习密度案例一的水平提升建议

（1）本节课可以在一般性准备活动中穿插一些专项性的练习，如慢跑过程中设置一定的踏板和障碍物，让学生在慢跑过程中多次体会起跳上板、腾空、落地等动作。

（2）教师将横箱设置在场地的四个角落，且由于本节课多次采用分组循环练习，使队伍调动过多，运动密度减少。教师在上课前应提前做好器材布置的规划，如在场地中间再增加一个小组，这样不仅减少学生等待的时间，增加教学密度，还可以在中间小组进行讲解示范时，降低队伍调动的频率。

（3）教师开展的直臂支撑推手发力等辅助练习运用得并不恰当，因为互相站立推掌、跳起推掌等练习已经脱离横箱分腿腾越的情境，这些辅助练习即使做得再好，也未必能对主要学习内容产生实际影响，反而减低运动负荷，占用学生在横箱上体会直臂支撑提臀的机会。教师应当在巡视指导或者进行一次简短的全班动作点拨后，让学生在反复的练习过程中一次次去体会。这个环节也是一个非常理想的结合物理知识的环节，教师可以提问："为什么同学们落地不稳、往前倾倒，为什么提臀分腿动作完成不理想，根据刚才的练习运用其他学科的知识来大胆分析一下。"之后，教师可以简要地介绍其原理："助跑使我们获得理想的加速度，而直臂顶肩推手可使我们获得一个理想的腾跃高度和角度，所以上箱时要直臂，重心与掌心垂直时要快速推手，否则就会导致落地前倾或者没有足够的高度完成提臀分腿。"学生意识到问题后可以通过矮箱或跳山羊多次体会动作要点，并意识到课后应当增加上肢力量的练习。

（4）跳箱高度根据学生的基本情况进行了区分，保证了不同身体素质的学生学练，但是从技术动作的掌握来看，教师也可对跳箱以及起跳踏板的距离进行调整，或在跳箱两端粘贴泡沫棒，提醒学生要提高分腿宽度、绷紧脚尖等，来对学生的动作完成度进行巩固和提高。

（5）现场有如此多的道具，教师完全可以快速设置成不同的障碍物，并将横箱分腿腾越动作融入其中，来开展趣味性、有强度的接力赛，减少本节课枯燥感的同时，解决体操课部分内容难以提升学生运动负荷的问题。

4. 运动负荷和练习密度案例二：高中学段（高一年级）《跨栏跑教学》

在准备部分，体育教师组织学生先在垫子上进行"跨栏坐"的练习，并在心中默念"1234"节拍（1 为手臂前摆、2 为手臂后摆、3 为上身下压、4 为上身回正），然后利用竖起来的小垫子进行"栏侧摆动腿练习"和"栏侧起跨腿练习"。在基本部分，体育教师根据学生的实际情况分为四组进行完整跨栏的练习，四组分别为跨越一定高度的小垫子练习、跨越简易栏架练习、跨越较低栏架练习、跨越标准栏架练习。其目的是让跨栏跑技术较弱的男生也能获得最大的发展。在结束部分，体育教师组织学生进行放松整理活动。

授课教师预计的《跨栏跑教学》课运动负荷为 133 次/分，练习密度为 33.6%。

5. 运动负荷和练习密度案例二的水平研判

（1）本节课的运动负荷为 133 次/分，练习密度为 33.6%。根据 2022 年新课标要求每节课群体运动密度不低于 75%，个体运动密度不低于 50%，班级所有学生的平均心率原则上是 140~160 次/分，因此本节课的运动负荷较低、密度较低。

（2）根据现场观摩和教学设计分析，体育教师本意是希望在有限时间内增大课堂容量及提高实效性，通过反复练习强化运动技能。因此在辅助练习、摆动腿技术、起跨腿技术学习时，体育教师主要采用了集中模拟练习，在完整跨栏练习中安排的间歇时间较短，导致部分学生在课堂当中呈现出疲惫状态。

（3）课堂中进行各种摆动腿和起跨腿的辅助练习，提高学生动作质量，形成一定的动力定型，使学生的跨栏技术更趋合理。

（4）关注学生差异、运用区别对待的原则，体育教师利用小垫子以及缩短栏间距降低了跨栏的难度，并根据学生的实际情况，让学生选择不同难度的跨栏练习。学生克服了胆怯的心理，增强了自信，每个学生都能在各自原有基础上获得相应的提高。

6. 运动负荷和练习密度案例二的水平提升建议

（1）体育教师在进行跨栏教学设计时要充分考虑学生生理承受能力，注意学生练习中间歇时间的调配，调整运动强度。

（2）在练习完整跨栏的过程中，起跨高度和栏间节奏比较容易造成学生的提拉腿、脚踝内侧的磕伤，教师应建议学生穿戴一些轻便的护膝、护踝工具，减少学生学习中的擦伤和磕伤，使学生保持学习的兴趣和积极性。跨栏常见的运动损伤是脚踝内侧受伤。其次是膝关节内侧、脚背外侧、大腿内侧损伤。

（3）给学生观看优秀跨栏运动员的比赛视频，让学生在脑海里建立完整的全程栏概念与印象，感受全程栏的节奏。良好的全程栏节奏可以大幅度提高学生的跨栏成绩与跨栏的信心，激发学生的学习欲望，所以培养学生的全程栏节奏也是比较重要的一个方面。

第八章

课后延伸性体育教学技能及其培养

教学反思一直是教师提高个人业务水平的一种有效手段，在教育领域有成就的教师一直非常重视教学反思。很多教师现在会从自己的教育实践中反观自己的得失，通过教育案例、教育故事或教育心得等来提高教学反思的质量。

课后反思，就是教师在教完一堂课后，对整个教学过程的设计与实施进行回顾和小结，将经验、教训和体会记录在案的过程。因此，课后自我反思也就是教师自觉地把自己的课堂教学实践作为认识对象，进行全面而深入的冷静思考和总结。它是一种用来提高自身的业务水平、改进教学实践的学习方式，教师可不断对自己的教育实践进行深入反思，积极探索与解决教育实践中的一系列问题，从而进一步充实自己，提高教学水平。

一、体育课后反思技能及其培养

（一）体育课后反思技能

1. 课后反思技能概念

课后自我反思是教师上完课后对整个教学行为过程进行自我思考、回顾与审视，包括对自己的教学观念和教学行为、学生的表现、备课情况、教学过程的成功与失败进行理性的分析。我国著名心理学家、北京师范大学林崇德教授认为，教师才华的核心，是教师的自我监控能力，即教师为了保证教学的成功、达到预期的教学目标，而在教学全过程中，将教学活动本身作为意识的对象，不断地对其进行积极主动的计划、检查、评价、反思、控制和调节的能力。

"课后自我反思技能"是指体育教师课后对自身课堂教学情况进行全面的、专题式的自我反思，在总结经验、发现问题、促进自我成长的过程中表现出来的一种较为熟练的教学行为方式。

2. 关注体育课后反思技能的意义

（1）促进职前教师的体育教学能力提升

调查发现，很多体育教师在平时的教学中，虽能做到重视备课、认真上课，但对课后的教学反思，却是马马虎虎，有的甚至不写，即使写也是敷衍了事，很简单地写出"好""一般"，根本不考虑好在哪里，为什么会好。实践表明，体育教师通过反思教学实践中的练习方法和手段以及达到的效果，检查和记录备课中的疏漏，能使以后的教学更具有合理性和针对性。同时，体育教师要及时地总结经验与教训，这样有助于自身教学经验的积累，从而使自己的感性认识上升到理性认识，再来指导自己的教学实践。这样可以促进自身业务能力的提升，促使教学向最优化方向发展，不断提高教育教学质量。

（2）有助于积累职前体育教学的经验

经验的积累在平时的体育课堂教学中，体育课堂总会有令我们感到满意的并取得良好教学效果的教学举措，如自然有趣的开场白、直观生动的示范、适时巧妙的设问、机智灵活的应变能力、合理的教学组织形式设计、简洁明了的板书、与众不同的场地器材布置、师生交流的精彩发言、练习过程中学生独创的学习方法、练习环节中的学生情感表现等，这样都是教学成功的重要因素。尤其是课堂教学中因一些偶发事件而产生"突如其来的灵感""智慧的火花"，它们总会突然而至、悄无声息，若不及时反思捕捉，便会烟消云散，难以恢复。因此，当遇到这种情况时，我们可当堂记录，课后及时反思，日后再进行整理归纳。时间长了，所积累的经验就会越来越多，教法也会越来越灵活，驾驭课堂的能力和综合素质也会有较大的飞跃。

（3）培养职前教师的体育教学科研的意识与能力

实践表明，学校体育科研水平的发展建设在每一位体育教师业务能力提升之上。通过教学反思，体育教师所积累的丰富的教学经验是科研论文撰写的原始材料，也为新课程改革进一步深化提供了一定的理论与实践依据。其具体做法：①整理，即要求教师定期把课后小结按"得""失""感""悟"四个模块进行分类，并把具有共性的问题进行汇总、分析、反思，统一摘抄、装订。②应用，即将课后小结中发现的问题、收获的感悟、成功的举措，及时充分地运用到教学实践之中去，通过教学活动加以验证，而不高高挂起。

③勤动笔。体育教师在实践运用的基础上，加上自己的理论反思，这时就可以动笔进行体育论文创作。

（4）强化"教学反思"更有利于体育教学

教学实践表明，要深入开发课程资源中的如人力、物力等资源，这就需要我们在课后能进行及时、详细的深入反思。例如，在教学广播操时，教师辛苦地讲解动作要领，但总是有那么一部分的学生学不会。苦恼之时，体育教师忽然想到了学生资源的利用，于是就让学生之间互相教，让他们进行示范、当小老师，没想到他们完成的效果特别好。通过这一教学举措，我们可以明白，在体育课中教师应充分调动学生的主动性和积极性，发挥体育特长学生的骨干作用，如此才能极大地提高体育教学效果。总之，没有反思，就没有觉醒；没有反思，就没有进步；没有反思，就没有飞跃。教师常说："一个人或许工作了 20 年，如果没有反思，也只是一年经验的 20 次重复。"一名体育教师只有在平常的课堂教学中不断地反思、不断地更新，才能不断地改良教学策略，最终提高体育课堂教学效果。

3. 体育课后自我反思的内容

（1）反思体育课堂的教学设计

体育课堂教学设计作为体育教学活动中系统规划和决策的过程，所遵循的教学设计程序一般来说包括以下几方面：设计和规定教学的预期目标，分析教学任务，分析学生已有的知识水平、基本技能以及学生的学习动机。在分析设计教学活动中，学生从教学的起点状态向教学的最终目标状态发展过程中应当掌握的知识、技能，以及应当形成的态度与行为习惯等；教师考虑并研究教学活动中向学生呈现教学内容的方式与方法，以及应提供的学习指导；教师研究和设计教学过程中所要进行的测量与评价的方式和方法等，分析学校体育场地与器材等。这些都是上好一节课的重要前提。

（2）反思学生体育学习的思维

在体育课堂教学过程中，学生是学习的主体，他们总会有"创新的火花"在迸发，体育教师应当充分肯定学生在体育课堂上提出的一些富有启发性的问题、独到的见解以及奇思妙想，这样不仅使学生的好思路、好想法得以推广，而且对他们而言这也是一种赞赏和激励。同时，这些难能可贵的见解也是对体育课堂教学的补充与完善，可拓宽体育教师的教学思路，提高体育教师的教学水平。因此，体育教师应将其记录下来，其可以作为以后教学的丰富素材。

（3）反思体育课堂教学的节奏

课堂节奏控制是一个教师综合素养的标志。节奏艺术炉火纯青的教师，课堂设计精巧，节奏把握张弛有道。课堂节奏是体育教师根据教材和学生的实际，通过各种形式和手段，使三者形成和谐统一而有规律性的运动，它是体育教材的思想内容和学生思维活动及教师的理解传达在课堂上的综合反映。它在课堂教学中形成，贯穿整个体育教学活动的始终，是体育课堂教学的外部表现形态。如何使体育课堂节奏恰到好处地体现在课堂教学上，它受下列因素的制约：一是体育课堂节奏必须符合体育教材实际，不同的教材，其教学节奏是不同的；二是课堂节奏必须符合学生的实际，不同年龄的学生，其节奏也是不同的，因为其生理负荷各不相同；三是体育教师是调节体育课堂节奏的指挥者、控制者，而学生是配合者。

（4）反思体育教材的教学重难点

一节课只有短短的 40 多分钟，教师要让学生在每一节课堂上都能学有所获，哪怕是一点记忆深刻的收获体会。那么面对一个个运动项目及其具体的细节，教师要做到面面俱到，那是不可能的，那样只会是蜻蜓点水、匆匆忙忙，学生学不到位，更谈不上透彻。因此，在每一节课上，体育教师必须明确教材的重难点，在课堂上主要贯彻，重点学习。教师要根据学生的实际情况分层次精心备课，课堂上要做到精讲巧讲，提高学生的知识能力。思维能力、动手能力，对每位学生知识掌握的能力和程度，教师一定要做到了如指掌，这样才能因材施教、分层次教学。课堂上，教师要把握教学的难易度、深广度、灵活度，要体现体育与健康新课标，将教材反映的程度与学生接受能力结合起来，做到课堂教学容量适中，并注意典型性和类型性，避免重复。因此，在体育课堂上，教师要做好教授、练习、活动、检测等基础教学，这样才能提高学生的学习能力，使之掌握必要的运动技能。

（5）反思体育教学目标的达成

体育与健康新课标要求我们在制定每节课（或活动）的教学目标时，特别注意培养学生的知识、能力、情感态度与价值观。现代教学要求摆脱唯智主义的条框，进入认知与情意和谐统一的轨道中。因为对学生的可持续发展而言，能力、情感态度与价值观的适用性更广，持久性更长。许多知识都随着时间的推移容易遗忘，更何况当今知识更新的速度极快，只要具备获取知识的能力，就可以通过许多渠道获取知识。所以，情感态度与价值观必须有机地融入体育课程教学内容中去，并有意识地贯穿于体育教学过程中，成为体育课程教学内容的血肉，成为体育教学过程的灵魂。

（6）反思体育教材的使用效果

体育教材历来被作为体育课程之本。在新的课程理念下，体育教材的首要功能只是作为教与学的一种重要资源，但不是唯一的资源，它不再是完成体育教学活动的纲领性权威文本，而是以一种参考提示的性质出现，给学生展示多样的学习和丰富多彩的学习参考资料。同时，体育教师不仅是教材的使用者，还是教材的建设者。因为，新世纪体育课程改革中的一些改革理念仍具有实验性质，不是定论，不是新教条，不是不允许质疑的结论，而且还有待在实践中进一步检验、发展和完善。因此，我们在创造性使用教材的同时，可以在"课后反思"中作为专题内容加以记录，既积累经验又为教材的使用提供建设性的意见，这样使教师、教材和学生成为课程中和谐的统一体。

（7）反思成功之处

体育教师将体育教学过程中达到预先设计的目的、引起教学共振效应的做法，体育课堂教学中临时应变得当的措施，层次清楚、条理分明的板书，某些体育教学思想方法的渗透与应用的过程，在教育学、心理学中一些基本原理使用的感触，体育教学方法上的改革与创新等，详略得当地记录下来，供以后教学时参考使用，并可在此基础上不断地改进、完善、推陈出新。

（8）反思败笔之处

教师不是神，不可能不在教学中不产生一点错误，如体育教师对课程标准和教材的理解，对知识要点需要学生掌握到何种程度的了解，在知识性的讲解方面讲解到何种程度才能达到要求，学生所在班级知识基础、文化差异大还是小，身体素质基础很差的学生采用哪些方法去补救等。即使是成功的课堂教学也难免有疏漏失误之处，体育教师在课堂上面对几十名学生，学生经常会发生变数，使人防不胜防。体育教师对这些错误、失误进行回顾、梳理，并对其作深刻的反思、探究和剖析，使之成为应吸取的教训。

（9）反思课堂教学的练习密度与运动负荷

一方面，练习密度主要是指练习时间占课的总时间之比例，直接关乎学生练习时间与效率，由于体育课程教学的最大特点是运动技术的学习与操作，如果没有充足的时间练习，那么掌握运动技能将成为一句空话；另一方面，运动负荷是体育课程教学另一个重要的定量参考指标，它直接与学生身体的刺激量与效果有关，对促进学生身体的发展与健康具有很大的意义，如果运动负荷不足，那么学生的身体刺激量就不够，学生身体的发展将成为一句空话，特别是在当下学生体质不断下滑的背景下，更要特别关注体育课堂教学中的练习密度与运动负荷。体育教师通过课后的反思，倒推其合理性，以便在今后的教学中得以改进，真正为学生的身体健康服务。

4. 体育课后自我反思技能要求

（1）课后自我反思言简意赅，避免长篇大论

课后自我反思基本有两种不同的形式，一是教研活动中的课后自我反思，二是平时课后的自我反思。教研活动由教师备课、其他教师看课、集体评课、最后总结等环节组成，因此各个环节之间需要掌握好一定的时间。课后自我反思是教研活动中的一个必要环节，但是教研活动的课后自我反思不宜长篇大论、全面展开，因为之前大家都已经经历了认真看课的过程，显得有些倦意，如果此时授课教师的自我反思还是喋喋不休，就会引起全体教师的极大反感，相反，简单回顾与反思问题则会受到大家的欢迎。另外，常态课下的课后自我反思倒可以详细一些，并做好及时反思，但也不宜长篇大论，而是要认真客观地反思自己的教学，不要马马虎虎、千篇一律，要明确这是个人实践教学的一笔财富，必要好好珍惜。这样教师才能不断提高自己的教学水平与能力，否则便会走入盲目自大、唯我独尊、毫无进步的被动局面中。

（2）课后自我反思内容既有成功之举、教学灵感，又有不足之处

课后自我反思体现了两个方面，既有成功之举，又有不足之处，这是符合辩证唯物主义思想的，因为任何人的教学活动总是有值得借鉴与提倡的一面，也有不足之处，这是非常正常的现象。作为授课者，其具有亲身的体验与体会，并在课前进行了认真的备课，因此在教学过程中表现出优势是必然的，在自我反思的过程中，授课者不要过于谦虚，要实事求是地呈现亮点，这才是正确的、客观的态度。同时，在指出缺点时也要深刻，不要泛泛而谈，因为很多问题只有亲身体验者才最清楚，这就需要授课者实事求是，不要因为一些面子问题而隐瞒事实，生怕别人说事，相反，如果能实事求是反映问题，则更能得到大家的帮助，自己的教学能力也提升得更快。

（3）既有全面的反思，又有专题的反思，做好点面结合

课后自我反思也是需要技巧的，不能像流水账一样，表面化地陈述过程，

而是需要授课者认真进行教学实践，反思出具有一定深度的某些容易使人忽视的东西，这些内容才会让人思考、使人启发。因此，授课者不论是在教研活动中的自我反思还是平时授课之后的自我反思，都要从两个方面进行反思，既要全面的、整体的反思，又要有专题式的、细化的反思，否则就会变成简单的笼统概括或重复的流水账了。另外，事后要做好反思的整理与撰写工作，无论是平时课后的自我反思，还是自我反思经过他人研讨之后的小结，授课者都要认真对待，这样才能教有所得，避免再犯同类低级错误，不断提高自己的教学水平、教研水平和科研水平。

（4）自我反思娴熟，能迅速看到自己的优势，发现自己的不足

课后自我反思作为一种教学技能，也是一个不断提升的过程，年轻教师可能在这个方面能力较差，所谓当局者迷，授课者由于其教学能力有限、知识技能匮乏，因此常常会身在其中不知错在哪儿，这也是正常的现象。这就需要年轻教师不断地参加各类教研活动，多看他人的教学观摩课、优秀教师的教学观摩课、特级教师的教学观摩课，并从中学习他们的经验与技能，帮助自己提高水平。这样通过观看他人提升自我反思技能的途径也是非常有用与奏效的，同时在课后，教师要善于总结数年来甚至十年来、几十年来的教学自我反思，因为它是一笔自我成长的财富，是走向优秀教师、特级教师的法宝。

（二）体育课后自我反思技能的培养

1. 知识学习

体育专业学生熟悉课后自我反思知识、内容、方法与原则，学会从各个角度、侧面来反思自己的教学。

2. 实习锻炼

体育专业学生在实习过程中，对自己上过的每节课做好详尽的记录，认真听取教师、学生的各种意见，认真地进行自我反思，并妥善保存课后自我反思的记录（教学案例报告、撰写小论文、每节课总结文本）。

3. 职后强化

在职后教学实践过程中，教师要经常进行必要的课后自我反思，记成功之举、"败笔"之处，记教学机制、学生见解、教学设计、教学管理、课堂气氛，分析细致，长期坚持，与同行经常交流、深刻反思，来不断提高自我反思的能力。

（三）体育课后反思案例与水平研判及建议

1. 体育课后反思案例一：接回传球投篮技术方法（初二学生）

教学目标：（1）通过学习，学生能清晰地说出接回传球投篮的动作要领，并了解其动作在篮球比赛中的作用。（2）在单一和组合练习中，学生能做出接回传球并衔接投篮技术，表现出传球时机合理、力度适中，接回传球与投篮动作衔接顺畅，能理解回传球投篮技术在实战应用中的意义，这样的练习可以提升学生传接球投篮的能力，发展其力量、灵敏、协调等体能。（3）在学赛练中，学生表现出积极进取、乐于合作的优良品质，体验运动带来的快乐。

教学方法：①直观法：教师示范法、学生示范法、助力法等。②语言法：讲解、提示、反馈等。③分解法。④完整法。⑤纠错法。

教学手段：场地放置标志桶。

教学组织形式：全班分成四个小组，男女各两个小组。

练习步骤：单一练习：复习运球投篮，复习行进间传接球，学习接回传球投篮；组合练习：运球绕杆+接回传球投篮，小组合作学习；比赛：运球绕杆+传接球+投篮比得分。

课后反思：本次课的内容是《篮球：接回传球投篮技术方法》。接回传球投篮技术是一项综合性较强的篮球组合技术，它集运球、传球、投篮三项技术于一体，同时对传球的时机、传球的方向、传球的力度均有所要求。在练习时，多数男生能够基本掌握各项组合技术，并能在某些条件下得以运用，但是女生由于身体差异、兴趣爱好以及技术差异等因素，其掌握进度相对较慢，教师于是对女生的运球速度、传球的力度、接回传球后的连贯投篮要求相对较低，这样才有部分女生能够基本做到完整的技术动作。

从"度"的视角思考：①角度，传接球时有击地反弹球、胸前传接球、防守时高抛物线传接球；②速度，传接球从平稳慢速到有防守时的快速旋转球，同时提高快速反应能力和专注程度；③高度，有与地面平行的平传，有高空抛球，提升学生空间感意识；④远度，通过不同距离的传接球，学生体会到传球力度的变化。

从"力"的视角思考：①判断能力，通过站位、跑位以及防守队员"干扰"信号，判断合适接球位置；②判断时机，捕捉机会，主动创造机会；③控制能力，判断球抢断与控制球；④传球能力，注重"力"的渗透，男女分层教学。

不足：实际应用未体现。在本场的内容设计安排中，教师未能以比赛的形式对学生接回传球投篮学习进行监测。技术在比赛中得以应用，这才是该项篮球技术的学习基础。应当在学生学习该技术后，教师对掌握相对较好的学生以比赛的形式进行检测，对学生设置练习目标，这样又能让该技术的学习得到最大化的提升。

2. 体育课后反思案例一的水平研判

该课次属于 18 节完整的篮球传接球大单元中的第一次课，教学从单元的教材分析、学情分析、单元目标以及核心任务到该课的目标设置、关键问题设置均能完整表达该教师的上课逻辑。该教师对 18 课时的学生学练标准、关键问题以及教学策略能够清晰完整地呈现，该教学对之后设计大单元教学的教师具有一定的借鉴价值。我们以下对课次的优缺点进行分别阐述。

优点：（1）教学方法科学系统。该课的教法安排基本符合课堂教学的要求，既有教师讲解示范法、学生示范法、教师正误动作对比法，又有启发法、小组合作学习法等，对学生理解"接回传球投篮"的技术要领、运动细节、技术关键等起到了很好的作用。（2）内容策略充盈丰富。该课的教学内容设计，采用三个单一的技术、一个组合技术、一个比赛的形式进行，各个内容设计之间存在一定的关联，对有效教学产生较好的作用。（3）场地安排合理高效。在教学组织形式上，该教师充分利用相邻的两个篮球场地，将学生分为 4 个小组进行练习，在练习过程中，设置传的标志桶确定传球方向，对投篮的连贯性不做硬性要求，学生 8 人一组，前面练习的同学持续练习，后侧同学则采用原地各种形式的运球提升自身的运球水平，提升练习密度。（4）环节衔接流畅紧凑。从练习步骤里看，该教师坚持循序渐进的基本原理，采用旧知引新知的方式，先通过两个复习内容，自然地过渡到新的学习内容，学生的"陌生感"相对较少，这样对新技术的学习促进效果明显。

不足：（1）拓展应用意识薄弱。学习目标是"能理解回传球投篮技术在实战应用中的意义"，学生在本次课中并没有真正进行篮球的实战，更没有将该项技术在实践中得到运用，无法真正体会该技术动作在篮球运动项目中的价值和意义，因此该目标的设置存在偏差。（2）学练分组笼统划分。小组学习的分组方式是以传统的男女分组，再各分为两组，在学情分析时写明对不同层次的学生予以分层教学，但在教学环节设计中未能完整体现。如果同质分组，不同学习水平学生的小组调动，教师应花费更多的时间进行技术指导。若是异质分组，组长对其他组员的指导学习，提升组长的沟通协调能力，不同学生的能力均有所提升。（3）练习密度次数短缺。本次课学习以右侧运球+传球+投篮为主要练习方向，在练习时均在右侧出发，将球传给罚球线附近的队员，接回传球后投篮，后面几位同学只能原地运球，增加整体的篮球练习密度，但本次课堂的练习内容（运球+传球+投篮）的练习密度非常有限。（4）传球时机掌握不对。虽然在练习时设置标志桶确定传球的方向，但是传球要达到"球到人到，人到球到"的效果，传球要有一定的提前量，教师应当让学生了解在什么位置可以传球，将传球的时机进一步明确化，学生在无形中掌握传球的提前量，对实战效果具有很大的作用和意义。（5）讲解示范效果有限。该篮球组合技术是组合的篮球技术，在动作示范时不能完整有效地达到示范效果，教师无法做到一人分饰二角，同时教师的示范面非常有限，应当在多个不同的方向对学生进行教学示范，让学生进行观察学习。

3. 体育课后反思案例一的水平提升建议

（1）目标设置贴近实战

目标引领内容，在教学内容设计时，教师应以实战作为目标，有学习技术服务于实战的意识。在实战中，教师要对练习内容进行监测，比赛设置相应的练习条件，促进学生掌握本次课的学习内容。

（2）分组实施注重实效

分组学习的目的是将学习内容以小组的形式不断得到细化，而在不同阶段，分组的目的不同。在初学阶段可采用同质分组，对组内人员及时调动，以技术的熟练掌握为主要目标，教师将更多的时间花费在层次一般的学生群体身上，以多数人的技术重难点的掌握为突破点。在后期的练习中，教师根据学生技术的掌握程度，进行异质分组，组长监督练习或自设条件指引学生加强练习。

（3）练习密度合理适当

本次课的内容是接回传球投篮的篮球组合技术，课堂的整体练习密度保持不错，但是该课堂学习内容（即对接回传球投篮技术）练习密度受限，在练习时应当左右侧交叉进行，然后换人练习，每组8人，2人负责传球，同时两边各3人进行运球+传接球+投篮练习，如此则可有效提升课堂内容练习的效率。

表8-1　体育课教案

学校	大泼中学	教师	何**	年级班级	804	上课时间	10月11日	课次		学生数	36

教学内容	1. 篮球：接回传球投篮技术方法　2. 素质练习（上下肢力量）
教学目标	1. 通过学习，学生能清晰地说出接回传球投篮的动作要领，并了解其动作在篮球比赛中的作用。 2. 在单一和组合练习中，学生能做出接回传球，并衔接投篮技术，能理解接回传球投篮技术在实战应用中的意义，这样的练习可以提升学生传球接球投篮的能力，发展其力量、灵敏、协调等体能。 3. 学生在学赛中表现出积极进取，乐于合作，勤于思考，善于运用的优良品质，体验运动带来的快乐
关键问题	接回传球后衔接投篮动作的协调与连贯

教学流程	学练内容	学练标准	组织形式与安全措施	问题设计	运动量	
					次数	时间
准备部分（8分钟）	1. 课堂常规 1.1 整理队伍 1.2 师生问好 1.3 提出本课目标和要求 1.4 安排见习生 2. 热身活动 2.1 慢跑 2.2 篮球操	1. 整队快、静、齐 2. 精神饱满，动作整齐 3. 认真听讲，勤于思考，清楚本课内容及学习要求 热身练习认真充分，球性练习完成率高，基本能做到不丢球	四列横队：	1	1	3分钟

续表

教学流程	学练内容	学练标准	组织形式与安全措施	问题设计	运动量	
					次数	时间
基本部分(29分钟)	一、接回传球投篮动作 方法 1. 单一练习 1.1 复习运球+投篮 1.2 复习行进间传接球 1.3 学习接回传球投篮 2. 组合练习：运球绕杆+接回传球投篮 3. 比赛： 运球绕杆+传接球+投篮比得分 二、素质练习： 1. 击掌俯卧撑 2. 收腹跳	一、接回传球投篮动作 1. 单一练习 1.1学生8人一组，从三分线至规定位置，然后进行投篮。每人练习10次，投篮弧度要高，方向准。 1.2学生2人一组，男女分别进行行进间双手传球。男女分别练习4次，注意传球稳、接球稳，掌握提前量。 1.3学生8人一组，分别完成传球、抢篮板的任务，每人练习多次，做到传接球时机准确、接球投篮动作连贯。 2. 组合练习：学生8人一组，在10次练习中接球6次以上，能够运球流畅，做到移动接球稳，迅速运球向篮筐。 3. 比赛：学生8人一组，在规定时间内完成绕杆，传接球并能成功投篮、比得分，做到动作连贯、协调。 二、素质练习： 1. 讲解练习要求。 2. 用激励性语言激励学生热情积极地完成游戏。 3. 调控、引导、评价	一、接回传球投篮动作 1. 单一练习 1.1 男女各两路纵队 1.2 男女各两路纵队 1.3 男女各两路纵队 2. 男女各两路纵队 3. 男女各两路纵队，组织同上四列横队 二、素质练习 素质练习图（略）	1. 在跑动中怎样才能提高接球的稳定性? 2. 如何在跑动中将传接球和投篮结合? 3. 如何在比赛中运用接回传球后投篮的技术动作?	≥4 ≥10 ≥10 ≥10 ≥1 ≥20	1分钟 2分钟 2分钟 2分钟 2分钟 2分钟

续表

教学流程	学练内容	学练标准	组织形式与安全措施	问题设计	运动量	
					次数	时间
结束部分（3分钟）	1. 集合放松 2. 课堂总结 3. 提出思考问题 4. 回收器材	1. 跟随教师完成简单放松操，调整呼吸节奏。2. 总结接回传球投篮的关键要素。3. 布置作业。4. 回收器材。	♦ ♠		1	1分钟
场地器材	1. 篮球场 2 个 2. 篮球 37 个 3. 标志桶若干 4. 分队服 36 件	练习密度 37.5%	平均心率 115~120 次	强度指数 中等		
课后小结						

（4）借助器材优化传控

在练习时，教师不仅设置标志物作为传球方向，还设置地标线辅助学生掌握传球的时机，当学生传球后跑至某地线标志后，则传球时机出现，传球发生。不论是传球的同学，还是接球的同学，他们都不应关注传球时机而降低动作要求（传球的力度，跑动的速度），提升自己的实战效率。

（5）提前预设固定搭档

本次课的接回传球投篮组合技术教学中，实际上有两个要点，接球人和传球人应当提前几分钟对某位同学进行教学，让其了解如何传球或如何做到接球投篮。如此，教师在讲解示范时不会出现传球或接球投篮失误的状况，影响教学示范效率。

4. 体育课后反思案例二：手球——运传射技术组合练习方法（小学六年级）

（1）教学目标：①认知目标：能说出手球运传射组合动作要领和动作方法。②技能目标：通过运、传、射门技术的组合练习，能做到顺畅运球、准确传接球、精准射门，发展学生协调、速度、灵敏等体能。③情感目标：在小组练习中培养学生团结协作精神，在比赛中，让学生感受运动的乐趣，培养其荣誉感。

（2）教学方法：①直观法：教师示范法、学生示范法。②语言法：讲解、提示、鼓励、反馈等。③分解法。④完整法。⑤纠错法。

（3）教学手段：借助跳箱、标志垫器材。

（4）教学组织形式：全班分成 4 个小队。

（5）练习步骤：

①准备部分：课堂常规→球操热身→行进间球性练习。

②基本部分：

单一练习：行进间纵向、横向传接球练习，原地三步射门练习，高处跳下三步射门练习。

组合练习：传接射组合练习、运射组合练习、运传射组合练习、防守下运传射组合练习。

比赛：半场 7V7 比赛。

③结束部分：拉伸放松→小结→回收器材。

（6）体育课后反思：李＊＊ 杭州市余杭区英特外国语学校西溪小学部

本节课的授课对象是小学六年级学生，他们的好奇心、活跃度和注意力集中度都为我的教学设计带来了不小的挑战。正因这些特点，他们使教学更具新鲜感和挑战性。这些孩子有一定的手球运动基础和比赛经验，对这节课的教学有一定的正迁移作用。

在教学内容的选择上，考虑到学生的技能水平和年龄特点，我选择了运传射技术组合练习作为本节课的重点。这三项技术是手球运动的核心技能，也是学生从基础到实战必须掌握的技能。通过这节课针对性的练习，学生能在无防守的情况下，顺畅完成组合动作，在有防守的情况下，能够把握传接球的时机躲避防守，并在实战比赛中运用自如。

在教学过程中，我注重用简单、明了的语言解释技术要点，并结合示范让学生直观地理解动作要领。同时，我通过提问引导学生思考，培养学生主动探究和解决问题的能力。在此基础上，适当增加学生展示环节，学生也表现出浓厚的展示欲望，激发了学生的热情与信心。在练习过程中，我鼓励学生分享自己的感受和体验，这种反馈不仅帮助我调整教学策略，还让学生更加积极地参与。

我尽管前期不断打磨完善教学设计，但在实际教学中仍有瑕疵。首先，关注个体差异意识薄弱。由于学生个体的不同，每个学生达到预期的目标的时间不同。因此，在未来的教学中，我需更加注重个体差异，为每个学生制订不同的学习计划和目标。

其次，课堂掌控能力不精细，小组练习时的课堂纪律和秩序有待提升。小学六年级的学生是否能够真正按照教师的要求认真完成练习任务，这是一件值得考量的事情。我要深入了解学情，提高课堂调动控场能力。

最后，教学效果呈现不清晰。学生通过一节课的练习，最终达成的效果没有进行一一检查和评价。在小队比赛中，我也没有记录每个同学的表现，可能有的同学在练习中表现非常好，但是无法在比赛特定的场景中进行应用，也有同学在比赛中担任了守门员的角色，没有施展的机会。所以，我无法对每一位学生在一节课中的练习效果进行有效评估。

5. 体育课后反思案例二的水平研判

（1）优点：①反思条理清晰具有客观性：课后反思思路清晰，语言简明扼要，客观到位地阐述了课堂中的优点和不足。②反思贴切实际具有实用性：反思中的优点和不足都是课堂中真实存在的，并且针对存在的问题提出了改进的方向，对后续的改进具有实用性和针对性，能够直接关联实际教学，对提高教学质量和效果有实质性的帮助。

（2）不足：①改进措施"雾里看花"：首先，上课教师的课后反思中提到了"学生存在个体差异"，后期需要"注重个体差异"，为每个学生制订不同的学习计划和目标，但是这个措施不具有可实施性。其次，教学效果呈现方式不清晰，没有提出更具体的改进措施。②教师自评"蜻蜓点水"：该节课的课后反思中，教师对自身的教姿教态、重难点的突破等没有进行点评。在实际上课过程中，教师每一次任务的布置和讲解是在小组内进行，可能存在不一致的现象，这样小组间就会存在差异。③学生评价"走马观花"：在"学练赛评"一致性的课堂教学趋势下，教师有必要增加学生自我评价、小组评价和教师评价的环节，帮助学生更全面地提升自己。

6. 体育课后反思案例二的水平提升建议

（1）问题导向要成效。课后反思应以"提高教学效果和质量"为前提，围绕"教师如何教、学生如何学"展开，最终通过"教学设计、教学过程、教学方法、教学效果评估、学习效果评估、学习评价"等几个方面来呈现。因此，我们建议教学反思撰写应该以问题导向式为主，在此基础上，教师提出建设性修改建议，并且该建议具有可操作性。

（2）追根溯源探因果。课后反思要深入分析教学中的问题，探究原因，并思考改进措施，避免浅尝辄止，要真正挖掘教学中的深层次问题。在反思中，授课者对课堂中存在的"小组练习情况"没有提及，在实际上课的过程中，小组练习过程时纪律和秩序相对比较混乱，存在学生随意发言现象，又因为场地较大，教师不能同时顾及 4 个小组，应该发挥小组长的作用，使教学组织小组化。

（3）全面整合重反馈。课后反思还应该注重学生的反馈。授课者的反思显然没有提及学生的意见反馈，其没有了解学生的需求、期望和建议。教师也可以通过课后和学生交流课堂情况的方式了解学生的需求，这样便于教学策略的调整，提高教学效果。

（4）教学评价需及时。在教学评价及反馈上，授课者缺少对学生学习效果及其整节课表现的评价和反馈。在实际教学中，授课者对学生是否达成预期目标以及达成效果如何，缺乏明确的评估和反馈机制。因此，授课者需要考虑这节课的评价方式，进而上升到本单元乃至整学期手球课的教学评价方式和反馈方式。

二、体育评课技能及其培养

（一）体育评课技能

1. 体育评课技能概念

评课属于课堂教学评价范畴和教学研究范畴，评课实际上是一种价值判断。简言之，评课就是对某一堂课进行价值的评价，对师生在课堂教学中的活动及由这些活动所引起的变化进行价值判断。事实上，比较有层次的评课既是教研活动，又是科研活动，它能在教学实践和教学理论之间架起一座桥梁。在中小学教科研活动中，学校通过评课活动，还可以树立榜样与典型，突出教师的教学风格，培养教学名师。

评课是一个比较难的问题，也是一个重要的问题，这个选题涉及体育教学效果的评定，还是体育教师可以努力的一个方向。从主观上说，没有一个教师会否定自己的教学，相反，大多数的教师都会因为自己的教学而沾沾自喜或引以为豪，因为他们总是以自己的视角来考虑自己的成果，这就陷入了"当局者迷"的境地，对旁观者而言，每一个人的视角都是不同的，所以得出的结论也是不同的。这众多的观点也许是促使教师专业化发展的好途径，但对业内人士而言，我们需要一个评判的标准，一个大家基本认可的标准，有了这样一个标准，体育教师就有了一定的说理依据，而不会是"公说公有理、婆说婆有理"，出现大家各执己见、互不相让的状况，这样的状况对体育教学深度发展是很不利的。

"体育评课技能"是指体育教师在看课与整理记录的基础上，对体育课进行整体的、部分的、专题的剖析，发现亮点、指出问题过程中表现出来的一种较为熟练的教学行为方式。

2. 关注体育评课技能的意义

（1）提高教研科研能力

听评课既是教研活动，又是科研活动。它在教学实践和教学理论之间架起一座桥梁。它既是一个验证理论、指导实践的过程，也是一个实践操作、升华为理论的过程。在听评课中，教师可以学习、吸收大量的教学理论、经验和先进的教改信息，并在执教中运用，也可把自己的经验总结概括形成理论。如此循环反复，教师的教学业务素质必然会有很大的提高。

另外，听评课也是教育同行进行教材分析、教法研究、教学经验交流的一种好形式。一位哲学家说："你有一个苹果，我有一个苹果，彼此交换以后还是一个苹果；如果你有一个思想，我有一个思想，彼此交换以后，每个人就是两个思想。"所以，教师之间开展听评课活动，就能达到交流教学经验、切磋教艺的目的。

（2）激励教师进步与发展

通常就教师教学能力的发展来说，其可能有两条路可走（从相对意义来说）。一条是封闭式的循环，是一条自我封闭的教学发展道路；一条是螺旋式上升，采取的是对外开放、对内改造的策略，是教学能力发展的道路。

听评课对开阔教师的视野，激励他们上进，发展他们的教学能力，有着极其重要的作用，能引导教师走教学能力螺旋式上升的道路。

（3）提高教学诊断技能

学校领导提高教师的教学效果有各种各样的途径，其中最主要的是临床指导。所谓的临床指导是指学校领导深入到教室中，发现教师教学中的毛病，评估教师，帮助教师改进教学的一种具体技术。这里的"床"是指教室，"临床"是指深入到教室中。临床指导的操作技术包括观察前活动、课堂观察、观察后材料分析与交谈等四个阶段。

听评课就有"临床指导"的性质。为了查清教师教学质量一直很差的原因，评课者有针对性地去听课，在评课时，对课做出综合分析。在分析过程中，他们在肯定优点的基础上，重点分析问题，要对教师钻研教材、处理教材、了解学生、选择教法、教学程序的设计等方面做一透视，分析产生问题的原因。最后，他们提出具体的改进意见。这是一个"诊—断—治"的过程。

3. 体育评课技能要求

（1）评课之前做好充分的准备，不能信口开河、语无伦次

不打无准备的仗，在评课之前，评课者必须认真看课，并做好详细的记录，同时，还需要分类整理优缺点，善于从整体的角度、专题的角度分析问题，指出问题的核心。这样才能有的放矢，而不是信口开河，看到什么说什么，处于评课的表面上。

（2）评课重点突出，层次分明，以理服人

评课要有明确的主题，突出重点，并有一定的层次性，具有较强的逻辑性，这是基层体育教师需要提升的主要内容。因为，很多基层教师看课往往只从自身角度出发，分析问题不全面，不会从整体的角度看课，因此他们在

评课过程中，往往也只是关注课堂教学的细节，而且陈述的内容互相之间没有关联性，只是凭感觉说话，说不出一个所以然来。因此，基层体育教师在评课时要突出重点，抓主要矛盾。一节好课，也不可能尽善尽美。评课中，基层体育教师更不可能面面俱到。因此，应根据听课的目的和要解决的主要问题，基层体育教师抓住课堂教学中的主要问题进行评论。例如，这节课的目的是探讨学习方式与学习方法，评课时就应该把重点放在学习方式与学习方法选择的成功做法和存在的不足上，其他方面只作次要问题略提即可，切不可冲淡中心。另外，评课要从整体入手进行综合评析。综合评析法就是评课者对一节课从整体上作出全面、系统、综合性评价，通常是先分析后综合。综合分析包括从教学目标上分析、从教材处理上分析、从教学程序上分析、从教学方法和手段上分析、从教学基本功上分析、从教学效果上分析、从教学个性上分析、从教学思想上分析。

（3）评课因人而异，符合教师的年龄、性格和素质与学生的特点

首先，评课要结合教师的年龄特点，对一些老教师而言，他们的运动技能有些已经退化了，对动作师范技能等方面的要求可以低一些，而对一些年龄较小的教师而言，他们应该突出一些基本的教学技能，如动作示范技能、讲解技能、口令与队伍调动技能等。其次，评课还要结合学生的特点进行，如果授课对象是小学生，那么教师对学生需要掌握的运动技能要求则可以低一些，调节课堂气氛则是第一位的，对高中选项课学生而言，他们掌握运动技能是主要的目标，调节课堂气氛则是第二位的。

（4）评课一分为二，突出授课教师的亮点与特点，也指出存在的问题和建议

评课必须一分为二，既指出授课者的亮点、优点、创新点，又要指出其不足之处，这样才不失为辩证的态度，因为每一个教师都有自己的不足与优势，在授课过程中必然会有所表现。因此，评课者在看课过程中，必须仔细观察，详细记录。每一个教师不是十全十美的，在教学过程中必然会暴露出一些问题与不足，观察者认真看课，记录问题，并运用整体的角度、客观的角度分析其中的问题，指出不足，做到不夸张、不隐瞒，实事求是地反映问题，这样的评课也具有实际意义，而不是相互吹捧、互相吹嘘。

（5）认真看课，善于化整为零，单项评析，评出特色

认真看课是基础，没有很好地看课是对评课的不负责。纵观评课的全过

程，始终包含诊断的因素，评价的过程就是一个诊断的过程。评课要求评价者依据评价的目标及评价的标准，对评价对象有关信息进行具体分析，做出科学的诊断，分清评价结果的优劣，促使课堂教学健康、顺利发展。"诊断"不仅是发现，指出存在的问题和缺点，而且还具有对各种优点加以确认的作用。

同时，评课不要人云亦云、泛泛而谈，要"评出特色""评出创新"，较好的教师、较好的课一般都有与众不同的优点、特色。评出优点，可以对教师产生特殊的激励作用；点出特色，可以激发教师的成就动机，还可唤起其他听课人对特色的注意，使他们产生学习效仿的心理。

（6）注重评课的参考指标

表 8-2　中小学体育课堂教学评价体系一览表

一级指标	二级指标	权重	赋分
学情分析（5分）	特殊学生处理 教学内容适应学生情况	2 3	
教材处理（10分）	单元教学课次分析 重难点把握	3 7	
教学目标（10分）	目标预设合理	3	
	目标可操作性	3	
	目标达成程度	4	
教学方法（15分）	教学方法的合理性	6	
	教学方法的有效性	9	
教学手段（10分）	教学手段的有效性	4	
	教学手段的实用性	3	
	教学手段的创新性	3	
场地器材布置（5分）	简洁、美观、安全	3	
	有利于练习	2	
教学组织与管理（15分）	口令、队伍调动	7	
	教学秩序	8	
教学评价（10分）	课堂过程评价 课后小结	8 2	

续表

一级指标	二级指标	权重	赋分
运动负荷（10分）	预计合理性 实际效果	4 6	
教学气氛（10分）	学生参与 情感体验	6 4	
评价结果	听课感受		累加分值 等级

（7）评课内容应与看课内容相衔接，并从效果方面进行衡量

①体育课堂教学问题设计与处理的效果

教学问题包括导学提纲的问题、课堂提问的问题、课堂讨论的问题、习题设计的问题等，评价的内容应包括问题设计的科学性、提问的启发性、讨论的价值性、生成问题处理的艺术性及教师对学生回答问题后的即时性评价等。评价教师提出的问题是否指向明确，问题范围是否合理、问题内容是否得当，能否对学生的探究和问题进行有效的引导。

②体育教材的利用与课程资源的开发

其主要包括教师对教材的理解与把握、运用与整合、挖掘与拓展，应体现教材的时代性与生活化特征。评价教师如何把自己对课程、教材内容的理解转化成学生的学习行为和结果。

③体育课堂教学教法的选择使用与学法的指导

其主要包括教法选择的合理性、使用的有效性及学法指导的科学性等。评价教师创设的情境是否贴切生动、富有悬念，是否为学生提供一种主动建构知识的环境；选择的方法是否能激发学生学习的热情，增强学生的好奇心和求知欲；能否通过学科教学培养学生科学的思维方式，使学生懂得知识的应用价值。

④评价学生体育学习方式与学习方法

其主要包括学生学习的组织形式、自主合作探究学习方式的运用、信息的搜集与处理以及获取知识方法的途径等。评价学生在获得知识的过程中是否体验发现问题、提出问题、分析问题、解决问题，逐渐形成独特个性；学生探究的过程是否步骤清晰，具有科学性，探究学习、合作学习是否有效；

学生活动或实验的设计是否科学、合理、富有创意，是否创造性地运用媒体技术。

⑤评学生体育学习状态与学习效果

其主要包括学生学习的主动性与积极性、参与的深度与广度、规范与习惯、反思与评价、能力与发展及三维目标的达成度等。关注目标的行为主体是否为学生，落实目标的载体是否与目标匹配；"过程与方法"和"情感态度与价值观"目标的落实与"知识与技能"目标的落实是否融合在一起，具有整体性；关注目标在教学过程中是通过怎样的活动获得落实，三维目标的最后达成度如何。

（二）体育评课技能的培养

1. 熟悉评课程序与方法

①做好看课记录，按看课程序记录教学过程每个细节的优缺点；②分类整理记录中每个细节的优缺点；③形成评课者的观点；④呈现评课者的观感。

2. 熟悉评课形式与类型

形式主要有个别面谈式，研讨式自评、互评、总评，书面材料式，庭辩式，全面分析与专题分析，点名评议式，师生评议式，网上评课，自我剖析式。类型主要有观摩性评课、提高性评课、研究性评课、检查性评课、指导性评课。

3. 实习与实践锻炼

体育专业学生在实习过程中经常观看指导教师的评课，多参与同学的评议课，学习实习指导教师、优秀同学的评课经验与方法。在职教师积极参加一些县市评优课、评奖课的教研活动，学习高水平教师的评课技能，并不断提高自身的评课技能。

（三）体育评课案例与水平研判及建议

1. 体育评课案例一：篮球——行进间运球的练习方法（四年级）

教学目标：①通过本次课的学习，学生能说出篮球行进间运球时的手触球部位，明白运球时的肢体协调动作。②学生能够在合作练习下做出较为稳定的行进间运球动作，并在运球中融合速度和高度的变化，提升篮球的控制力，发展灵敏、协调能力。③学生在练习中表现出果断、自信，能够积极与同伴合作。

教学方法：①直观法：教师示范法、图示法、教具法、助力法、学生示

223

范法等。②语言法：讲解法、提示法、反馈法等。③完整法。④纠错法。

教学手段：多媒体动画课件、声动节拍器、敏捷圈摆放图形、敏捷圈作篮筐。

教学组织形式：全班分成6组，每组6人。

练习步骤：声动节奏运球→前后左右移动运球→运球摆图形→自创图形运球→抢球上篮大战。

评价：该教师的课堂教学逻辑主线明晰，流程思路清晰，指令规范，环节设计流畅，由浅入深、由表及里。该教师巧妙运用辅助教具，场地与器材利用充分，组织调动灵活且有序，选取主要技术与关键技术，合理安排内容，富有启迪性，讲求实效，总结点评简明扼要，运动负荷安排合理，充分激发学生的学练热情，课堂氛围浓厚。

优点：（1）练习形式富有新意：篮球操是本课一大亮点，教师制作了网上时新的节奏操视频，利用节奏操让学生做到抬头跟节奏控球，使学生不自觉地做出高低运球。（2）学练方法启迪智慧：各小组利用呼啦圈自由进行创意组合，发散学生思维，体现学生是课堂"主人"的地位，学生在创作中发挥主观能动性，在交流合作中落实核心素养。（3）情景创设妙趣横生：基本部分中，教师创设了篮球宝宝的主题情境，学生在愉悦的氛围中，抓住核心"不丢球"的主题，通过让学生边运球边拼摆图形的游戏活动，让学生深刻体验到合作学习、自主探究成功的喜悦。该环节创设了生动有趣的教学情境，让学生在玩中学、学中练，练中提升控球技能，体验学习的乐趣。（4）场地与器材物尽其用：本次课中器材的使用也充分体现着一物多用，敏捷圈作为篮球移动固定位后又作为学生的运球拼盘，最后又扮演了篮筐，贯彻了课标中的物尽其用的原则。

不足：（1）双师课堂两人讲话时机把握不够精准，造成两人同时讲解或点评等情况。（2）学生个体间的水平差异考虑不够充分，分组学练时没有按照技能层次分组，或者没有以优带弱，帮扶提高，未满足学生的内在需要。（3）评价没有针对性的过程性评价方案，学生不能及时了解自身的优缺点及亮点，教师虽然及时捕捉学生学练的问题，但往往顾此失彼。

2. 体育评课案例一的水平研判

（1）教学内容螺旋推进

从练习步骤来看，该节课体现了循序渐进的条理：原地声动节奏运球→

前后左右移动运球→边运球边摆图形→学生小组自创图形运球→抢球上篮大战。这样层层递进让学生在游戏中不断精进运球技能。

（2）教学方法恰当合理

该课的教法符合课堂教学的要求，既有教师的讲解示范，也有一些较好的教法实施，如直观法、模型演示法、学生示范法、教师正误动作对比法，还有启发法、小组合作学习法等。

（3）教学组织有序统筹

在教学组织形式上，该教师充分利用了敏捷圈进行练习，教学过程中组织比较简洁，利用了现有的器材，做到了一物多用。同时，该教师基本没有无效的、多余的队伍组织调动，练习的密度也较高，这对提升学生练习密度起到了积极的作用。

（4）教学手段丰富新颖

该课的教学手段运用有一定的新意，特别是自制的节奏运球热身游戏，利用多媒体教具，突破关键问题，加强学生运球能力，对引导学生抬头控球产生了较好的作用。

（5）不足：①教师的评价语不够精练到位，主要体现在具体评价语略显单一。②双师合作不够密切，部分话语出现抢断。③课堂内容教授中讲解语过多，还是应将更多的课堂时间留给学生练习。

3. 体育评课案例一的水平提升建议

（1）精准多元评价。本课中较多地使用了师评，建议在课堂中设置多样评价机制，提升学生评价参与度，给予学生更多自评互评的机会，放手把机会给学生，发挥学生主体性地位，具有针对性、指导性地让学生全面了解学习状态。

（2）精讲多练贯穿。教师全程都旨在增加学生的练习量，创设了过多的教学情景，导致课堂中有很多讲解导入时间。在后期课堂设计中，教师语言可再精练，增大学生练习密度。

（3）注重赛事体验。球类课堂中运用板块应占大比重，以提升学生运用能力为主，一节课中可设置两场或多场赛事，或创设更为真实的比赛情境，让学生更具真实赛场体验感，学以致用。

表 8-3　体育课教案

学校	海创小学	教师	万＊＊	年级	三	上课时间	12月1日	课次	6/18	学生数	32
教学内容	篮球：行进间运球的练习方法一										
教学目标	1. 认知目标：通过本课次的学习，学生能说出篮球行进间运球时的手触球部位，明白运球时的肢体协调动作。 2. 技能目标：学生能够在合作练习下做出较为稳定的行进间运球动作，并在运球中融合速度和高度的变化，提升篮球的控制力，提高灵敏、协调能力。 3. 情感目标：学生在练习中表现出果断、自信的一面，能够积极与同伴合作										
关键问题	触球的部位与运球的肢体协调										

教学流程	学练内容	学练标准	组织形式 与安全措施	问题设计	运动量		
					次数	时间
准备部分 (4分钟)	1. 课堂常规	1. 静、齐、快 2. 精神饱满，体态挺拔 3. 按照要求运球 4. 根据教师的引导运球并根据指令变向	组织：六列横队 ○ ○ ○ ○ ○ ○ ○ ○ ○ ○ ○ ○ ○ ○ ○ ○ ○ ○ X X X X X X X X X X X X ▲ X X X X X	1. 你可以不看球也按照节奏运球吗	≥1 ≥1	1分钟 1分钟
	准备活动					
	游戏：节奏运球					

226

续表

教学过程	学练内容	学练标准	组织形式与安全措施	关键问题	运动量	
					次数	时间
基本部分(33分钟)	1. 单一练习：移动运球 1.1. 左右前后移动运球 1.2. 绕圈移动运球 2. 组合练习 2.1. 图形运球 2.2. 创意图形运球 3. 比赛：抢球大战	1. 单一练习 移动运球 1.1. 根据教师的指令进行前后左右的移动右（左）手运球，能做到左右前后移动右左到返3次以上不掉球。 1.2. 根据教师的指令进行绕圈运球，学生在变换路线时随身动。次数的指令进行绕圈6 2. 组合练习 2.1. 8人一组，将呼啦圈组合成指令形状，小组练习行进间运球，学生能够边右（左）手运球边控制呼啦圈，要求连续完成左右各15次运球，来提升学生注意分配能力。 2.2. 8人一组进行呼啦圈形状创意组合，按照形状运球跑10次，学生右（左）手都参与小组合作，并能充分利用小组合作，发挥每个学生的主观能动性。 3. 比赛： 3.1小组8人与对面抢球大战，3分钟比一比哪队区域的篮球数量更多	 要求：听教师指令快速完成制定方向移动时的左右手交替运球。 要求：6人小组按照地面图形进行行进间左右手交替运球 要求：运球时抬头观察对方 要求：听清比赛规则，有序进行比赛	1. 你能快速跟随指令移动时进行的左右手交替运球吗？这和原地运球有什么区别呢？ 2. 行进间运球的时候球的落点应在哪里呢？ 3. 你能在不同速率的左右手交替运球变化中都能做到年轻控球吗？ 4. 运球中遇到障碍，你是怎样通过的呢	≥6 ≥6 ≥15 ≥10 ≥3	1分钟30秒 1分钟30秒 3分钟 4分钟 3分钟

227

续表

教学过程	学练内容	学练标准	组织形式与安全措施	关键问题	运动量	
					次数	时间
结束部分（3分钟）	1. 放松操 2. 小结	1. 跟上音乐节奏放松 2. 教师提问并总结本课 3. 有序收回体育器材	○ ○ ○ ○ ○ ○ ○ ○ ○ ○ ○ ○ ○ ○ ○ ○ X X X X X X X X X X X X X X X X ▲ X X X	运球在比赛中有什么重要的意义呢？	≥1	1分钟
场地器材	篮球38个、呼啦圈38个、音响1个	练习密度 40%	平均心率 120~140次/分	强度指数	中等	
课后小结						

（4）双师密切合作。既然是双师课堂，更多的是要体现两位教师的角色特点，将双师功能发挥至最大，如一人主导一人示范或一人讲解一人示范等等。默契配合是一节双师课堂成功的关键，课前准备还是可以更加充分。

4. 体育评课案例二：第 14 课山羊：分腿腾跃（小学五年级，2/5）

教学目标：①学生能说出分腿腾跃由助跑、起跳、腾空、支撑、腾空、落地 6 个动作组成，明白分腿腾跃中推手、分腿、挺身动作的要领。学生体验山羊分腿腾跃完整动作及身体重心改变，学习掌握至少一种保护与帮助的方法。②学生能在"低山羊"上独立完成连贯动作，通过学习慢慢提高控制身体的能力，挑战标准山羊高度练习，逐步增强空间感和定向能力。③激发学生积极主动参与意识，帮助学生克服胆怯心理，使学生增强自信、大胆尝试、展示自我。

教学方法：①直观法：包括教师示范法、助力法、学生示范法等。②语言法：讲解法、提示法、问题引导法、反馈法、口诀法、启发法。③分解法。④完整法。⑤纠错法。

教学手段：欣赏优秀运动员视频、设计挑战闯关赛、推轮胎、手拉橡皮筋提臀分腿触铃铛；驱动问题；专家团提供方案；学生探究学习寻找解决方案；跳轮胎（自制器材）。

教学组织形式：全班分成 8 个小组，根据学生自己能力选择不同高度的"山羊"。

练习步骤：欣赏优秀运动员视频，模仿动物爬热身操。

校园体操挑战赛：第一关推轮胎；第二关分腿跳（俯撑分腿跳、俯撑分腿立撑、推手挺身跳、提臀分腿触铃铛），发现问题，探究学习（学生专家团提供方案一俯撑左右跳垫子、方案二直臂顶肩分腿高跳、方案三教师提供辅助方法"超越皮筋"）；学习保护与帮助；第三关跳轮胎；第四关山羊分腿腾跃；第五关 Tabata 体能训练、放松拉伸、创新作业设计。

课后自我反思：

（1）课堂主人显本领。在练习过程中，教师发现共性问题，存在屈臂现象，提臀低、分腿小。请学生专家团来诊断，针对问题，制定合适的解决方法。经过学生专家讨论，他们提供两个解决方案。方案一：俯撑——左右跳垫子。方案二：直臂顶肩分腿高跳。教师非常注重学生能力的培养，将课堂还给学生，真正建设以学生为主的课堂。

（2）智慧启迪引深思。驱动问题，启发挖掘学生思考。在练习过程中，你发现了什么？学生回答：①直臂支撑器械，提臀高度超过肩膀，两腿分开到最大且绷直。②如果有助跑踏跳会跳得高一些。③推手要快而有力。④三个高度的轮胎均已挑战成功。通过学生四个方面的回应，教师可以此分析学生课堂掌握情况，了解自己解决本课关键问题的情况。本课次教学过程，学生自如答应，并滔滔不绝地表述，说明本课已达成教学目标。学生如果一头雾水、一脸呆滞，那么说明本课次目标没有达成，教师得寻找问题出于哪里，并有效地整改，不断提高课堂效率，以育人为目的。

（3）氛围浓郁激兴趣。该教师过渡语简洁有力量，同时富有感染力："本次校园体操亚运体能闯关赛，在 Tabatha 的音乐节奏中动起来！"学生的注意力一下子被吸引，在跳的过程中教师时刻激励，学生玩得团团转，跳得非常嗨，兴趣高昂、运动量大、满头大汗，但学生一点也不感觉累。在体育音乐融合教学下，我们感受跨学科整合的魅力，也感受到教师的激情和课堂把控能力及超强的课感。

（4）落实素养塑品格。通过山羊分腿腾跃学习，教师不仅教会学生面对器械不害怕，面对身体重心变化不恐惧，还培养他们战胜自己、挑战自我的能力，让学生明白能力是无限大的。如此一来，课堂布下的暗线明线，可以同步得到解决和发展。

（5）初心涵养扎根基。该教师的年龄较长，普通话不够标准，动作示范较为标准，但完美度欠缺，踏跳后的腾空高度不够，影响美观。我们钟爱、热爱体育教育事业，想一辈子保持好体育教育，就要加强核心力量锻炼，更要坚持不懈地运动，保持好心态和体态。这样才能为工作 50 年，健康生活一辈子奠基。

5. 体育评课案例二的水平研判

（1）讲解的时机把握较好：每一环节的过渡语言、表扬激励语言、问题的提出等，时机把控恰到好处。（2）语速适中：具有一定的节奏性。（3）语言精练：虽然语言不多，但表达清楚，从语言记录分析，没有废话。（4）语言有力量：富有感染力。（5）激励语较多：不断激起学生运动的欲望。（6）普通话不够标准：地方方言腔调浓。

6. 体育评课案例二的水平提升建议

（1）巧用 AI 智能讲解：动作要求、保护与帮助、队列队形调动等均可通过人工智能参与讲解，配上视频，使学生清晰可见、明明白白、再也不用担心老教师的普通话不标准所带来的不便。这样让老教师感受到高科技的魅力，很好地解决困扰老教师一辈子的问题——普通话不标准。（2）借助动图口诀讲解：要努力做到助跑踏跳有力、直臂支撑顶肩、提臀分腿绷直、推手用力腾空、落地缓冲要稳、大方自信亮相、整体动作连贯。有口诀，没有图像，小学生空间思维概念模糊。如果配上动态图，一动作一口诀，学生看得清清楚楚，效率自然就提高。

表 8-4　体育课教案

课程基本信息					
学科	体育	年级	五年级	学期	秋季
课题	第 14 课　山羊：分腿腾跃（2/5）				
教科书	书　名：体育与健康教师用书教材 出版社：科学出版社　　　　　　　出版日期：2014 年 7 月				

教学目标

1. 学生能说出分腿腾跃由助跑、起跳、腾空、支撑、腾空、落地 6 个动作组成，明白分腿腾跃中推手、分腿、挺身动作的要领。体验山羊分腿腾跃完整动作及身体重心改变，学习掌握至少一种保护与帮助的方法。
2. 学生能在"低山羊"上独立完成连贯动作，通过学习慢慢提高控制身体的能力，挑战标准山羊高度练习，逐步增强空间感和定向能力。
3. 激发学生积极主动参与意识，帮助学生克服胆怯心理，使学生增强自信、大胆尝试、展示自我

教学内容

教学重点：直臂支撑、提臀分腿、双脚绷直
教学难点：动作连贯、身体轻盈、协调用力

教学过程

一、欣赏视频（30 秒）
学生欣赏优秀运动员视频，直观清晰地认识分腿腾跃的经典动作，初步形成概念。
二、准备活动（6 分钟）
模仿动物爬热身操：快速激发学生的兴趣
1. 启发想象：教师启发学生，动脑筋想一想，你们知道动物如何爬行吗？它们是采用什么方法？
经过教师引导、提示、启发。教师收集到学生猫爬、毛毛虫爬、鳄鱼爬、袋鼠跳等好几种爬行方法，并请学生演示。
2. 教师讲解游戏规则：模仿动物动作特别规范的学生，可以带领师生一起做模仿动物热身，每一种爬行方法练习 20 秒钟。

3. 效果：采纳学生的方法进行练习，发现学生更开心、更自信。同学们在快乐的旋律中完成热身活动。

三、校园体操挑战赛：第一关推轮胎（3分钟）

要求：2人一组，同向站立，距离6米，原地起跳，双手推轮胎，挺身跳起，将轮胎从胯下推向同伴。每人练习8次

问题设计：同学们怎样才能使轮胎推得远、滚得快？在练习中思考？

解决问题：推手有力，挺身跳起，空中分腿。

四、校园体操挑战赛：第二关分腿跳（8分钟）

1. 俯撑——分腿跳

要求：2人一组，轮胎平放，垫子横放轮胎两端，迎面双手支臂撑轮胎，双脚分腿跳开触垫子两端的地面，直臂顶肩。每人认真练习8次/2组。

问题设计：同学们如何使自己的腿分得更大些呢？

解决问题：分腿跳起，使两脚脚尖去触垫子的远端。分腿直、绷脚尖

2. 俯撑——分腿立撑，推手挺身跳

要求：2人一组，轮胎平放，垫子横放轮胎两端，双手俯撑轮胎上，分腿立撑，挺身跳起，落地缓冲，每人练习10次。

问题设计：俯卧支撑时，怎样才能快速推起身体，使自己身体跳得更高？

解决问题：提臂分腿大，推手及时。

3. 提臂分腿——触铃铛

要求：同学们根据自己的身高分别选择适合自己高度的器械练习，直臂顶肩、提臂分腿接触两侧皮筋，使皮筋上铃铛响起可累积得分，计算成功次数，每人练习8次/3组，并完成学习任务单

学习任务单：提臂分腿触铃铛成功次数			
姓名（学号） 只填学号（ ）号	器械高度（1高2中3底） 只填数字（ ）规格	成功次数 （ ）次	掌握情况 （ ）星
如：（8）号	如：（1）规格	如：（24）次	如：（3）星

注：前三栏根据实践情况填写，最后掌握情况为总评，分别为1星、2星、3星，3星者为优秀。

问题设计：如何提高触碰铃铛的成功率？

解决问题：提臂高、分腿大。

探究学习：专家团提供方案

方案一：俯撑——左右跳垫子。

要求：2人一组，轮胎平放，垫子竖放轮胎两端，迎面双手支臂撑轮胎，双脚左右并跳，直臂支撑。每人练习10次/2组。

方案二：直臂顶肩分腿高跳。

要求：2人一组，轮胎平放，垫子横放轮胎两端，迎面双手支臂撑轮胎，双脚分腿跳上垫子。

方案三：教师辅助方法：超越皮筋。

要求：助跑 1 步要协调，踏跳有力，分腿大，跳得高，姿态优美。每人练习 3 分钟

五、校园体操挑战赛：第三关跳轮胎（5 分 30 秒）

要求：结合上节课以学 1 步助跑踏跳、直臂支撑轮胎、顶肩提臀及本课学习的提臀分腿、推手用力组合一起练习。

学习保护与帮助的动作要领：保护者站在山羊前方，两手扶其上臂，顺势上提过山羊后撤一步。

练一练：可根据自己的能力选择不同高度的轮胎练习（如三个高度均挑战成功可上山羊器械练习），5 分钟。

做到：助跑踏跳、提臀推手、分腿腾空、落地缓冲。

思考：在练习过程中，你发现什么？挖掘学生的想象力和空间思维。

六、校园体操挑战赛：第四关山羊分腿腾跃（8 分钟）

要求：助跑踏跳、提臀推手、分腿腾空、落地缓冲。根据自己的能力选择不同高度的轮胎练习，每天练习 3 分钟。

问题设计：你能找到同伴的哪些优点？

解决问题：自信勇敢、克服困难、大胆练习。

评星表设计与应用：练一练、赛一赛、评一评

评　星　表			
技术标准	自评（ ）☆	同伴评（ ）☆	老师评（ ）☆
助跑踏跳有力			
直臂支撑顶肩			
提臀分腿绷直			
推手用力腾空			
落地缓冲要稳			
大方自信亮相			
整体动作连贯			
总　　评			

注：减省时间，方便填写，同学们填表时，只填写总评，最高为七星。

七、校园体操挑战赛第五关：Tabata（4 分钟）

我们接下来跟着 Tabata 音乐进行核心力量练习。

八、放松拉伸：跟着音乐进行拉伸，使身体慢慢恢复平静。（3 分钟）

九、创新作业设计：亲自活动（1 分钟）

1. 直臂支撑摸耳朵。

2. 直臂支撑石头、剪刀、布：胜者滚油条，输者挺身跳。

十、总结和回收器材（1 分钟）

第九章

课外辅助性体育教学技能及其培养

课内外一体化是实现"教书育人"的重要举措，课内沟通固然重要，但课外沟通也不可或缺，它是建立良好师生关系的重要途径。课外沟通能力是教师的一种辅助性能力。若教师具备课外沟通能力，其将产生不一样的教育效果，既可以帮助解决课内无法解决的问题，促进学生健康成长，又可以拉近师生之间的距离，融洽师生关系。

一、课外师生沟通技能及其培养

（一）课外师生沟通技能

1. 课外师生沟通技能的概念

梅奥（人际关系理论的创始人）认为，良好人际关系的形成依赖特定的条件，即"霍桑效应"，是指因受到关注而引发的积极效应。在企业经营管理中，人力、财力和物力是三大必不可少的要素，人力是最为活跃且最具创造力的因素，即使拥有最先进的技术设备和最完善的物质资源，若没有人的准确投入和全力支持，一切也都将毫无意义。然而，人的创造力是有条件的，必须以其主观能动性为前提。强硬和机械式的管理方式只会抑制人的才能和潜力。

同理，体育教学领域同样存在管理者与被管理者之间的关系，即教师与学生之间的关系。教师要让自己的教学得到学生的认可，势必要了解学生的需要，包括学生身体上、心理上的需要等。作为课堂教育者，作为课堂管理者，教师要协调好自己与学生、学生与学生的关系等，而师生之间的关系尤为重要，它直接影响体育育人的效果。

"课外师生沟通技能"是指体育教师在课外通过各种方式方法，积极主动与学生沟通课内无法解决的问题，疏通学生的情感与心理，建立和谐的师生关系，促进课内学习而表现出来的一种较为熟练的教学行为方式。

2. 关注课外师生沟通技能的意义

（1）有利于处理好教师与学生之间的关系

师生间的关系将直接影响课堂教学的质量与效果，如部分教师在自身运动技能不够突出的劣势下，却达到良好的课堂教学效果，主要原因是其擅长处理课外的师生关系。学生并不仅仅是被喜爱的运动项目或教师优秀的教材教法、技能展示所吸引，而且更多的是被该体育教师的人格魅力所折服，从而产生一定的教学依赖感。因此，职前教师关注与提高课外师生沟通技能，有助于学会与发展课外师生沟通的技巧，处理好师生关系。

（2）有利于处理好学生之间的关系

学生之间的关系有的是显现的，但更多的是课外的、内隐的，单靠班主任、其他学科教师可能无法达到良性处理的目的。体育教师由于其个性较为张扬、性格较为外露，加之体育活动的公开性、公正性等特点，体育教师在学生心目中的地位较高，有很多的学生不愿意跟班主任、家长、学科教师沟通，反而更愿意与体育教师说说心里话，谈论理想、烦恼等。这样学生就容易与体育教师产生良好的关系，因此体育教师要利用课外时间，多与学生沟通，对化解师生之间、学生之间的矛盾尤为重要。

（3）有利于形成良好的课内教学气氛

课堂气氛非常重要，这对提高体育课堂教学质量与效果有很大的作用，但是课堂气氛这个词语是一个很玄妙的东西，看不见、摸不着，还的确存在且作用非凡。所谓的气氛，是指弥漫在特定空间中影响行为过程和结果的心理因素及心理感受的总和。这些心理因素包括紧张、兴奋、沮丧、恐惧、期待、高兴、热烈、冷漠、积极、消极、肯定、否定、怀疑、信任、尊敬、鄙视等。班级同学如果想法一致、看法相近、志趣相投，那么在场的人群就能产生一种共鸣的、心力相叠加的力量，这对意见达成、统一思想具有极为重要的作用。想要实现这一目标，仅仅靠课堂是不行的，我们还需要课内外相结合，更多地关注体育教师的课外沟通技能。

3. 体育课堂师生沟通调控技能的要求

（1）教师热情饱满、主动关爱学生

众所周知，课内气氛对提高体育教学效果起到重要作用，对体育课堂起主导作用的体育教师，为形成良好的课堂气氛，首先要利用课外时间，主动与学生沟通，以情动人，这种正能量会极大地感染学生，并使学生产生积极的情绪。其次，体育教师及时消解课内不良情绪，这种负面情绪会对学生的心理产生不良的影响。再次，在课外与学生相处、沟通、指导的过程中，体育教师要耐心细致，千万不能脾气暴躁，谩骂学生或讥讽学生，否则会使学生产生自卑感，从而形成逆反情绪。最后，体育教师要关注与关心弱势群体，如体育学习能力较差的学生、体育学习进步较慢的学生，他们也是众多学生中的成员，他们更需要体育教师的关怀与指导。

（2）善于运用各种沟通技巧处理师生之间与学生之间的冲突

在体育课内的教学中，师生之间、学生之间的冲突是比较频繁的，因为身体练习是体育得以体现其本质特征的媒介，学生在身体练习过程中难免会有一些身体的接触与摩擦。同时，学生内部也存在一些非正式的群体，如学习成绩较好的学生形成的群体、学习成绩较差的学生形成的群体、性格相投的学生形成的群体、同乡同学形成的群体等，这些非正式群体之间也会因为某些利益冲突而产生摩擦，如果仅靠学生自己协调同窗（同学）关系，其关系可能会进一步恶化或升级。这时如果体育教师能及早地发现，并采取合适的方法，尽量在课外进行调节，那么学生个体之间或群体之间的矛盾就会降级。另外，师生之间也会存在一些矛盾与摩擦，如教师的处理方法不公正会引起学生的反感，此时若教师一意孤行，学生的不良情绪将会蔓延，继而抵触教师；反之，教师若及时整改，主动承认错误与承担责任，学生与教师之间的关系将得到缓和。教师如果是一个非常明智的"领导"，他就会有错必改，在学生面前承认错误、承担责任，这样的教师是受学生喜欢和爱戴的教师，否则师生之间将会产生抵触情绪。

（3）教师的反馈、评价、指导要掌握技巧

在体育课内教学过程中，教师的反馈、指导与评价尤为重要，需要频繁地进行，但在实施过程中，有的教师采取的方式是粗暴的、强硬的，这些不良的行为必将会对学生产生负面的影响。因此，教师要通过课外去化解矛盾与冲突。对大部分学生而言，体育教师在处理矛盾与摩擦时不要用强制手段与强硬态度，而尽量要用较为温和、幽默的方式进行调整，这样就避免了师生之间的逆向负面情绪。当负面情绪产生时，教师要进行及时干预，利用反馈、评价、指导，化解其中的矛盾。

（二）课外师生沟通技能的培养

1. 知识学习

教师通过心理学、教育学等课程知识的学习，了解不同学生的个性与心理，培养良好的教师职业道德，做到热爱学生，以学生为本。

2. 性格调整

根据教师的职业要求，体育教师应适当调整自己的性格和课堂管理风格，在课内外努力做到耐心、和善、循循善诱，不可以随心所欲，更不能讥讽、谩骂、挖苦甚至殴打学生。

3. 实习锻炼

由于实习教师与中学生年龄差距不大，师生沟通起来比较容易，因此通过实习过程的锻炼，实习教师可以不断发展与提高师生沟通的能力，但也要注意保持师生之间的距离，以免产生不必要的麻烦。

4. 掌握沟通技巧

（1）小纸条法。一支笔、一张纸就能实现心与心的交流、思想与思想的碰撞。体育教师借助小纸条来沟通，既可避免师生面对面的尴尬，又可保护学生的自尊心。（2）填写学生成长手册。体育教师要认真且细致地填写每位学生的体育课成绩，做到真实性评价与反馈，适度批评与表扬，针对每个学年都得填写每一位学生的体育课成绩，更为重要的是还要填写教师对学生的真实评价与反馈、批评与表扬，以及针对学生在课堂、大课间等方面的不规范行为的改进措施和方法。（3）网络平台交流。教师可以通过班级的微信平台进行个人之间的交流，疏通关系。（4）师生面对面沟通法。师生面对面沟通是最直接的沟通方式，它有助于教师了解学生较深层次的想法，以便于进行疏通。（5）师生合作玩游戏沟通。教师要参与学生的游戏有助于同学们产生群体认同感，拉近师生之间的关系，有利于交流与沟通。（6）单独辅导沟通。单独辅导也是一种面对面的直接沟通方法，其优势在于并不直接面对问题，而是采用迂回战术进行沟通与交流。

（三）课外师生沟通案例与水平研判及建议

1. 课外师生沟通案例一

下课时，某教师正在检查体育课后（家庭）作业的完成情况。"没有认真完成体育作业的同学，报到名字的都给我出来！""你们为什么从来不完成体育作业？体育作业就不是作业啦？体育每项都可以满分啦？回家还不好好练习，你们最后的期末成绩只会不合格。"

"老师，我晚上作业写得太晚了，没有空做体育作业了""作业做太晚了？你在学校干什么了？动作这么慢，我的作业也花不了多少时间啊！""不管你们有什么理由，没有交作业就是要批评的。"

2. 课外师生沟通案例一的水平研判

为了巩固学生在体育课上所学的运动技能，培养学生的运动能力、健康行为、体育品德，体育课外作业是必不可少的，有了体育作业必然会有反馈。在课后，教师检查同学们的体育作业完成情况，把未完成体育作业的学生一起叫出了教室，一起询问。在整个交流沟通中，教师没有考虑学生个人的感受，而且教师先入为主，语气过于强硬，没有认真聆听学生的困难和原因，即使学生说出了自己的困难，也没有帮助学生一起解决问题，而是选择批评学生。

3. 课外师生沟通案例一的水平提升建议

（1）不进行集体的批评，可以与学生以一对一的方式进行沟通。（2）学会倾听，倾听学生的困难与问题，并用温和的语气询问，如"为什么没有完成作业啊？""如果真的有困难，生病了或者特殊原因完不成作业，也没有关系，我们后面补上，好不好？"（3）不要随便否定学生，不使用"从来不""只会不合格"等语言，而是更改为鼓励的方式，"如果你每天都认真练习，我觉得你的体育成绩肯定能拿优秀""老师发现你最近上课有进步，如果你能按时完成作业就更好啦"等。（4）当学生说出自己的困难时，教师需要和学生一起解决问题，如"那你能不能在学校利用好时间，先完成一些作业呢，这样就有时间完成体育作业了，对吗？"或者"你能不能加快一点你写作业的速度呢？"

4. 课外师生沟通案例二

在体育课上，此次课的练习内容是引体向上，学生小吴是一个胖胖的、个子较低的孩子，他对这个课的内容很是苦恼。由于他身材比较矮小，手臂力量差，他每次都需要其他同学帮他抬上去。在每节课有限的练习时间里，小吴永远呈现出不情愿、不主动的学习态度，练习完以后，就在边上躲得远远的，不想再去练习。课后，在教室里，体育教师当着全班同学进行询问："小吴，你为什么不进行练习呢？是遇到了什么问题吗？如果在课上不好好练习，你是不会进步的。"小吴可能碍于有同学在边上，所以不愿意进行交流，体育教师接着询问："你怎么不说话呢？你有什么问题可以和老师说啊""你说呀，我可以帮你一起想办法解决的。"小吴只是一味地沉默，低着头表示下次体育课愿意多上去练习。

5. 课外师生沟通案例二的水平研判

在课堂上，教师能够发现学生的问题，并能及时沟通，这一点值得肯定，但是课后教师当着全班学生与其进行沟通，没有考虑学生的感受，使学生有话不敢说，无法充分表达内心的想法。教师的沟通方法过于单一，只有问答，语气也过于严肃，带有质问的口气；教师在沟通后没有再进行跟进，没有和班主任与家长进行沟通，也没有跟进学生的后期情况。

6. 课外师生沟通案例二的水平提升建议

在与学生沟通时，教师不应该当众指出学生的问题，而是进行一对一沟通。

教师要有同理心：学会笑对学生，学会倾听学生。教师先找到一个合适的环境，建立一个轻松的氛围，倾听学生的想法和问题，鼓励并激励学生要积极练习。

教师要对症下药：分析学生产生问题的原因，并与学生一起寻找解决方法，课后一对一进行指导练习，或布置单独的课后辅助性作业，积极与学生班主任和家长沟通，加强学生的课外运动等。

在课堂上，教师带动班级其他同学给予该学生鼓励。教师与班主任沟通学生的情况，协助班主任一起解决学生的问题；教师与学生家长沟通，制定合适的课后体育作业，提高学生的身体素质；教师找合适的机会与学生再次沟通，先表扬，后给出建议，使学生越来越自信。

二、体育教学与研究能力及其培养

（一）体育教学与研究能力

1. 体育教学与研究能力的概念

随着社会的发展和教育的变革，体育教育也面临着新的挑战和机遇。如何适应新时代的要求，提高体育教育的质量和效果，是高校体育专业教育工作者必须思考和探索的问题。作为培养未来体育教师的摇篮，高校体育专业教育应该在本科阶段就开始培养师范生的教学研究能力，为体育师范生今后从事体育教学与研究工作做好准备，促进体育师范生的教育教学能力的提升。

科研活动是体育教师的一种专业生活方式，自己提高自己的专业生活质量，这才是体育教师在专业工作中自主性和自主能力的最佳表现形式。高校体育专业教育应充分利用高校学科门类齐全的优势，培养师范生的教学研究能力。

"体育教学与研究能力"是指体育教师能够运用较为科学与合理的方法和手段，对体育教学实践过程中暴露出来的各类问题进行探究，提出解决问题的方法，在形成新的结论和建议过程中表现出来的较为稳定的技能。

2. 关注体育教学与研究能力的意义

（1）提升体育课内外体育教学质量。通过观察与研究体育教师的体育教学方法、体育课程内容、体育教学技巧、体育教学策略等问题，有针对性地提出改进体育教师的教学建议，这对职前体育教师而言尤为重要。因为，他们正处于学习和掌握基础知识的关键阶段，基层学校的教研活动可以帮助他们更好地理解和应用所学知识。

（2）满足中小学生体育需求。学生的情况不断变化，体育教学应根据学生的特点和需求及时调整体育教学策略。职前体育教师正处于教师专业发展的起步阶段，是未来中小学体育教师群体的一分子。他们必须了解中小学的体育需求和特点，通过参与基层学校教研的活动（包含听课与评课），可以更好地了解与理解学生特点及其体育需求，从而制定教学策略，来满足不同学生的体育需求。

（3）促进职后体育教师发展。职前体育教师不断学习、反思和进步是提升职后体育教师专业素养和教学水平的重要手段。对职前体育教师而言，教师初步的体育教研活动不仅可以提前让他们体验今后的职业生活，有助于他们快速成长，而且具备一定教研能力的体育教师能够为学生提供更丰富、更深入的体育学习资源和体育专业指导。

（4）共享优秀体育教师经验与智慧。教师之间可以交流分享经验、互相学习借鉴，共同提高教育质量。通过职前体育教师与职后体育教师共同参与的教研活动，职前体育教师可以学习职后体育教师的教学经验和实践智慧，以此提升个人教学能力，也有助于职前教师和职后教师形成，也有助于职前教师与职后教师对接与互助，更有助于形成一个积极向上的学习共同体，共同促进中小学体育教学质量的提升。

综上，体育专业职前教师的教研能力培养对提升体育教学效果、满足学生需求、促进职后体育教师发展和共享教学经验等方面都具有重要意义。通过初步的教研活动，体育专业职前教师可以提前观摩与学习高质量的体育教学，培养自身自主学习能力和体育教学创新能力。

（二）体育教学与研究能力培养

1. 实践指导。实践是培养体育师范生教育教学能力的重要手段。高校应该增加实践环节的数量和质量，如实验、观摩、辅导、模拟、实习等。同时，高校应该加强对实践环节的指导和评价，提供有效的反馈和建议，促进体育师范生在实践中发现问题、解决问题、总结经验。

2. 专业交流。交流是培养体育师范生教育教学能力的重要途径。高校应该为体育师范生提供多种交流平台和机会，如讲座、论坛、研讨会、竞赛等。同时，高校应该鼓励体育师范生与其他专业、其他院校、其他地区等的学生进行合作与交流，拓宽视野，增进理解。

3. 专业辅导。导师是培养体育师范生教育教学能力的重要支持。高校应该为体育师范生配备专业的导师，如教授、教研员、优秀教师等。同时，高校应该加强导师与体育师范生的沟通和互动，定期举办面对面或线上的辅导和咨询活动，关注体育师范生的专业发展和心理状态，为体育师范生提供个性化的指导和帮助。

（三）体育教学与研究案例与水平研判及建议

1. 体育教学与研究案例一：某教师提交了一份《小学体育课堂中多学科教学内容的有机整合》的文章，现对这一案例进行研判。

"题目"：小学体育课堂中多学科教学内容的有机整合

"正文"：体育是一种具有激烈竞争，并且需要智慧和勇气的活动。通过将语文、音乐和美术等多学科内容有机地整合起来，我们可以让小学体育课堂变得更加生动有趣，并且能够激发学生的兴趣，让他们在各种学科领域中自由飞翔。这样，我们就能让体育课程发挥出真正的价值。综合教育理念已经深入人心，并且在当今社会得到了广泛认可。因此，此次教学旨在探索小学体育、语文、音乐、美术等学科之间的有机结合，以期为多学科整合教学和创新研究提供一种新的视角。

在6~12岁的学生中，他们的身心正处于快速成长的阶段，身心状态也在持续改变。然而，他们的身心健康也会受到环境的影响，导致他们的情绪出现较大的波动。尤其是小学高年级学段的学生群体，其情绪波动较为明显，但注意力更集中，行动力易受外界影响。在此条件下，学生的大脑在参与体育课堂时可以更好地接受和理解周围的环境，并且可以根据教师的指示，更好地完成各种任务。在小学，由于学生缺乏良好的认知能力和理解能力，他们对课堂上的内容缺乏热情。在这种情况下，学生的学习热情恰巧是帮助他们完成课程的强大驱动力。因此，我们通过采用多学科教学整合的方式，将小学体育和其他学科的内容相互结合，这样可以更好地唤醒学生的学习热情，进而更好地达成课堂目标。

（1）整合语文，让课堂灵动飞扬

通过运用丰富的语言和精彩的故事，我们可以更好地培养学生的情感和道德，而语文和许多学科之间都有着密切的关联性，所以在小学体育教学中整合小学语文内容有助于结合两门学科之间的关联性，为学生呈现更加丰富的体育内容。特别是对小学阶段的学生来说，这种方法的效果非常好。通过将体育运动和语文相结合，我们可以使小学体育变得活跃而又具有吸引力。例如，在教学中，我们将小学语文的课文《小蝌蚪找妈妈》和小学体育活动《动物模仿秀》相整合，将语文学科的内容融入"模拟动物形象的简单舞蹈"的体育活动中。在开展体育活动课程之前，教师首先为学生讲解《小蝌蚪找妈妈》的故事，并且为学生播放相对应的图片，将体育活动内容与小学语文故事相联系，并将其与《小蝌蚪找妈妈》的故事相融，以《小蝌蚪找妈妈》为基础，开设《动物模仿秀》的韵律课。教师以一个有趣的故事与体育教学内容相结合的方式，帮助学生理解故事、参与活动，获得启发。

（2）整合音乐，让课堂兴趣盎然

体育和音乐整合是一种非常常见的多学科整合教学方式。基于小学音乐的特点，小学音乐能够为小学体育理论以及实践活动的开展提供更加丰富和多样化的内容。例如，课前的热身活动、课堂上的技巧训练，以及课后的休息活动，这些活动都能够配以音乐来调节，这样就能够极大地改善体育课堂学习的氛围，刺激学生的感官，让学生能够更加积极主动地参与。

通过将音乐与体育教材相结合，我们可以提高学生的体育锻炼热情，让他们对这门课程产生浓厚的兴趣。比如，当开始进行初级体育课的准备工作时，教师可以为学生播放一首小学音乐中的《合拢放开》，这首早先就被学生熟知的童谣，并且让学生跟着节奏，一起合拢放开，拍拍手，再举起来，让他们感受这首童谣的魅力。同时，学生在歌声中欢快地做着各种节奏感十足的动作，展现出他们天真烂漫的一面，这样使学生融入一个轻松愉悦的氛围中，不知不觉间就进行了热身运动，使小学体育课程不再那么枯燥和单一。

（3）整合美术，让课堂轻松活泼

美术是一门充满艺术气息的学科，课堂中，简笔画人物与物品的融合、游戏图形的加入，使学习内容变得丰富且有内涵。小学美术的内容与小学阶段学生的活泼好动、喜欢模仿和丰富的想象力相结合，能够更好地为体育课程提供了强大的支持。

通过利用学生已有的美术技能，体育教师可以为学生提供更多的机会来创建有趣的体育活动环境。例如，当讲授《障碍跑》这门课程时，体育教师可以让学生参与绘制这项活动的布景，如在一个篮球场的正面，绘制两个相互连接的同心圆，并将其分别连接到两个相邻的方向，这样可以为学生提供更多的机会来探索不同的活动。或将障碍物如体操椅、呼啦圈、小垫子和跨栏架放到对角线的外侧，这样整个场地的外观便会变得更加明显，让人眼前一亮。

在体育课上，体育教师通过设计有趣的游戏活动，可以更好地吸引学生的注意力。例如，当教授障碍跑时，体育教师可以通过引入美术元素来丰富课堂内容，使整个活动更有趣味和吸引力。为了提高学生的积极性，我们创造了一个有挑战性的活动。首先，他们通过几次实践活动积累经验，然后，体育教师通过组字、组画接力的方式，将他们划分到不同的小组参加障碍跑和拼图，最后将他们的作品汇总，以此来提升他们的语言表达技巧。

（4）结语

事物与事物之间存在千丝万缕的联系，可能是内部整合，也可能是外部耦合。在小学体育多学科教学整合和综合研究中，我们的首要任务便是揭示多学科教学内容整合的关联性和必要规律。无论是内部构成的要素还是外部构成的要求，揭示这些联系是小学体育多学科教学整合研究的首要任务，而这有助于我们揭示多学科教学内容整合的关联性和规律。多学科教学内容整合和综合研究是当前科学问题必须解决的，这已成为当前小学体育教学发展的重要内容。自20世纪以来，体育已成为一门广泛综合的学科，其研究领域横跨自然、人文和社会科学。这推动了跨学科研究的发展，促进学科交叉，使人们创新性地研究运动学问题，实现问题的整合和探讨。实际上，很多研究成果具备跨学科和多学科研究的特点。比如，小学语文的教学内容可以用一种更加有趣和丰富的形式，让学生更愿意去学习和理解体育理论知识。通过小学音乐课程的特点，体育教师能够更好地将音乐的内容以及形式引入到小学体育中，营造更加活跃的课堂氛围，同时也能够借助音乐的韵律节拍开展体育活动。利用美术学科的特点，体育教师有效地调动学生的实践性，通过美术实践活动来完成体育任务，激发学生的学习兴趣。所以，在多学科教学内容的整合之下，体育教师能够有效地推动小学体育教学的发展，也能切实地提高学生的学习效率。为了达到体育课程标准所设定的"三维"教学目标，教师应该摒弃传统的以学科为中心的思维模式，强调多元化的教学，加强对不同领域的教师指导，以及各种教学方式、多学科教学内容的有机整合，以期培养学生的全面发展。通过深入研究和实践，我们不仅要充分利用体育的独特优势，还要努力把它和其他学科的相关内容结合起来，让学生在一个富有趣味性的学习环境中，得到全方位的成长，进而实现身心健康成长的目标。

2. 体育教学与研究案例一的水平研判

（1）表述要经得起推敲。例如，文章第一段，"通过将语文、音乐和美术等多学科内容有机地整合起来，我们可以让小学体育课堂变得更加生动有趣，并且能够激发学生的兴趣，让他们在各种学科领域中自由飞翔。"这段话并没有说明白多学科内容如何与体育课程生动有趣联系起来，因此研究者要理清体育课程与语文、音乐和美术的关系，利用各学科优势，有效激发学生体育学习的兴趣与主动性。（2）案例介绍部分，将"教学内容"放在"教学目标"之前，逻辑上有些说不通。（3）"教学内容"中3个不同学科与体育的整合方式，存在表面化，只是泛泛而谈，没有真正打通三个学科的共性，因此其建议流于形式。

3. 体育教学与研究案例一的水平提升建议

（1）"前言"部分重在清晰研究背景（问题所在、研究意义），即破题。通过本文的题目及内容来看，我们建议从近年来国家教育改革多学科融合导向切入，紧扣当下多学科融合的现状及困境，揭示本文研究的必要性。（2）在"教学内容"整合过程中，重中之重是要清楚我们上的是体育课，首先要清楚我们上的是体育课，应该以体育课的内容为主线，语文、音乐、美术的成分只是辅助、衬托，适当引出即可。另外，该部分的表述是否称得上"教学内容"，也需要推敲。（3）结语部分一般为上完课之后对教学目标达成情况、教学内容的掌握情况、教学方法运用情况等的反思。本文只是讨论了三种学科的整合方式，尚未付诸课堂教学，何需"教学反思"。（4）结合正文内容，建议将题目修改为：小学体育课堂中多学科融合的案例分析。（5）建议围绕上述建议、围绕小学体育课堂学科融合的案例，重新构思研究框架。"前言"部分突出案例分析的必要性，结语部分提出相关建议。

4. 体育教学与研究案例二：某教师提交了文章《指向理解为先的篮球结构化教学》，现对这一案例进行研判。

"题目"：指向理解为先的篮球结构化教学。

"正文"：UbD 理论认为，当教师的教学旨在使学习者理解可迁移的概念和过程，给其提供更多机会将理解的内容应用到有意义（即真实情境）的情境时，学习者才可能获得长期的成就。学习者通过主动建构意义（即理解的过程）来学习和固定所学的知识和技能，并将学习结果应用到新的情境中。当我们把获取知识和学习技能当作方法而不是最终目的时，学生才能学到更多并且更加积极主动地参与学习。

笔者在童趣体育课堂实践的基础上，聚焦"理解为先"的贯彻落地，以育人为目标，以童趣为始，以理解为终，以学练赛评为路径，促进学生掌握与运用体能练习方法和运动技能，提高学生的运动能力，让学生理解体育锻炼对健康的重要性，引导学生积极参加校内外体育锻炼，让学生在体育活动中理解参与体育学练、展示或比赛对养成良好体育品德的重要性，达到育人的目标。

以下是笔者就"理解为先"理论指导下开展篮球结构化教学的一些实践和体会。

（1）完善结构，打通输入与输出

有输入和输出的学习过程才是完整的，输入是基础和前提，输出是结果和展现。从结构化教学角度看，当学生在学习篮球技能时，他们先进行的是篮球技能结构的输入，再将输入的技能结构编码输出，最终完成演练或学习新技能的过程。其中要注意，输入端要避免篮球技能结构不完整的问题，如技能动作碎片化；输出端则是需要营造出篮球技能结构运用的环境，如展示和比赛。

篮球技能结构决定输入质量和输出效果。所以，完善篮球技能结构，使篮球技能具有整体性和主体化，是结构化的关键所在。篮球技能原本具有完整结构，破坏结构的人常常以技术中心论垄断课堂，认为技能"碎片化"是学生可接受的主要形式，是学习掌握动作技术的快捷键。殊不知，这种行为是以牺牲学生认知结构发展为代价的，是导致学生体育学习能力低下的主要原因之一。在日常学习中，很多学生看似掌握了较多篮球单一动作技术，能运球，能投篮，但当真正打比赛时却打不起来。完善结构就是重新找回篮球技能的结构，恢复技能点之间的关系，让学生理解篮球的不同技能同整体技能的关系和关联价值，进而在输入和输出的学习中，既能不断强化单个篮球动作技术，又能提高整体动作技术运用水平，这是一个双赢的过程。

任何技能的意义表达，只有通过结构才能实现，学生才会在结构的作用下，窥到技能的全貌。所以，教师在教学过程中，要高度重视篮球技能结构的完善，摒弃"碎片化"教学的陋习。篮球课堂学习若似蜻蜓点水、走马观花，再好的运动记忆，也经受不住遗忘的考验。篮球教学中的学和练是运动实践，但教学环境创设的实践条件往往过于简单，导致在复杂的比赛条件下难以凸显篮球技术。为此，学生应将篮球技能在结构的导引下学扎实，如前后左右关联学，编排动作组合练，变换不同学习条件变通用，让篮球技能学习从碎片到整体，从肤浅到深入，进而深化篮球课堂学习。

（2）加强理解，促进融合与应用

"理解为先"理论认为理解乃教育目的。当教师的教学旨在使学习者理解可迁移的概念和过程，给其提供更多机会将理解的内容应用到有意义的情境中时，学习者才可能获得长期的成就。

在篮球大单元刚开始的几节课中，学生都喜欢一人一球，当学会了基本技术和简单的战术后，每节课都想打比赛。打比赛既能巩固技术，又能有效地锻炼学生的体能，何乐而不为。教师要让学生学会合作，而不是每人一个球，自己玩自己的，于是便在每节课完成基本任务后，教师将预留10分钟时间让学生打比赛，有半场比赛，也有全场比赛。课内学生比赛分组相对固定，加上课堂节奏普遍紧凑，学生需要马上进入比赛状态。在刚开始打比赛时，学生容易出现"打球聚成团"的现象，球到哪里，人聚集到哪里，这是因为战术意识还没有形成，还处于"合"的状态。从"合"到"分"是有过程的，从"合"到"分"需要一定的形成过程。因此，在学生学习篮球运动之初，教师就要有意识地帮助学生学会"分"，引导学生进行"分"。（注重战术意识的培养，有助于提高学生的竞技水平；重视规则意识的建立，帮助学生更好地理解比赛的节奏与动态）"分"还可以这样理解，不同的班级篮球基础和接受能力不同，就要分别对待，不能以同样的要求对待不同的班级。笔者任教的某个班，获得过校运会的年级团体冠军，也获得过"校长杯"年级组的男子足球冠军和女子足球冠军。这个班的学生体能基础好，足球的技术也不错，动作接受能力强，所以让他们先尝试课上的篮球比赛。出乎笔者的意料，学生们居然打得有模有样，而且女生也积极地参加比赛，还邀请我和她们一起比赛。其他班级的基础相对较差，运球运不好，经常走步，传接球也不到位，球到哪里，一群人追到哪里。笔者与他们一起进行小结，当让他们结合比赛谈谈自己的感受时，他们都意识到练好基本功的重要性，也认识到互相配合是打好比赛的关键。

再以篮球体能练习为例，小学高年级学生都要进行国家体质健康标准50米×8往返跑的练习和测试。在教学中，笔者让一组学生分队打比赛，让其他学生观察，在设定的时间内，除了观察同学的技术表现，还要数跑了多少个来回，让学生计算一场40分钟的比赛一般要全场跑多少个来回，折算出多少米。当学生算出大概长度后，他们感觉很惊讶，一场比赛居然能跑这么长的距离，他们理解了只有练好体能才能保证比赛时有充分的体力，因此在体能练习时他们愈加专注与用心。练习方法主要采用两片篮球场半场来回运球，分四组，每组一片半场。学生运球时要学会观察，避免碰撞，到线转身时要学会换手运球，练习时要学会合理分配体力和正确的呼吸方法。通过以上练习，学生的运球水平提高了，抬头观察的习惯养成了，体能增强了。值得一提的是，学生在没有单独练习50米×8往返跑的情况下，50米×8往返跑的优良率就已达到70%以上，这远远超过同年级其他班级。

（3）优化设计，促进思考与理解

借鉴美国格兰特·威金斯（Grant Wiggins）UbD教学设计理念，笔者采用逆向设计思维，变活动导向教学为目标导向教学，变教案为学案，变用课程教内容为用课程内容育人，变单一课时孤立设计为单元课时统整设计，从教学活动源头，把素养导向的学科课程目标落实在每个单元、每个课时的教学设计中。

以篮球行进间低手上篮教学设计为例，行进间低手上篮，对学生身体姿势、重心的控制、动作的连贯性、协调性要求较高，学生较难做到标准姿势，并且把握不住球出手瞬间的力量和方向，导致命中率不高。所以，教师要让学生理解这项技术在篮球比赛中的作用，理解手指拨球对提高命中率的作用，让学生不仅动手，还要动脑，理解为先，明白原理，寻求方法，解决问题，不断改进动作。

上课伊始，教师要引导学生思考三步上篮（行进间低手上篮）在篮球比赛中的作用，这样有助于学生理解动作特点，使他们在比赛中运用这项技术。热身部分采用了反应练习、行进间运球练习和球操相结合，引导学生以饱满的精神状态投入本课的学练中。通过球性练习的方法，教师使学生在球性练习中活动各关节，从而达到热身的效果。沿篮球场运球可以让学生复习行进间运球技术，同时起到热身作用。球操练习可以让学生熟悉球性，让学生充分地活动各关节、肌肉和韧带，教师要引导学生在平时打球之前也要充分做好准备活动，避免受伤。

在基本部分教学中，教师要让学生思考为什么三步上篮的动作要领是一大二小三高跳，同时引导学生分析行进间低手上篮时球投不进去的主要问题是什么，让学生理解出手的力量和方向是最后进球的关键。因为，学生在初学行进间低手上篮时，出现的最大问题是出手力量和出手方向控制不好，教师就设计了跪姿托举屈腕手指拨球（双手或单手）环节，让学生理解出手的力量和方向是最后进球的关键。行进间低手上篮进球比多环节可以让学生巩固技术，体验进球的快乐。每一次篮球课都会安排学生进行篮球比赛，让他们在比赛中学会运用篮球技术，本节课在组织篮球比赛时还修改了规则，进一球得 2 分，采用行进间低手上篮进球得 3 分，这样就是为了让学生学以致用，在比赛中尽可能运用三步上篮技术，巩固技术，理解该技术的作用。最后，教师总结本课学习内容，学生相互交流学练和比赛感受，教师引导学生课后多打篮球，鼓励学生积极参加体育锻炼。

课堂教学经验告诉我们，学习者以理解为目标开展学习活动，有助于构建并内化知识，由注重浅层兴趣走向深度学习。学习的经验告诉我们，当学习者能自主理解所学知识，形成技能与素养时，他们才能提高在真实问题情境中运用知识、解决问题的能力，由低效高耗走向轻负高质。育人经验告诉我们，学习者亲历完整的学习过程，更有利于促进其形成学科思维方法、思想观念和价值文化，由知识本位走向学科育人。

5. 体育教学与研究案例二的水平研判

（1）紧扣"理解"讨论篮球教学问题，选题符合课程教学的本义，具有现实意义。"理解"也可粗略地解释为"认知"，对一线教师而言，这样的讨论具有一定的理论难度，但值得大力肯定。（2）注意文章前后表述的一致性。

例如，题目是"指向理解为先的篮球结构化教学"，正文中表述为"聚焦'理解为先'的贯彻落地，以育人为目标，以童趣为始，以理解为终"。"理解"到底为先还是为终？（3）文章开始部分重在揭示研究的必要性（提出问题或破题），该文的开始部分显得空洞，未做到从现实问题出发，而是从理论出发。（4）从文章题目及正文内容来看，该文涉及2个主题"理解""结构化"，1篇文章讨论2个主题有待斟酌。（5）文章更多停留在个人感悟层面，理论深度有待提升。

6. 体育教学与研究案例二的水平提升建议

（1）建议文章开始部分从现实问题切入，围绕当前篮球教学中存在的问题引出从"理解"的角度进行结构化教学的必要性。（2）该文章应围绕1个主题展开讨论，如果必须讨论2个主题，文章开始部分应围绕2个主题的关系清晰交代讨论的必要性。（3）"理解"也可粗略解释为"认知""领会"，建议参考"运动认知"（身体知、身体认知）及"领会教学法"（又称"理解教学法"）相关成果充实文章内容。（4）为了强化文章的说服力，经得起推敲，建议仔细斟酌每句话、每个词的表述，仔细推敲前后句，前后段落间的逻辑关系。

第十章

职前体育教学技能考核标准

为了全面贯彻党的教育方针，推进教师专业教育的改革与发展，我们以《教师教育课程标准》和《高等师范学校学生的教师职业技能训练大纲》等为依据，全面加强职前体育教师技能的培养和训练，把体育专业学生打造成能较好适应中小学体育教学的师德风尚好、专业水平高、身心素质优的优秀师资。基于以上目标，开展年度职前体育教学技能考核是非常有必要的。

一、运动技能考核标准

（一）田径项目技能考核标准

1. 考核内容

（1）背越式跳高的技术；

（2）挺身式跳远的技术；

（3）短跑的技术；

（4）跨栏跑的技术；

（5）跑的专门性练习（小步跑、高抬腿、侧身交叉跑、后蹬跑等）。

2. 考核方法：（1）技术判定。（2）动作技术讲解，即在完成动作后，由教师根据动作完成情况，针对动作要领、重难点、动作学习方法等进行一句话提问，学生在 20 秒内进行一句话回答。

3. 考核标准（见表 10-1）

表 10-1　田径项目评价标准一览表

评价标准	评价值
动作示范准确、规范、协调；技术讲解准确到位，语意表达精练、清楚、通顺	优秀

评价标准	评价值
动作示范准确、规范、协调；技术讲解语意表达准确、到位，语意表达比较清楚、通顺	良好
动作示范比较准确规范；技术讲解比较准确到位，语句表达有明显的不足，有一定的实效性	中等
动作示范的准确性有一定的不足；技术讲解不够准确；语句表达不清楚，有明显的前后颠倒现象	及格
主要技术阶段和次要技术阶段存在明显的错误，动作紧张，不连贯，实效性差，动作示范有明显的错误；技术讲解不清，语句表达不清	不及格

（二）体操项目技能考核标准

1. 考核内容

（1）技巧（30分）

男子：全蹲跳成分腿体前屈双手撑地—分腿慢起头手倒立停顿两秒—前滚翻成并腿坐两臂侧举—两臂上举体前屈—屈体后滚翻—两臂上举—上步俯平衡停2秒还原成直立—趋步侧手翻—分腿站立转体90°向前并步结束。

女子：前滚翻成并腿坐两臂侧举—肩肘倒立停2秒—经单肩后滚翻成单膝跪撑一腿后举—并腿跪跳起—上步俯平衡停2秒还原成直立—侧手翻—分腿站立转体90°向前并步结束。

（2）单杠（30分）

男子：跳上成支撑—单腿摆越成骑撑—骑撑前回环—后腿摆越转体180°成支撑—支撑后回环—后摆下。

女子：蹬地翻上成支撑—单腿摆越成骑撑—后倒挂膝上—后腿摆越转体90°挺身下。

（3）双杠（30分）

男子：挂臂撑屈伸上成分腿坐—慢起肩倒立停2秒—前滚翻成分腿坐—屈膝弹杠后摆转体180°成分腿坐—分腿坐挺身前进后摆下。

女子：跳上成分腿坐—前滚翻成分腿坐—挺身前进后摆转体180°成分腿坐—屈膝弹杠后摆前摆挺身下。

（4）跳跃（10分）

男子：纵箱分腿挺身腾越。

女子：山羊分腿挺身腾越。

2. 考核办法

班级分组抽签决定首个竞赛项目，以技巧、单杠、双杠、跳跃的顺序轮换进行竞赛。至少选择两个项目进行"一句话问答"，即在完成动作后，由教师根据动作完成情况，针对动作要领、动作学习方法、保护与帮助等进行"一句话提问"，学生在 20 秒内进行一句话回答。

3. 评分标准

满分共 100 分，根据每项组合动作的整体技术完成情况和应答情况打分，考虑动作姿态、技术规范、表现力，以及回答问题的正确性与表达能力。

（三）武术项目技能考核标准

1. 考核内容

（1）讲解示范：少年拳第二套。①抡臂砸拳。②望月平衡。③跃步冲拳。④弹踢冲拳。⑤马步横打。⑥并步搂手。⑦弓步推掌。⑧搂手钩踢。⑨缠腕冲拳。⑩转身劈掌。⑪砸拳侧踹。⑫撩拳收抱。

（2）技术演练：武术操（一）英雄少年（实习队为单位自学）。

（3）初级长拳第三路，初级剑术，简化 24 式太极拳。

2. 考核方法

（1）少年拳第二套共 12 个动作，学生随机抽取任一动作进行讲解示范。动作中涉及的武术基本动作参照武术教材第六章《武术徒手基本动作与方法》中的相关内容。

（2）学生以实习队为单位集体、连续、配合口令完成武术操（一）和武术操（英雄少年）。

（3）学生在三个项目中现场随机抽取一项，进行演练（专升本学生只限初级长拳第三路）。

3. 考核标准

讲解示范评分标准见表 10-2，武术操演练评分标准见表 10-3，套路演练评分标准见 10-4。

表 10-2　讲解示范评分标准（30 分）

分值	评 分 标 准
26~30	讲解内容准确，完整地抓住技术动作的重点、难点及关键点，术语运用准确，语言简洁精练。示范动作规范，方法正确，劲力充足，手、眼、身、步协调配合。示范位置与示范面选择合理，示范速度适当。能够针对动作的重点、难点和关键点进行准确的示范
21~25	讲解内容准确，较完整地抓住技术动作的重点、难点及关键点，术语运用较准确，语言较简洁精练。示范动作较规范，方法较正确，劲力较充足，手、眼、身、步较为协调配合。示范位置与示范面选择较为合理，示范速度适当。能够针对动作的重点、难点和关键点进行较为准确的示范
15~20	讲解内容准确，能抓住技术动作的重点、难点及关键点，术语运用准确程度一般，语言简洁精练程度一般。示范动作基本规范，方法基本正确，示范位置与示范面选择基本合理，示范速度适当。基本能够针对动作的重点、难点和关键点进行示范
15 分以下	讲解内容基本准确，不能抓住技术动作的重点、难点及关键点，术语运用能力差，语言啰唆。尚能够保持示范动作的基本规范，示范位置与示范面选择基本合理，不能够针对动作的重点、难点和关键点进行示范

表 10-3　武术操演练评分标准（20 分）

分值	评 分 标 准
16~20	动作规范，方法清楚，劲力顺达，节奏分明，口令准确、洪亮有力
11~15	动作规范，方法清楚，劲力比较顺达，口令准确
5~10	动作比较规范，方法比较清楚，口令一般
5 分以下	动作不规范，方法不清楚，不能完成，口令含糊混乱

表 10-4　套路演练评分标准（50 分）

分值	评 分 标 准
46~50	动作规范，方法清楚，劲力顺达，节奏分明，手、眼、身、步协调配合，能熟练完成
41~45	动作规范，方法清楚，劲力比较顺达，手、眼、身、步能较好配合，能比较熟练地完成
36~40	动作比较规范，方法比较清楚，能一般完成

续表

分值	评 分 标 准
30~35	动作无大错误，方法基本能体现，动作虽有不协调现象，但僵劲不十分突出，基本能完成
30分以下	动作不规范，方法不清楚，不能完成

（四）篮球项目技能考核标准

1. 考核内容

（1）投篮。（2）全场运传球上篮。（3）有讲解、示范的内容，原地单手肩上投篮、原地双手胸前传球、后转身运球。

2. 计分方法

总分为100分，讲解示范为30分，投篮为35分，全场运传球上篮为35分。投篮35分由技评15分和达标20分组成。全场运传球上篮35分由技评15分和达标20分组成。

3. 考核办法

（1）讲解、示范评分标准（30分）

讲解占15分，示范占15分，示范动作的准备部分占5分，动作完成部分占5分，技术完成后的结束姿势占5分。

（2）投篮

男队员在图10-1中1至5的每点依次各投2球，共投10球，计进球数。

女队员在图10-1中6至10的每点依次各投2球，共投10球，计进球数。

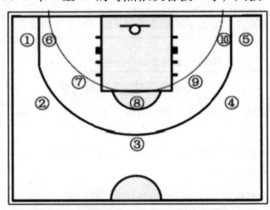

图 10-1　投篮路线图

技评标准见表 10-5，达标标准见 10-6。

表 10-5　技评标准（15 分）

分值	技　评　标　准
12~15	投篮动作准确，用力协调，手型正确，命中率高
8~11	投篮动作基本准确，用力协调，手型正确，命中率较高
4~7	投篮动作基本准确，用力协调，手型基本正确，命中率较高
4 分以下	投篮动作不准确，用力不协调，手型不正确

表 10-6　达标标准（20 分）

个数	10	9	8	7	6	5	4	3	2	1
分值	20	18	16	14	12	10	8	6	4	2

（3）全场运球上篮（35 分）

队员在限制区的顶点用右手运球（左手在左侧顶点用左手运球）开始，过障碍物后换手（左手换右手或右手换左手）运球，过中线的障碍物后传球给在罚球线延长线至边线的同伴，跑过第三个障碍物接回传球上篮，进球后（不进球补中为止）自抢篮板球，从原路运球返回。方法同上。计两个来回，进四个球。具体流程如图 10-2 所示。

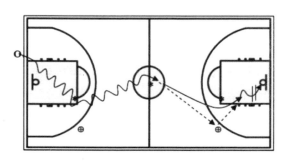

图 10-2　全场运球上篮图

技评标准见表 10-7，达分评分标准见表 10-8。

表 10-7　技评标准（15 分）

分值	技 评 标 准
12~15	运球投篮动作准确，运球协调，传球到位，上篮命中率高
9~11	运球投篮动作基本准确，运球协调，传球基本到位，上篮命中率较高
5~8	运球投篮动作基本准确，运球基本协调，传球基本到位，上篮命中率较高
5 分以下	运球投篮动作不准确，运球不协调，传球不到位，上篮命中率较高

表 10-8　达标评分标准（20 分）

（男）

时间（秒）	30	31	32	33	34	35	36	37	38	39	40	41	42	43	44	45	46
分 值	20	19	18	17	16	15	14	13	12	11	10	9	8	7	6	5	4

（女）

时间（秒）	34	35	36	37	38	39	40	41	42	43	44	45	46	47	48	49	50
分 值	20	19	18	17	16	15	14	13	12	11	10	9	8	7	6	5	4

（五）排球项目技能考核标准

1. 考核内容

（1）目标垫球技术。

（2）4 号位扣球技术。

（3）口试：两个项目进行"一句话问答"，即在完成动作后，由教师根据动作完成情况，针对动作要领、重难点、动作学习方法等进行一句话提问，学生在 20 秒内进行一句话回答。口试成绩占 10 分。

2. 竞赛方法

（1）目标垫球技术

参赛者手持一个球，站在规定的场区内，当裁判员发出竞赛开始的信号后，参赛者连续对墙上目标进行垫球，垫到规定的次数或到死球为止。

（2）考核标准

①竞赛采用双手下手垫球技术。

②竞赛者必须在规定的区域内垫球才有效，画定的区域距墙 1.5 米。墙上目标是以 1 米为直径的圆，在无效区域所垫的球，不算次数，也不算失误，竞赛可以继续。

③竞赛开始首先应把球抛向墙壁，反弹至手臂垫击后开始计算垫球次数。

3. 评分标准

垫球满分为 50 分×90%（其中，达标占 30 分，技评占 20 分，达标、技评同时进行）。连续对墙垫球 15 次为达标满分（30 分）。

垫球技术达标计分表见表 10-9，垫球技术技评标准见表 10-10。

表 10-9　垫球技术达标计分表

达标计数（次）	5	6	7	8	9	10	11	12	13	14	15
成　绩（分）	10	12	14	16	18	20	22	24	26	28	30

表 10-10　垫球技术技评标准

优　秀（18~20 分）	判断取位好，移动步法正确、熟练，动作协调，手型正确，控制球的能力较强
良　好（14~17 分）	判断取位尚好，移动步法正确，动作较协调，手型正确，控制球的能力一般
及　格（12~13 分）	判断取位一般，移动步法稍慢，动作不太协调，手型基本正确，控制球的能力较差
不及格（12 分以下）	判断取位不准，手型不正确，基本不能完成垫球技术

4 号位扣球：每位参赛者在 4 号位持球准备，扣由 3 号位二传队员向 4 号位传出一般高球（二传队员由参赛者自己确定）。当裁判员发出竞赛开始的信号后，参赛者将球传或抛给二传队员，二传队员将球传出后开始计分和技评。

规则：（1）网高规定男子为 2.30 米，女子为 2.15 米。凡落在规定场区内的球均属好球。（2）二传队员一旦将球传出，参赛者必须完成扣球竞赛。（3）如参赛者运用吊球技术，则按扣球失误计算达标成绩。（4）每位参赛者连续进行 5 次扣球技术的竞赛。

评分标准：扣球满分为 50 分×90%（其中，达标占 30 分，技评占 20 分，达标、技评同时进行）。

扣球技术达标计分表见表 10-11，扣球技术技评标准见表 10-12。

表 10-11　扣球技术达标计分表

达标计数（次）	1	2	3	4	5
成　绩（分）	6	12	18	24	30

表 10-12　扣球技术技评标准

优 秀（18~20 分）	助跑起跳动作连贯协调，选位正确，击球点高，挥臂动作、手法正确，扣球力量大，控球能力好
良 好（14~17 分）	助跑起跳动作连贯协调，选位基本正确，击球点高，挥臂动作和手法正确，扣球力量不大，控球能力稍差
及 格（12~13 分）	跑起跳动作连贯性差，击球点不正确，挥臂动作和手法一般，扣球力量小
不及格（12 分以下）	助跑起跳不连贯、不协调，选位不合适，挥臂动作不正确，没有在空中扣球，扣出的球有抛物线

（六）足球项目技能考核标准

1. 考核内容

（1）颠球。（2）里脚背定位球踢准。（3）口试：两个项目进行"一句话问答"，即在完成动作后，由教师根据动作完成情况，针对动作要领、重难点、动作学习方法等进行一句话提问，学生在 20 秒内进行一句话回答。口试成绩占 10 分。

2. 考核方法

（1）颠球：受试者可用脚、大腿、胸、肩和头等部位连续颠球，如果球落地或手触球即为一次颠球结束。每人做两次，取一次最佳成绩。

（2）里脚背定位球踢准：

①场地设置：

·以 0 为圆心、以 2.5 米和 3.5 米为半径，分别画里、外两个圆。圆心处插上一根 1.5 米高，并带有彩色小旗的标志杆，将其作为踢准的目标（如图 10-3 所示）。

·以 20 米为半径从圆心向任何方向画一 5 米长的弧为踢准的限制线。

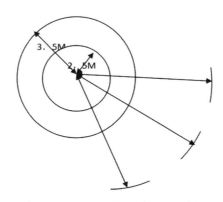

图 10-3 足球踢准范围限制图

②受试者将球放在限制线上，用任一脚背内侧向圈里传球，球落在圈里和线上均有效。

③每人连续踢 5 球，每次均记成绩，5 次成绩之和为该项目最终成绩。

3. 考核标准

（1）颠球

该项目满分为 50 分×90%，每次有效身体触球为 1 分，颠球 50 次为满分。

（2）里脚背定位球踢准

受试者将球踢进内圈得 5 分，踢进外圈得 10 分，踢到圈外得零分，满分为 50×90%分。

（七）乒乓球项目技能考核标准

1. 考核内容：反手推挡技术、正手攻球技术、正手位发（左、右）侧旋球技术、搓球技术。

2. 考核办法：用抽签的方法确定四项内容之一。示范确定考核技术并讲解该项技术的动作要点。注：内容 1、2、4，可由陪考者发球后做相应的击球技术示范，其中做搓球技术示范时，陪考者必须旋球，旋转强度中等。

3. 考核要求

技术动作的讲解和示范都必须达到合格。技术动作示范评价标准见表 10-13，技术动作讲解评分标准见表 10-14。

表 10-13　技术动作示范评价标准

项　目	评价标准
反手推挡	握拍正确，用力协调，击球点准确，动作完整
正手攻球	握拍正确，挥拍时手臂的三个夹角准确，击球点准确，还原到位，动作完整
正手位发侧旋球	合乎规则对发球技术的要求，用力协调，发出的球旋转正确，弧线准确，落点到位，还原完整
搓球技术	旋转强度、落点判断准确，身体到位，拍面准确，用力协调，摩擦和击球准确，搓出的球有下旋，动作流畅完整

表 10-14　技术动作讲解评定标准

项　目	评价标准
反手推挡	握拍，用力部位及顺序，击球点，击球部位，动作的完整
正手攻球	握拍，挥拍的三个夹角，用力部位及顺序，击球点，动作还原到位
正手位发侧旋球	规则对发球技术的要求，用力部位，击球部位，动作还原
搓球技术	握拍，挥拍方向，拍面，用力部位，击球点，击球部位，摩擦和动作还原

要求：讲解言简意赅，突出重点和难点。

（八）羽毛球项目技能考核标准

1. 考核内容：发高远球技术、发网前球技术、发平高球技术、对打高远球技术、扣杀球技术、羽毛球移动步法等。以上技术的讲解、示范及教法等。

2. 考核方法：通过抽签从内容中的六项羽毛球技术中选取一项技术动作，对该技术进行讲解、示范。教师依据评分标准对学生进行评分。

3. 评分标准：讲解占 50 分，示范占 50 分，满分 100 分（具体见表 10-15、表 10-16）。

表 10-15 讲解评分标准（50 分）

分值	标 准
40~50 分	讲解内容准确，完整地抓住技术动作的重难点及关键点，术语运用准确，语言简洁精练
30~39 分	讲解内容准确，较完整地抓住技术动作的重难点及关键点，术语运用较准确，语言较简洁精练
20~29 分	讲解内容准确，能抓住技术动作的重难点及关键点，术语运用准确程度一般，语言简洁精练程度一般
20 分以下	讲解内容基本准确，不能抓住技术动作的重难点及关键点，术语运用准确能力差

表 10-16 示范评分标准（50 分）

分值	评 分 标 准
40~50 分	技术动作熟练准确无误，用力协调，动作连贯，手法正确
30~39 分	技术动作较熟练准确，用力较协调，动作连贯，手法正确
20~29 分	技术动作较熟练准确，用力基本协调，动作连贯，手法基本正确
10~19 分	技术动作基本熟练准确，用力基本协调，动作基本连贯，手法基本正确
10 分以下	技术动作不熟练准确，用力不协调，动作不连贯，手法不正确

（九）网球项目技能考核标准

1. 考核项目：正、反手底线移动击球，发球，正反手截击球，高压球，其中抽取一项考核。

2. 考核办法首先示范技术动作，然后讲解技术要领、教学步骤和方法。

3. 评分标准（总分 100 分，其中技评 50 分，讲解 50 分）

技评考核标准见表 10-17，讲解评分标准见表 10-18。

表 10-17　技评考核标准（50分）

分值	考 核 标 准
优秀 （43~50分）	移动取位及时，人与球位置适合，引拍及时，挥臂正确，身体协调，控球能力好，线路和落点准确
良好 （38~42分）	移动取位及时，人与球位置合适，身体配合协调，摆臂线路基本正确，控球能力一般
及格 （30~37分）	移动取位慢，身体配合基本协调，摆臂线路基本正确，控球能力和落点较差
不及格 （30分以下）	移动取位不及时，摆臂线路不准确，挥臂动作不协调，控球能力差

表 10-18　讲解评分标准（50分）

分值	评 分 标 准
优秀 （43~50分）	讲解内容准确，重难点及关键点清晰，专业术语运用合理，语言精练
良好 （38~42分）	讲解内容准确，重难点及关键点基本清晰，专业术语运用较合理，语言复杂
及格 （30~37分）	讲解内容准确，技术动作的重难点及关键点基本清晰，术语运用不合理，语言复杂
不及格 （30分以下）	讲解内容不准确，技术动作的重难点及关键点不明确，术语运用准确能力差，语言啰唆

二、口令与队伍调动技能考核标准

以两列横队的初始状态开始，设计队列队形练习，要求包括"跑步走""行进间转法""多路纵队转弯走"三项内容。其中行进间转法必须有两个方向，转弯走要求两路或两路以上包括停止间和行进间口令各一个，整个过程须在5分钟内完成。口令内容如下。

1. 跑步走。口令：跑步——走！

2. 行进间转法。口令：齐步——走！一二一；一二一；向左（右、后）转——走！

3. 多路纵队转弯走。停止间口令：左（右）转弯，齐步——走！或左（右）后转弯，齐步——走！行进间口令：起步——走！一二一；一二一；左（右）转弯——走！或左（右）后转弯——走！

队列队形考核标准见表 10-19。

表 10-19　队列队形评价标准

内　容	评　价　标　准	分值
口令	口令规范、及时、准确、节奏分明、速度符合要求。吐字清楚、声音洪亮，富有力量	50
组织	场地利用合理，组织与指挥流程合理	50

三、体育教学设计技能考核标准

根据抽签指定教学内容，设计一课时（45 分钟）的教学方案。考核时间为 120 分钟。交教学方案一份，具体内容从说课与板书案例中选取，考核另行安排。根据教学设计内容现场制作课件，制作平台不限，制作时间不超过120 分钟。

教学技术评价标准见表 10-20，课件制作评价标准见表 10-21。

表 10-20　教学设计评价标准

项目	内　容	评价标准	分值
教学目标设计	目标表述	教学目标清楚、具体，易于理解，便于实施，行为动词使用正确	5
	目标要求	符合课程标准要求，符合教学的特点，符合学生实际状况，体现对学生知识、技术、技能与身体等方面的发展要求	5

263

续表

项目	内 容	评价标准	分值
教学内容设计	主教材选择与安排	主教材的搭配合理，学习的先后次序安排科学	10
教学过程与环节设计	教学方法选择与运用	教学方法选用适当，符合教学对象要求，有利于教学任务的完成，有利于解决教学难点，有利于教学重点的突出，有利于学生分析问题、解决问题能力的培养。教学方法运用顺序科学合理、运用灵活	15
	教学步骤	教学步骤清晰，便于操作。练习内容的选择科学，适合学生的实际水平，具有较强的针对性、实效性，有利于教学重点的解决和难点的克服。选择的练习内容数量合适，先后顺序恰当，有利于降低学生学习的困难，循序渐进地引导学生掌握主教材的内容	10
	教学组织	队列队形安排能结合教学内容的特点，有利于教师的讲解、示范和对学生的指导与管理，有利于学生观察，并符合安全要求。分组教学形式合理，有利于提高练习效率。练习形式多样新颖，有利于提高学生练习的积极性。安全措施具体，有针对性	10
	练习负荷	各项内容的教学时间和练习次数安排合理，能真正发挥该项内容在完成教学目标上所起的作用，并符合学生的承受能力，与课的各部分时间相协调	10
	场地与器材的布置	场地与器材的布置合理、安全、美观，有利于调动学生练习的积极性、增加练习密度，方便教师指导和学生练习	10
课时分配、教具筹划和教学效果预计	课时分配	课的各个部分时间分配科学、合理，符合教学目标要求	5
	教学效果预计	课的练习密度、全课的平均心率、最高心率和全课的脉搏曲线的预计，以该班中等水平的学生为依据，并与教学内容、学生实际和场地与器材等实际情况相符合	5
	教具筹划	明确规定上课所需场地与器材和用具的名称、数量、规格	5
文档规范	排版	文档结构完整，布局合理，格式规范、美观、整齐	5
	内容	文字、符号、单位和公式符合国家标准规范；语言清晰、简洁、明了，字体运用适当，图表运用恰当	5

表 10-21 课件制作评价标准

内 容	评 价 标 准	分值
科学性	课件的取材适宜，内容科学、正确、规范	15
	课件演示符合现代教育理念	15
教育性	课件的设计新颖，能体现教学设计思想，知识点结构清晰，能调动学生的学习热情	20
技术性	课件的制作和使用是否恰当运用了多媒体效果	15
	操作简便、快捷；交流方便、适用于教学	15
艺术性	画面设计具有较高艺术性，整体风格相对统一	20

参考文献

一、著作

[1] 孟宪恺. 微格教学基本教程 [M]. 北京：北京师范大学出版社，1992.

[2] 王皋华. 体育教学技能微格训练 [M]. 北京：北京体育大学出版社，2005.

[3] 陈安福. 中学心理学 [M]. 北京：高等教育出版社，1993.

[4] 中华人民共和国教育部. 义务教育体育与健康课程标准（2022 年版）[M]. 北京：北京师范大学出版社，2022.

[5] 顾明远. 教育大辞典 [M]. 上海：上海教育出版社，1999.

[6] 毛振明. 体育教学论 [M]. 北京：高等教育出版社，2005.

[7] 罗希尧. 中学体育教材教法 [M]. 北京：高等教育出版社，2001.

[8] 潘菽. 教育心理学 [M]. 北京：人民出教育版社，1980.

[9] 《学校体育学》编写组. 学校体育学 [M]. 北京：人民体育出版社，1983.

[10] 中华人民共和国教育部. 小学体育教学大纲（草案）[M]. 北京：人民教育出版社，1956.

[11] 中华人民共和国国家教育委员会. 全日制中学体育教学大纲 [M]. 北京：人民教育出版社，1987.

[12] 《现代汉语大词典》编委会. 现代汉语大词典 [M]. 武汉：崇文书局出版社，2008.

[13] 中华人民共和国教育部. 普通高中体育与健康课程标准（2017 年版，2020 年修订）[M]. 北京：人民教育出版社，2020.

［14］中国体育科学学会，香港体育学院．体育科学词典［M］．北京：高等教育出版社，2000.

［15］张广君．教学本体论［M］．兰州：甘肃教育出版社，2002.

［16］杨文轩，陈琦．体育概论：第2版［M］．北京：高等教育出版社，2013.

［17］鲍冠文．体育概论［M］．北京：高等教育出版社，1995.

［18］《人体生理学》编写组．人体生理学［M］．北京：高等教育出版社，1986.

［19］吴锦毅，李祥．学校体育学［M］．桂林：广西师范大学出版社，1995.

［20］马启伟，张力为．体育运动心理学［M］．杭州：浙江教育出版社，1998.

［21］田麦久．运动训练学［M］．北京：高等教育出版社，2017.

［22］杨锡让．实用运动技能学［M］．北京：高等教育出版社，2004.

［23］罗嘉昌．从物质实体到关系实在［M］．北京：中国人民大学出版社，2012.

［24］中共中央马克思恩格斯列宁斯大林著作编译局．马克思恩格斯选集：第1卷［M］．北京：人民出版社，1995.

［25］潘绍伟，于可红．学校体育学［M］．北京：高等教育出版社，2005.

［26］陈晓慧．教学设计：第2版［M］．北京：电子工业出版社，2009.

［27］金林祥．教育学概论［M］．修订版．上海：华东师范大学出版社，2010.

［28］邓树勋．运动生理学［M］．北京：高等教育出版社，1999.

［29］王步标．人体生理学［M］．北京：高等教育出版社，2003.

［30］卫兴华，赵家祥．马克思主义基本原理概论自学考试学习读本（2018版）［M］．北京：北京大学出版社，2008.

［31］肖长林．全国各类成人高等学校（专升本）招生考试复习教材：教育理论［M］．北京：北京教育出版社，2002.

［32］钟志贤．大学教学模式革新：教学设计视域［M］．北京：教育科学出版社，2008.

［33］奚定华. 数学教学设计［M］. 上海：华东师范大学出版社，2001.

［34］刘海元. 学校体育教程［M］. 北京：北京体育大学出版社，2011.

［35］姚鸿恩. 体育保健学［M］. 北京：人民体育出版社，2001.

［36］金钦昌. 学校体育学［M］. 北京：高等教育出版社，1994.

［37］张厚粲. 行为主义心理学［M］. 杭州：浙江教育出版社，2001.

［38］班杜拉. 思想和行动的社会基础：社会认知论：第2卷［M］. 林颖，译. 上海：华东师范大学出版社，2001.

［39］张力为，毛志雄. 运动心理学［M］. 北京：高等教育出版社，2007.

二、期刊

［40］卢家楣. 教学的基本矛盾新论［J］. 教育研究，2004（5）.

［41］毛振明，吴键，马铮. 体育教学模式论［J］. 体育科学，1998（6）.

［42］周登嵩，刘新民，满东升，等. 中国学校体育50年发展概要与今后走向［J］. 体育教学，2000（1）.

［43］周登嵩，赖天德，毛振明. 有关学校体育教学的若干热点问题对话：对学校体育教学目标的再认识（Ⅲ）［J］. 体育教学，1999（4）.

［44］周登嵩，董渝华. 我国当前体育科研成果的选题现状与特征［J］. 北京体育大学学报，2001（4）.

［45］田春，马金晶. 杜威与泰勒的经验观比较研究：基于学生学习经验的视角［J］. 课程教学研究，2018（10）.

［46］毛振明. 体育教材排列理论与方法研究［J］. 天津体育学院学报，2003（4）.

［47］马晓嘉. 浅谈教师如何在教学过程中调动课堂气氛［J］. 牡丹江师范学院学报（哲学社会科学版），2008（1）.

［48］张璐. 再议有效教学［J］. 教育理论与实践，2002（3）.

［49］金业文. "卓越教师"教学技能评价指标体系研究［J］. 河南科技学院学报，2018，38（2）.

［50］樊秀峰，吴振祥，简文彬. 新教师课堂教学技能的提升策略［J］. 黑龙江教育（高教研究与评估），2018（1）.

[51] 梁军萍，赵艳霞，卫崇文．高师生科学研究能力的培养：以长治学院历史系师范类专业为例 [J]．长治学院学报，2014，31 (6)．

[52] 张和平，孙会文．体育教学设计如何避免课堂突发事件 [J]．搏击（武术科学），2006 (5)．

[53] 郑彩壮．运动学习学科中关于运动技能分类的理论阐释 [J]．广东药学院学报，2008 (4)．

[54] 陈敏．选择生成性运动技能的信息加工层次与认知编码策略的研究 [J]．体育科学，1998 (6)．

[55] 董文梅，毛振明．对运动技能进行分类的新视角及"运动技能会能度"的调查 [J]．广州体育学院学报，2006 (4)．

[56] 王鉴，张晓洁．论教学的二重性 [J]．高等教育研究，2007 (1)．

[57] 潘慧春．试论教学方式的历史演变 [J]．邵阳学院学报（社会科学版），2008 (4)．

[58] 吴爱军，王渺一．在体育课中如何有效地传授体育知识：对提高讲解示范实效性的深层剖析 [J]．体育教学，2011，31 (4)．

[59] 唐刚，杨斌，彭英．体育教学中突发事件的处置与防范 [J]．体育师友，2012，35 (6)．

[60] 仲宇，徐波锋，王利娥．体育课堂教学技能评价指标体系研究 [J]．西安体育学院学报，2011，28 (4)．

[61] 颜雯．职前教师教学技能评价体系研究 [J]．内蒙古师范大学学报（教育科学版），2011，24 (12)．

[62] 乌云格日勒，金寅淳．试论体育教学中运动技能评价标准个体化的意义及实施要领 [J]．广州体育学院学报，2006 (5)．

[63] 陈恩华．体育课堂教学中应重视学生的运动技能评价 [J]．中学教学参考，2010 (27)．

[64] 鹿志保．教师教学技能和学校教学活动的评价 [J]．外国教育动态，1990 (2)．

[65] 范钦珊．以内容方法技术为重点深化课程教学改革 [J]．中国高等教育，2004 (1)．

[66] 徐超，王文静．体育活动中自我保护的方法 [J]．体育教学，2005 (6)．

[67] 张玉岭. 浅谈体育教学中的"保护与帮助"[J]. 河南农业, 2009 (18).

[68] 王朝杰. 前滚翻的两种错误动作分析 [J]. 体育教学, 2005 (3).

[69] 吕纪霞, 穆乃国. 立定跳远"直膝"跳错误动作的纠正方法 [J]. 体育教学, 2011, 31 (1).

[70] 刘建进. 新课改理念下体育教学技能的重新分类 [J]. 体育学刊, 2014, 21 (6).

[71] 乔晖. 近十年教学技能研究综述 [J]. 盐城师范学院学报 (人文社会科学版), 2004, 24 (1).

[72] 卢富胜. 论新课程背景下体育教师之说课 [J]. 运动, 2011 (1).

[73] 王超英, 潘绍伟. 微型教学与体育教学技能培养 [J]. 体育与科学, 2000 (2).

[74] 李志平. 简析将微格教学引入体育教学技能训练的必要性 [J]. 北京体育大学学报, 2007 (S1).

[75] 孟文砚. 关于体育教学技能的反思与重建 [J]. 体育教学, 2008 (10).

[76] 左茜颖. 中小学体育教学技能大赛的若干思考 [J]. 山东体育科技, 2014, 36 (4).

[77] 马凌. 观摩第一届全国中小学体育教学技能比赛有感: 兼谈北京市在加强体育教学管理, 提高教师专业素养方面的措施 [J]. 中国学校体育, 2012 (1).

[78] 吴爱军, 王泖一. 调控与应变: 不可缺失的体育教学技能 [J]. 中国学校体育, 2010 (12).

[79] 周为松. 提升体育教学技能的八种途径 [J]. 中国学校体育, 2013 (9).

[80] 陈松林. 体育教学技能提升"三途径"[J]. 中国学校体育, 2013 (9).

[81] 孟文砚. 体育教学技能比赛以赛促教, 以赛促研的价值探究 [J]. 中国学校体育, 2014 (2).

[82] 乔景文, 孙长法. 体育说课技能的培训 [J]. 中国学校体育, 1999 (3).

[83] 李启迪，宋雪青，邵伟德．论体育教师的说课技能与培养 [J]．体育教学，2012，32（3）．

[84] 肖磊，沙公艳．年轻体育教师说课技能的培养策略 [J]．体育教学，2014，34（3）．

[85] 孙建顺．模拟上课存在的误区与对策：以新北区体育教师招编考核为例 [J]．体育教学，2013，33（4）．

[86] 董文梅，毛振明，包莺．从体育教学的视角研究运动技能学习过程规律 [J]．体育学刊，2008（11）．

[87] 胡奇志，费俐兴．学校体育教师教学技能的影响因素分析 [J]．体育科技文献通报，2013，21（11）．

[88] 孟跃辉．明晰概念：体育教师专业发展理论提升之关键：谈模拟上课与说课 [J]．体育教学，2015，35（5）．

[89] 楼叶通．小学体育模拟上课的方法与技巧 [J]．中国学校体育，2012（10）．

[90] 廖土军．体育模拟上课关键点的认识和把握 [J]．体育教学，2013，33（8）．

[91] 唐锋权，张万永．"两个整体，五个细节"看，评体育模拟上课 [J]．中国学校体育，2012（10）．

[92] 杨伯明．模拟上课：体育教研活动新形式探析 [J]．体育教学，2013（10）．

[93] 王超峰．浅析体育模拟上课中的亮点：以浙江省体育教师技能大赛为例 [J]．体育教学，2014，34（5）．

[94] 沈献东．内外兼修，彰显技能，心中有生：以三年级跪跳起为例谈体育模拟上课应把握的几个关键点 [J]．中国学校体育，2012（10）．

[95] 张万永．"拨开迷雾"看体育模拟上课 [J]．中国学校体育，2012（10）．

[96] 苗定超．体育模拟上课空间场景六"说清"[J]．体育教学，2013，33（11）．

[97] 陈通海，韩颖．看体育模拟上课要关注五个过程 [J]．中国学校体育，2012（10）．

[98] 何健．心中有学生，脑中有教法，课堂有过程：对体育模拟上课的

几点看法［J］. 体育师友，2013，36（3）.

［99］张龙超. 体育教学中讲解与运动技能的形成［J］. 教育与教学研究，1999（5）.

［100］马林. 基于新课改视野下体育师范生动作示范技能的探索与思考［J］. 体育师友，2015，38（2）.

［101］赵兵. 浅谈体育新课程的听课评课［J］. 中国学校体育，2008（10）.

［102］石冰冰. 看课、评课是提高体育教师教学技能的有效途径［J］. 中国学校体育，2011（10）.

［103］蔡琳，王韶峰，刘勇强，等. 体育课程评课若干问题分析［J］. 体育学刊，2012，19（5）.

［104］肖磊，孟宪明. 体育教师动作示范技能的修炼策略［J］. 体育教学，2014，34（7）.

［105］唐刚，彭英，祝六平，等. 浅谈体育教师动作示范技能的习得［J］. 体育教学，2014，34（2）.

［106］颜刚. 体育教师动作示范技能案例与分析［J］. 当代体育科技，2015，5（9）.

［107］余卫东. 从安徽省第三届中小学体育教师教学基本功比赛看体育教师队列操练和评课能力［J］. 中国学校体育，2011（7）.

［108］贾齐. 以因材施教作为体育课程教学评课的底线原则［J］. 中国学校体育，2014（6）.

［109］刘再贵. 如何上好体育教学案例展评课［J］. 中国学校体育，2011（3）.

［110］万立江. 听、磨、议、评课是体育教学专业发展的路径［J］. 体育教学，2013，33（2）.

［111］张海平. 关于体育教研评课中几个争议的理性辨析［J］. 中国学校体育，2006（12）.

［112］赵百东. 我们的评课内容：评价《体育与健康》课时评什么［J］. 中国学校体育，2012（9）.

［113］少文. 运动技术诊断的方法与手段［J］. 中国体育教练员，1999（4）.

［114］武旎，张晓红．体育教学中纠正错误动作的要点［J］．中国学校体育，2003（4）．

［115］魏彪．体育教学中预防与纠正错误动作的方法探讨［J］．武汉体育学院学报，1999（2）．

［116］王振强．年轻教师自我锤炼"运动技术诊断与错误动作纠正技能"的策略［J］．体育教学，2012，32（9）．

［117］肖华，肖培君．对体育教学中产生错误动作的预防与纠正的探讨［J］．山东体育科技，2003（4）．

［118］董振义．体育口令的分类与运用［J］．中国学校体育，2008（2）．

［119］张琴通．体育教师口令的应用［J］．中国学校体育，2009（S1）．

［120］徐小龙．加强师生间思想感情的相互沟通对高校扩招后体育课教学的重要作用［J］．山西体育科技，2006，26（4）．

［121］澎碧琦．体育教学中场地器材的布置艺术［J］．体育教学，1994（3）．

［122］崔斌．体育突发事件处理艺术例析［J］．体育教学，2002（5）．

［123］苏军．打开处理体育课突发事件的新思路［J］．体育教学，2010，30（12）．

［124］杨笑波．架起你我心中的桥梁：浅谈体育课上师生如何沟通［J］．小学教学参考，2011（3）．

［125］董正旺，蔡红．有效布置与使用体育教学场地［J］．中国学校体育，2010（11）．

［126］邓若锋．师生合作布置和利用场地器材提高体育教学的有效性［J］．体育教学，2011，31（9）．

［127］马晓敏，李川．口令在体育课堂中的有效运用［J］．体育教学，2013，33（6）．

［128］谢祥，叶志远，李燕玲．体育课突发事件的类别及应对策略［J］．体育教学，2012，32（12）．

［129］于素梅．口令：体育教师教学技能"错不得"［J］．体育教学，2013，33（3）．

三、学位论文

［130］卢丽静．高校师范生教学技能评价体系研究：基于华中师范大学

教育实习生的调查［D］.武汉：华中师范大学，2011.

［131］王利娥.体育教育专业毕业生课堂教学技能评价指标体系的研究［D］.西安：西安体育学院，2010.

［132］张立朋.《中学体育教学技能与训练》课程设计与实施研究［D］.石家庄：河北师范大学，2014.

［133］陶敏.体育教学技能微格训练评价指标体系的研究［D］.福州：福建师范大学，2013.

［134］王兴乐.新课标背景下中学新手体育教师教学技能的研究［D］.荆州：长江大学，2012.